Rudolf Friedrich Kurz, Emil Kurz

Aus dem Tagebuch des Males Friedrich Kurz über seinen Aufenthalt bei den Missouri-Indianern 1848-1852

Rudolf Friedrich Kurz, Emil Kurz

Aus dem Tagebuch des Males Friedrich Kurz über seinen Aufenthalt bei den Missouri-Indianern 1848-1852

ISBN/EAN: 9783743330856

Hergestellt in Europa, USA, Kanada, Australien, Japan

Cover: Foto ©ninafisch / pixelio.de

Manufactured and distributed by brebook publishing software (www.brebook.com)

Rudolf Friedrich Kurz, Emil Kurz

Aus dem Tagebuch des Males Friedrich Kurz über seinen Aufenthalt bei den Missouri-Indianern 1848-1852

Aus dem Tagebuch
des
Malers Friedrich Kurz
über seinen

Aufenthalt bei den Missouri-Indianern
1848 — 1852

Bearbeitet von dem Neffen des Malers

Dr. Emil Kurz,
Professor in Bern.

Mit 29 Abbildungen aus dem Skizzenbuch von Friedrich Kurz, jetzt im Besitz des historischen Museums in Bern.

Omaha: 18. 7. 51. (Sk.-B. 129)

Bern, 1896
Kommissionsverlag von Schmid, Francke & Cie.

Verzeichnis der Abbildungen.

1. (p. 107 des Skizzenbuchs) zu S. 16: Haartracht der Omahaws.
2. (p. 119) zu S. 31: Omahaw (Nachidinge).
3. (p. 99) zu S. 37: Hundefuhrwerk (travay).
4. (p. 66) zu S. 39: Herantsa, im Begriff mit Büffelbooten (Weidengeflecht mit Büffelhaut überzogen) über den Fluss zu setzen (Vollbild).
5. (p. 114) zu S. 47: Indianermädchen (Sauteuse).
6. (p. 130) zu p. 49: Herantsachef.
7. (p. 138) zu S. 51: Longhair (Longue Chevelure), II. Chef der Herantsa.
8. (p. 90) zu S. 55: Le Corbeau rouge, Herantsa.

Aus dem Tagebuch des Malers Friedrich Kurz über seinen Aufenthalt bei den Missouri-Indianern, 1848—1852.

Einleitung.

Urwald und Indianer hatten von frühester Jugend an einen unbeschreiblichen Reiz für mich. In meinen Mussestunden las ich nur solche Bücher, die Beschreibungen und Abenteuer aus dem neuen Weltteil enthielten. Selbst das eigene schöne Vaterland gefiel mir nur, wie ich es mir vorstellte in seinem Urzustande, bewohnt von freien, kräftigen Hirten und Jägern, deren schöner Körper unverhüllt war, nach Art des « wilden Mannes » der Heraldiker, oder der Germanen bei Tacitus; bewohnt von Urochs und Hirsch, Wisent und Reh etc. Jetzt Kultur bis an den ewigen Schnee, Wohnungen überall, Schulhäuser und Kirchen die Menge, aber wo die Eintracht, die Genügsamkeit, die Zufriedenheit? Ich sehnte mich in die Fremde, wo ich nicht als Mitbürger in den Strudel politischer Leidenschaften gezogen würde; ich sehnte mich in die Stille des Urwaldes, wo kein Pauperismus den Genuss der schönen Natur verdirbt, wo weder das Klima, noch falsche Scham, noch Mode die edelste Form der Schöpfung zu verhüllen zwingt, wo weder der Bauer regiert, noch der Reiche auf seinem Gelde hockt, um vornehm zu faulenzen, daher die schönen Künste nie blühen können.

Und als ich nach vielen und harten Kämpfen endlich die elterliche Erlaubnis erhielt, mich der Malerei widmen zu dürfen, gewann jene Sehnsucht nur noch mehr an Kraft, denn mit ihr verband sich nun ein fester Plan, die Darstellung des Urwaldes, der wilden Tiere und des Indianers. Von diesem Augenblick an hatte ich ein Ideal, einen Lebenszweck, auf den ich meine geistigen und körperlichen Kräfte konzentrieren konnte. Das romantische Leben des Indianers malerisch darzustellen, schien mir der Mühe wert, die vielfältigen Studien zu unternehmen. Die grosse Ausdehnung des Plans war die schwierigste Seite desselben, indem die Landschaft und die Tiere beinahe ebenso wichtig wurden, als die Menschen, und das Studium eines einzelnen Faches bereits mehrere Jahre erfordert. Mit meinem Enthusiasmus für die Kunst und mit meiner Ausdauer und Geduld (meinem Eigensinn, wie man es oft nannte) hoffte ich jedoch meinen

Zweck zu erreichen. Zwölf lange Jahre brauchte ich, um mich in den drei verschiedenen Fächern zu den Kunstreisen vorzubereiten. Im Jahre 1834 fing ich meine Studien in Bern an, aber erst im Herbst 1846 glaubte ich mich vorbereitet genug, um die eigentliche Kunstreise anzutreten. — Bis dahin hatte ich noch zwischen den verschiedenen Ländern von Amerika geschwankt, da es nicht bloss darauf ankam, welche Zone die üppigste Landschaft, die grösste Abwechslung von wilden Tieren, sondern hauptsächlich auch, welche die schönsten Urmenschen erzeuge. Denn während meiner Studien stieg mein Ideal immer höher, selbst über die Antike, ja selbst über Raphaels Meisterwerke, so dass sogar der Indianer nicht mein höchstes Ideal blieb, sondern mir bloss als lebende Antike zum Modell dienen sollte.

Baron Alexander von Humboldt, mit welchem ich die Ehre hatte im Januar 1839 in Paris zusammenzutreffen, riet mir Mexiko ganz besonders an, als meinem Zwecke vollständig entsprechend. Die erhabenen Cordilleras, der üppige Baumwuchs, die Cumanches, die Büffel u. s. w. waren da beisammen, von keiner andern Zone übertroffen. In Brasilien und Surinam war zwar der Pflanzenwuchs reicher, aber dafür die Formen der Indianer und der wilden Tiere weniger edel, weniger mannigfaltig. Auch steht der Indianer Nordamerikas weit über seinem südlichen Bruder in Intelligenz und Thatkraft, weil er mit mehr Mühe seine Nahrung findet. Ich entschloss mich daher für Mexiko und wäre auch sogleich dahin abgereist, denn mein Eifer und meine Reiselust war gross, hätte mich nicht Freund K. Bodmer in Paris[1] mit seinen guten Ratschlägen zurückgehalten. Er stellte mir mit Recht vor, ich solle mich nicht übereilen, sondern zuerst im Zeichnen und Malen der Landschaft, der Tiere und Menschen so vorbereiten, dass mir das Technische durchaus keine Schwierigkeit mehr darbiete und ich mit Leichtigkeit den eigentümlichen Charakter der dortigen Natur auffassen und darstellen könne. Gewiss ist, dass, während man mit Mühe Zeichnung, Perspektive und Farbenmischung herauszubringen sucht, der Ausdruck des Gegenstandes unterdessen leidet; es braucht eben eine geübte Hand und ein geübtes Auge, um mit wenigen Linien oder Pinselstrichen den hervorstechenden Charakter eines Gegenstandes darzustellen, bei der Ausführung desselben stets mit Leichtigkeit wiederzufinden und beizubehalten. Blosse Skizzen konnten mir jedoch nicht genügen, sondern nur ausgeführte Studien. Wäre ich aber

---

[1] Der Begleiter des Prinzen von Wied auf dessen Reise und Illustrator seines Werkes, in Paris vor kurzer Zeit in hohem Alter gestorben.

damals sofort nach Mexiko, so hätte ich meine Studien vor dem Ausbruch des Krieges der Vereinigten Staaten mit Mexiko vollendet gehabt. Wie ich nun 1846 wieder reisefertig war, brach jener Krieg aus und ich musste einen andern Weg einschlagen.

Längeres Zögern jedoch schien mir im Herbst dieses Jahres, da ich mich nun hinlänglich vorbereitet glaubte, um meinen Zweck mit Erfolg erreichen zu können, überflüssig. Meine Vaterstadt verliess ich wegen der politisch sehr aufgeregten Zeit gern. Der kaum ausgebrochene Krieg der Vereinigten Staaten mit Mexiko hielt mich nicht ab, meinen Weg nach New Orleans einzuschlagen, da ich erwartete, Mexiko werde nachgeben, sobald General Taylor die bestrittene Grenze, nämlich den Rio Grande, besetzt halte. Ich nahm daher in Hâvre, ohne mich unterwegs aufzuhalten, da ich Paris von früher her durch einen dreijährigen Aufenthalt kannte, ein Paketboot nach New Orleans. Bei meiner Ankunft daselbst (am 24. Dezember) zeigte es sich aber, dass Polks, des Unionspräsidenten, Pläne weiter gingen und für mich einstweilen keine Aussicht vorhanden sei, auf einem Kriegstheater gemütlich zu zeichnen. Ich hätte mich für die eine oder die andere Partei erklären und mit ihr in die Reihen treten oder es riskieren müssen, von beiden als Spion behandelt zu werden. Ich fühlte aber weder für Mexiko noch für Uncle Sam Sympathie genug, um mein Leben in die Schanze zu schlagen und dabei meinen Zweck nur halb zu erreichen.

Am Neujahrstag 1847 verliess ich daher auf der «Amaranth» die ungesunde Stadt New Orleans, um den Mississippi hinauf nach St. Louis zu gelangen.... Nach langer, beschwerlicher Fahrt gewahrten wir endlich den 17. Januar morgens bei klarem, kühlem Wetter die Turmspitzen und das Courthouse von St. Louis. Dieses gefiel mir recht gut; ich fand es über Erwarten gross. Bei meinen Landsleuten machte ich mehrere sehr angenehme Bekanntschaften: Verdienst als Künstler fand ich aber nirgends; die Daguerrotyper verdrängten den Portraitmaler gänzlich; die Lithographen hatten bloss Drucker, aber keine Zeichner nötig; für Mädchenakademien hätte ich verheiratet, für das Knabenkollegium katholisch sein müssen. Hingegen wäre für mich als Flachmaler ein gutes Auskommen gewesen; mir schwindelte aber, hoch an Häusern und Dampfbooten zu hängen, entweder von der Sonne verbrannt oder vom Sturmwind geschaukelt zu werden.... Mir fehlte auch das sogenannte Sitzleder; ich wollte jetzt reisen, Urwald, Büffel und Indianer studieren. Dazu boten sich zwei Gelegenheiten: ein Feldzug gegen Mexiko oder eine Anstellung bei einer Pelzcompagnie. Auf der einen Seite zogen mich die Cordilleras und die Cumanchen mit grosser Kraft an; aber gegen die Mexikaner mit einer Partei zu kämpfen, die offenbar bloss erobern wollte, dazu konnte ich mich nicht entschliessen. So blieb ich denn vorderhand in St. Louis. Eine angenehme Unterbrechung des dortigen Aufenthalts bildeten die Reisen, die ich mit Herrn Alfred Michel machen konnte: das eine Mal nach Nauwoo, der frühern Hauptstadt der Mormonen, von wo sie nach dem von ihnen gegründeten Ranesville gingen, ihrem jetzigen Sammelplatz, bevor sie nach dem Salzsee, dem nunmehrigen Staate Utah, wandern; ein zweites Mal nach Galena am obern Mississippi, und im November nach New Orleans, wo ich diesmal viele Choctaws auf dem Markte sah, von denen die Männer Wildbret, die Weiber Sämereien und heilsame Kräuter verkauften.

In den drei ersten Monaten des Jahres 1848 malte ich viele Pferde nach der Natur, da ich den ganzen Tag solche vor meinem Fenster stehen sah. Dazwischen las ich fleissig die St. Louis-Zeitungen, die damals wegen des mexikanischen Krieges sehr interessant waren, besuchte die öffentlichen Gerichtshöfe, hörte politischen Reden zu, um mich mit den amerikanischen Verhältnissen vertraut zu machen. In Erwartung des Frühlings und der Oeffnung der obern Flussstrassen hatte ich Zeit, meinen Plan für die nächste Zukunft zu überlegen.

Da der Zweck meines Aufenthalts in Amerika ein künstlerischer war, so mussten alle Pläne, durch andere Zweige mir eine Existenz zu verschaffen (denn mein mitgebrachtes Geld war bereits verbraucht), dem Kunstdrange sich unterordnen. Dass man nicht zweien Herren dienen könne, bewährte sich auch an mir; ich fand bald genug, dass ich meine Natur nie so sehr verleugnen könne, um ganz Geschäftsmann zu werden, selbst nicht für so lange, bis ich mir wieder so viel Mittel erworben, um unabhängig als Künstler vorwärts zu kommen. War mein Hang zur Darstellung der Urnatur schon früher so gross gewesen, dass mein malerisches Vaterland mir nicht genügte, so war er jetzt durch den Anblick des Urwalds, wilder Tiere und echter Naturkinder zur wahren Leidenschaft geworden. Ich war so glücklich, in meinen Erwartungen mich nicht getäuscht zu sehen; ich fand den Urwald reicher, origineller, die Indianer edler in ihren Formen, als ich je geschwärmt.

Von meinem Plane, Landschaft, Tiere und Menschen im Urzustand zu studieren und malerisch darzustellen, hatte ich bereits einen Teil erreicht. Urwald, Prairie und Fluss hatte ich in allen Jahreszeiten gesehen, von Kälte erstarrt, von Hitze belebt. Nun sehnte ich mich nach Indianern und wilden Tieren.

Aus dem Tagebuch
des Malers Friedrich Kurz über seinen Aufenthalt bei den Missouri-Indianern
1848—1852.

Bearbeitet und mitgeteilt von dem Neffen des Malers Dr. *Emil Kurz*, Privatdocent in Bern.

Vorbemerkung.

Mit grossem Nutzen wird man vergleichen können folgendes Werk:
Die Urgesellschaft. Untersuchungen über den Fortschritt der Menschheit aus der Wildheit durch die Barbarei zur Civilisation. Von Lewis H. Morgan. Aus dem Englischen übertragen von W. Eichhoff, unter Mitwirkung von K. Kautsky. Stuttgart 1891. Ein Buch, das viele Stellen des folgenden Tagebuches glänzend bestätigt.

Speciell kommt hier in Betracht die auf pag. 130 gegebene Uebersicht über die Indianerstämme.

Morgan unterscheidet u. a. folgende Stämme:

II. Dakotische Stämme.
    1) Dakotas oder Sioux, jetzt ungefähr 12 Stämme.
    2) Missouristämme.
        A. Punkas, 8 gentes.
        B. Omahas, 12 gentes.
        C. Iowas, 8 gentes.
        D. Otoes (und Missouris) mit 8 gentes.
    4) Stämme des obern Missouri.

A. Mandanen. « In der Intelligenz und in den Künsten des Lebens waren die Mandanen allen ihren verwandten Stämmen weit voraus, was sie wahrscheinlich den Minnitarris (oder Mönnitarris) zu verdanken haben.» 7 gentes.
  B. Minnitarries, 7 gentes.
  C. Upsarokas oder Crows, Kräheindianer, 13 gentes.
  III. Golfstämme. Muscokees oder Creeks, 6 Stämme, 22 gentes.
  IV. Pawneestämme, 6 gentes.
    V. Algonkinstämme. 1) Ojibwas, 23 gentes. 2) Pottowatomies, 15 gentes.
      3) Otawas. 4) Crees.

Mississippistämme. 2) Shawnees, 13 gentes. 3) Sauks und Foxes, zu einem Stamm vereinigt, 14 gentes. 4) Menominees und Kikapoos. Zahl und Namen der gentes nicht zu ermitteln.

Die Stämme des Felsengebirges. 1) Blutschwarzfüsse, 5 gentes. 2) Pieganschwarzfüsse, 8 gentes.

IX. Shoshonenstämme. Die Komanchen in Texas, 6 gentes.

Zur Orientierung diene ferner Folgendes:

Das Tagebuch führt uns von St. Louis am Mississippi zu folgenden Stationen:

I. St. Joseph am Missouri, im Staate Iowa. In der Nähe dieser Stadt befanden sich und wohnen teilweise noch jetzt: 1) westlich, im St. Kansas, die Iowa (richtige Schreibweise für Stamm und Sprache desselben: Iowä), Kickapoo und Pottowatomie; 2) östlich die Sac (alias Sauks) und Fox, welche jetzt auch noch nordwestlich bei Des Moines im St. Iowa wohnen.

II. Council Bluffs, im St. Iowa (westlich davon Omaha im St. Nebraska), in dessen Nähe damals die Omahas waren, die jetzt ihre Reservation nur wenig nördlicher haben.

Bei der nächsten Wendung des Missouri nach Westen Yankton, in dessen Umgegend die Yanktonans (nördlich) und die Ponca (westlich) wohnen.

Dann östlich die Crow und Creek (bei der Stadt Chamberlain), von denen die erstern im St. Montana am Yellowstone ausserdem eine eigene Reservation besitzen; westlich aber, am rechten Ufer des Missouri, erstreckt sich von den Wohnsitzen der Ponca

III. bis weit über Fort Pierre hinaus, in den St. Dakota und Montana hinein, das Gebiet der Sioux.

Sodann gelangen wir über Bismarck, in dessen Nähe der Ortsname Mandan an den Stamm der Mandanen erinnert, zum Knie des Missouri und zur Reservation

IV. Fort Berthold, d. h. in die Gegend, wo damals die Herantsa (Grosventres) und weiter westlich die Assiniboins hausten. Die im Tagebuch oft erwähnten Blackfeet haben ihre Reservation jetzt viel weiter westlich, noch weiter als Fort Union bis zu welchem Fr. Kurz gelangte; Fort Assiniboin am Missouri dürfte den Mittelpunkt der Reservationen für Grosventres, Piegan- und Blood-Blackfeet, Assiniboins und River Crows bezeichnen.

Von den im Tagebuch sonst erwähnten Stämmen sind in das Indianerterritorium zwischen den St. Kansas (N.), Missouri und Arkansas (O.) und Texas (S.) gedrängt worden: Die Otoe (und Missouri), die Pawnee, sowie Teile der Punca, Creek, Iowä, Pottowatomie, Kickapoo und die Comanchen; etwas nördlicher sind die Chippeway.

Vgl. Map showing the location of the Indian Reservations compiled etc. under the direction of the Hon. J. H. Oberly, Commissioner of Indian Affairs. Wm. H. Rowe, draughtsman (Washington) 1888.

Was die Art der Redaktion des Tagebuches betrifft, so hat sich der Herausgeber bemüht, die Aufzeichnungen seines Oheims möglichst unverändert wiederzugeben. Eine Reihe von Punkten .... bezeichnet jeweilen eine kleinere oder grössere Auslassung. Im geographischen Jahrbuch sollen vorzugsweise die geographisch und ethnographisch interessanten Abschnitte mitgeteilt werden, während die mehr romantischen Partien, die Jagdabenteuer etc. in der Schweizerischen Rundschau erscheinen. Mit diesen zwei Publikationen wird freilich der Inhalt des Tagebuches erst zur Hälfte erschöpft sein. Wenn irgend möglich, gedenke ich aber den dritten Hauptteil, den höchst inhaltsreichen Bericht über den Aufenthalt im Fort Union (September 1851 bis April 1852) als ein selbständiges Ganzes zu veröffentlichen.

Bern, im April 1894. **Der Herausgeber.**

Friedrich Kurz,

der Verfasser des Tagebuches, aus welchem auf den folgenden Blättern einige ausgewählte Abschnitte mitgeteilt werden sollen, wurde geboren den 8. Januar 1818 in Bern, als der Sohn eines aus Schwaben eingewanderten Kaufmanns und als der Bruder des nachmaligen Fürsprechers und Obersten Albert, des Bankdirektors Gustav und des spätern Regierungsrats und Ratschreibers Ludwig Kurz. Dem Beruf, welchen er, durch die Lektüre von Indianerromanen und anderer derartiger Litteratur begeistert, schon früh erwählt hatte, dem Beruf eines Malers, welcher im stande wäre, das unverfälschte Naturleben in seinen verschiedenartigsten Aeusserungen wiederzugeben, konnte er sich nur nach Ueberwindung der grössten Hindernisse hingeben. Seine Familie hatte ihn zu anderem bestimmt und sah ihn ungern diesem Fache sich widmen, von dessen Pflege man wenig äussern Erfolg erwartete. Und wirklich schienen die Schicksale des jungen Friedrich, der in Bern besonders bei Senn und Joseph Volmar studierte, dieser Ansicht zunächst recht geben zu wollen. Die Lehrstelle, welche Kurz an dem berühmten Institut des Herrn von Fellenberg in Hofwyl inne hatte, musste er nach einiger Zeit wieder aufgeben, als widerwärtige Schicksale über die ehemals so blühende Anstalt hereinbrachen. Darnach nahm er mit erneuter Energie den lang gehegten Plan wieder auf, nach Amerika zu gehen, um dort das Naturleben an der Quelle, bei den Indianern die lebende Antike (wie er sich auszudrücken liebte) zu studieren. Zunächst begab er sich nach Paris, um durch eifrige malerische Studien bei den französischen Realisten für die Erfüllung seiner Lebensaufgabe sich vorzubereiten. Dort traf er im Januar 1839 auch mit Alexander von Humboldt zusammen, der ihm riet, nach Mexiko zu gehen, da dort für seine Zwecke in den verschiedensten Richtungen am meisten zu finden wäre. Wirklich hatte er nun auch die Absicht dorthin zu reisen. Doch als er im Jahre 1846 sich hinlänglich vorbereitet glaubte, um an die Ausführung seines Planes zu gehen, brach der Krieg der Vereinigten Staaten mit Mexiko aus und so wandte er sich dann zunächst nach New Orleans, wo er im Anfang des Jahres 1846 anlangte.

Von dort rückte er langsam, mit Ueberwindung der mannigfachsten Hindernisse und Schwierigkeiten, nach St. Louis vor, von da nach St. Joseph am Missouri, da er bei reiflicher Ueberlegung der verschiedensten Möglichkeiten (Kalifornien und der Salt lake kamen eine

Zeit lang auch in Betracht) noch am meisten neues bei den Missouri-Indianern finden und verwerten zu können hoffte.

Von St. Joseph aus trat er zum erstenmal in längern und intimern Verkehr mit den Indianern. Widerwärtige Schicksale, teilweise recht romantischer Art, verleideten ihm aber den Aufenthalt in St. Joseph und dessen Umgebung; er zog in das etwas nördlicher gelegene Städtchen Savannah, um von da bei der ersten Gelegenheit an den obern Missouri vorzudringen.

Eine solche bot sich ihm endlich anfangs Mai 1851, wo er St. Joseph (dahin war er von Savannah zurückgekehrt) auf einem Dampfboot verliess. Mit verschiedenen Unterbrechungen, die er stets zu interessanten Studien benutzte, fuhr er sodann den Missouri aufwärts nach Council Bluffs, von da mit einem Paketdampfer der grossen Missouri-Pelzhandelsgesellschaft nach Fort Pierre, während die Cholera auf dem Schiff wütete und nach allen Seiten sich auszudehnen begann. Am 9. Juli 1851 langte Kurz im Fort Berthold am Knie des Missouri an, wo er den ersten längern Aufenthalt machte, und die beste Gelegenheit zur Fortsetzung der bei den Indianern des mittlern Missouri, den Omahaws und Iowas, begonnenen Studien, nun bei den Grosventre (Herantsa) u. a. Stämmen hatte. Von diesem Punkte an wird das Tagebuch immer spannender, reicher an Abwechslungen. Aus diesen Teilen soll deshalb im folgenden das wichtigste wiedergegeben werden. Am 1. September musste er Fort Berthold verlassen und mit einem Kanadier nach Fort Union, 170 englische Meilen weiter westlich, reiten, eine höchst romantische und ausgezeichnet dargestellte Episode. Im Fort Union sodann hatte er, von dem dortigen Chef begünstigt, längere Zeit die vorteilhaftesten Gelegenheiten zu den mannigfachsten Studien. Zur Vervollständigung und zum Abschluss derselben war ihm ein Aufenthalt im «Rosslager» (12 Meilen östlich vom Fort Union) im Monat März und April 1852 sehr dienlich. Jetzt glaubte er, sein Ziel, soweit es jetzt möglich war, erreicht zu haben und benützte die Gelegenheit, mit Herrn Culbertson, dem Agenten der Pelzhandelsgesellschaft für den obern Missouri, flussabwärts zu reisen. verliess Fort Union den 19. April 1852 mit einem Dampfboot, war am 25. April in Fort Berthold, am 26. April in Fort Clarke, am 3. Mai in Fort Pierre, am 12. Mai in St. Joseph, wo er bis zum 21. blieb. Am 25. traf er wieder in St. Louis ein, wo er noch einen längern Aufenthalt bis zum 11. August machte. Von dort reiste er über Louisville (14. Aug.), Cincinnati (15. Aug.), Cleveland (16. Aug.), Albany (17. Aug.) nach New York, das er am Morgen des 18. August erreichte. In New York hielt es ihn aber nicht mehr lange; am 24. August verliess er die grosse Metropole, traf am 22. September in Hâvre, am 23. in Paris, am 24. in Basel und am 25. September morgens in Bern ein, nach 6jährigem Aufenthalt in Amerika, wovon er 4 Jahre hauptsächlich dem Indianerstudium hatte widmen können.

Die Ausführung seines grossen Planes, nämlich der Darstellung des Indianerlebens in einer grossen Galerie mit erläuterndem Text, scheiterte; er fand keinen Verleger, da er unbekannt war und kurz vorher grosse Werke, wie das des Amerikaners Catlin und des deutschen Prinzen Max zu Wied erschienen, und ausserdem die Zeiten des orientalischen Krieges derartigen Unternehmungen überhaupt ungünstig waren.

Von 1856 bis zu seinem im September 1871 plötzlich erfolgten Tode widmete er sich dem Beruf eines Zeichnenlehrers an der damaligen Kantonsschule in Bern, daneben unablässig mit Studien, Kreidezeichnungen, Aquarellen und Oelgemälden beschäftigt. Der Tod überraschte ihn, als er gerade eifrig mit der Ausführung einer kühnen Komposition, welche eines seiner besten Werke geworden sein würde, der Gruppe von Rossen, die von einer Indianerherde verfolgt, über einen Abhang herabstürmen, beschäftigt war.

Eine reiche Auswahl seiner Kreidezeichnungen besitzt die Künstlergesellschaft, resp. das Kunstmuseum in Bern; schöne Oelgemälde, und zwar sowohl Tierbilder als Landschaften sind da und dort im Privatbesitz verstreut (im Berner Kunstmuseum figuriert als sein einziges Oelbild dasjenige der zwei Jagdhunde). Einen glänzenden Beweis seines künstlerischen Könnens geben aber auch seine Skizzenbücher, nun im Besitz des historischen Museums und zum Teil der Künstlergesellschaft in Bern. Für die Tüchtigkeit seines Charakters, seine unermüdliche Energie und seinen ausdauernden Fleiss, sowie auch andererseits seine Begabung für die Schriftstellerei möge das Tagebuch sprechen, aus dem jetzt nach Verfluss von fast einem Vierteljahrhundert einige Abschnitte zum Andenken an den bescheidenen Mann, dem im Leben nicht viel Angenehmes erblühte, veröffentlicht werden sollen.

I. Teil.
Von St. Louis bis Fort Berthold.

1848. Der Krieg mit Mexiko hielt mich noch immer ab, dieses Land zu besuchen; höher den Mississippi hinauf als Galena waren zwar noch einige malerische Landschaftspartien, aber wenig Büffel und Hirsche, und die nördlichen Indianer durch das harte Klima verkümmert oder für meine Studien zu sehr bekleidet. Der Missouri zog mich daher besonders an; er war zwar künstlerisch mehr ausgebeutet als Nord-Mexiko und die Gegend der obern Seen von Nord-Amerika, aber nicht nach meinem Sinn; auch blieb mir der Weg von Independence nach Santa Fé, von St. Joseph nach Oregon, Kalifornien und den Rocky mountains zur Auswahl offen, im Falle die Missouri-Indianer mich nicht befriedigten.

Ich entschloss mich für St. Joseph am Missouri; dort waren Indianer genug zu sehen, indem das Land dem Städtchen gegenüber noch freies Indianerland war, den *Kickapoos* gehörend, und das Städtchen selbst für die Holzhändler des Missouri und Nebraska, schlechtweg Mountaineers genannt, den Sammelplatz bildete, sowie Independence für die Santa Fé Traders und St. Louis für die ganze westliche Pelzregion. Bevor ich St. Louis vielleicht für immer verliess, zeichnete ich noch einige Altertümer der Stadt, aus der ältesten indianischen Zeit und aus der spanischen Herrschaft. Zwei Erdhügel (tumuli), der grössere terrassenförmig, beide aber durch darauf gebaute Wohnungen bloss durch die Tradition kenntlich; die ehemalige Wohnung des spanischen Gobernators, jetzt eine deutsche Bierbrauerei, Washingtongarden, südliche 3. Strasse, ein einfaches Gebäude von Kalksteinen mit Veranda auf erhöhter Mauer, in der Mitte eine Stiege, Terrain hinten höher. Nicht weit von diesem Gebäude an F. Mainstr. die älteste Kapelle von Holz, auf steinernem Untersatz, Thür an der schmalen Seite gegen die Strasse erhöht, mit hölzerner Stiege, um nicht direkt aus der damals sumpfigen Strasse in die Kirche zu gelangen, Kreuz über der Thür, kein Turm, die Wände aus rein gezimmerten Balken blockhausartig zusammen gefügt. Nördlich von St. Louis am Ufer ein runder spanischer Wachtturm mit sehr dicken, steinernen Mauern, kleinen Schiessscharten.

Den 5. April 1848 fuhr ich mit dem Tamerlan, Capt. Milles, von St. Louis weg. Das Boot war sehr schwer beladen, da die Kaufleute am Missouri den ganzen Winter keine Waren von Osten beziehen, ebensowenig das eingekaufte Getreide, Hanf und Tabak versenden konnten. Die Oeffnung des Missouri bleibt daher ein wichtiges Ereignis für die Städte, bis sie durch Eisenbahnen mit dem Osten verbunden sein werden.

Die Reisegesellschaft bestand daher meistens aus Handelsleuten, die in St. Louis ihre Einkäufe gemacht und dieselben auf dem Boote verladen hatten.

Der Missouri ist beständig trübe; weder Bett noch Ufer sind felsig, daher reisst er fortwährend seine Ufer einerseits ein, andrerseits an, je nachdem die Strömung geht. Er ist's, der dem Mississippi unterhalb Alton seine «Kaffee- und Milchfarbe» gibt;[1] überhaupt gebührte es dem Missouri seinen Namen bis in den mexikanischen Meerbusen zu tragen, da er bedeutender in Länge, Breite und Tiefe ist, als sein östlicher Bruder; aber die ersten französischen Reisenden, denen wir die ältesten Nachrichten über diesen Landstrich verdanken, kannten den Missouri nur durch seine weite Mündung, aber nicht seine grössere Länge. Zu dieser Trübe kommt noch eine andere gefährliche Eigenschaft des Flusses, nämlich das Versenken der abgerissenen Bäume im weichen Flussbette; wäre dieses steinig, so könnten jene Riesen sich nicht so fest einrammeln, dass sie im stande sind, die festesten Kiele zu durchbohren. Diese festliegenden oder feststehenden Baumstämme nennt man *snags*. Der Fluss ist oft stellenweise, wo er ganze Striche Waldes weggerissen, mit diesen Baumstämmen so verrammelt, dass Boote mit grösster Mühe sich durchwinden können. Die gefährlichsten Baumstämme sind die unter dem Wasser verborgenen: sie erfordern, dass die Piloten jeweilen die Verschiedenheit des Wasserspiegels beobachten und sich merken müssen, deshalb ist das Steuerrad so hoch auf den Booten angebracht, damit die Piloten mit scharfem Auge eine weite Uebersicht auf ihrer Wasserstrasse beobachten können. Auf dem Missouri fahren die Boote nachts nicht stromaufwärts, es sei denn eine sehr helle Mondnacht, und selbst dann wagen es nur alte, erfahrene Piloten, die den Fluss mit seinen Veränderungen beständig studieren. Unser erster Pilot auf dem Tamerlan, Laberge, war früher Steuermann auf den Mackinawboots gewesen, auf denen die Pelzhändler ihre Häute und Felle vom obern Missouri nach St. Louis spedieren liessen; er war daher einer der besten Steuermänner des Missouri.

Noch gibt es andere, wenn schon minder gefährliche Baumstämme im Missouri (auch im untern Mississippi), nämlich die *sawyers*, die nicht ruhig liegen, sondern von der Strömung balanciert werden, was ihnen eine sägende Bewegung gibt, ferner das Driftwood, welches, wenn sehr schwer, den Schaufelrädern verderblich wird. Sieht daher der Pilot einen schwarzen Baumstamm gegen die eine Seite des Bootes antreiben, ohne ausweichen zu können, so lässt er durch ein

---

[1] Was der Zucker bei Catlin zu dieser Farbe thun soll, begreife ich nicht. Kap. III, p. 13. (Gemeint ist das Werk des Malers George Catlin: Notes of Eight Year's Travels and Residence in Europe with his North American Indian Collection. Vgl. Smithsonian Report, 1885 (Washington 1886), Part II, wo im 5. Teil Catlins indianische Galerie von Th. Donaldson mit Abbildungen neu herausgegeben ist. Die citierte Stelle findet sich p. 426 unten: (the Missouri) having, at all seasons of the year, the color of a cup of chocolate or coffee with sugar and cream stirred into it. Anmerkung des Herausgebers.)

besonderes Klingeln dem Maschinenführer bedeuten, das Rad zu stellen. damit es seine Schaufeln auf dem Baume nicht zerschlage; einen leichten Baum fürchtet er nicht. Endlich häuft sich besonders an der obern Spitze von Inseln viel Treibholz an, welches dem Flusse einen eigentümlichen Anblick gibt. Wenn europäische Einwanderer solch angehäuftes Treibholz sehen, rufen sie immer aus: wenn sie das nur zu Hause hätten! oder: wenn ich das zu Hause gehabt hätte!

Die Reise ging langsam[1] aber ohne Unfall von statten; ich hatte keine Eile und genoss die schöne Witterung auf dem obersten Deck (Hurricandeck) in vollem Masse. Schon das Bewusstsein den Missouri zu befahren, mich den Indianern, den Büffeln, den Hirschen und Bären zu nähern, war ein berauschendes Gefühl. «Nur wer die Sehnsucht kennt, weiss was ich leide.» *Meine* Sehnsucht sollte bald gestillt, die Träume meiner Jugend erfüllt, der Plan des reiferen Künstlers ausgeführt werden.

Nachts um 11 Uhr des 18. April legten wir unter dem Jubelgesang unserer schwarzen Bootsleute bei St. Joseph an; in fröhlicher Ungeduld suchte ich ein Wirtshaus, obschon ich ebenso gut gethan hätte, die Nacht noch auf dem Boote zuzubringen.

St. Joseph, früherer Tradingpost von Joseph Robidoux, am Fusse der Blacksnakehills, und am linken Ufer des Missouri, zeigte, obschon erst 6 Jahre alt, bereits die Merkmale einer rasch aufblühenden, schnell anwachsenden Stadt. Trotz der vielen Neubauten in Holz und Backsteinen waren Wohn- und Geschäftslokale schwer zu finden Bei meiner Ankunft waren die Hauptstrassen sehr belebt von Pelzhändlern und Auswanderern nach den damals noch wenig bekannten Ländern Oregon und Kalifornien. Die reichen Goldlager waren dem Auge noch verborgen. Bloss einige kühne Pelzhändler und in ihren Fussstapfen ungenügsame Bauern, denen es nur da gefällt, wo das Faustrecht gilt, suchten diese Länder auf, jene mit Packeseln, diese mit bedeckten Wagen in grossen Gesellschaften, zu Schutz und Trutz bewaffnet.

Ein schwarzer Bär in der Gefangenschaft (Calaboose) gab mir eine willkommene Gelegenheit seine Art zu studieren. Er war ganz schwarz, selbst ohne graue oder rostbraune Oberlippen.

---

[1] Die durchschnittliche Schnelligkeit eines Dampfbootes stromaufwärts ist 10 Meilen, abwärts bis 20, je nach dem Zustande der Flüsse, der Kraft der Maschinen. Z. B. von New Orleans nach St. Louis braucht ein gewöhnliches Dampfboot 12 Tage, ein Crackboot nur 5—6. Von St. Louis nach New Orleans (Distanz 1200 Meilen) braucht das schlechteste Boot nicht mehr als 9 Tage. Von St. Louis nach St. Joseph (500 Meilen) nimmt es einem Boote ebenso viel Zeit, als von New Orleans nach St. Louis, weil man nachts wegen der vielen snags und veränderlichen Sandbänke nicht fahren kann.

Indianer von dem Stamme der Pottowatomies, Foxes (Musquakees), Kikapoos, Iowas und Otoes sieht man beständig in der Stadt, besonders am *landing*, wo die Fähre sie über den Fluss spediert. Sie führen sich sehr manierlich auf; hie und da wenn einer von dem verbotenen Whisky zu viel bekommt, krakehlt er etwas, aber nicht mehr als ein betrunkener Weisser, auch ist er nicht gefährlicher als ein betrunkener Amerikaner, die gewöhnlich mit Bowieknife oder Revolver bewaffnet und schnell damit bei der Hand sind.

Den Sommer über beleben Bourgeois oder Chefs, Clerks und Engagés der verschiedenen Pelzhandelgesellschaften (Fur Companies) die Strassen und Schenkhäuser der Stadt. St. Joseph ist ihnen jetzt das was früher St. Louis war, der Sammelplatz. Zwar werden die Stapelwaren alle von St. Louis aus geliefert; hier aber werden Pferde aufgekauft, um sie den Indianern am obern Missouri und am Platte oder Nebraska zu verkaufen; hier werden die packs Büffelhäute (je zu 10 Stück) auf die Dampfboote umgeladen, die leeren mackinaws verkauft, ihre Mannschaft entlassen. Diese Leute nennt man hier Mountaineers. An diesen Namen knüpfen sich abenteuerliche Gefahren, ausgestandene Leiden, aber auch romantische Freuden. Diese Leute kleiden sich gerne in gestickte und befranste Lederkleider, damit man sogleich wisse, woher sie kämen, und man sie als *Lowen* betrachte. Häufig sind diese Lederkleider ihre einzigen, da nach längerm Aufenthalt ihre tuchenen zu Grunde gegangen.

Sehr selten haben aber diese Engagés die Rocky mountains gesehen, noch weniger Gefahren durchgemacht, hingegen sehr hart arbeiten müssen in Kälte, Wasser und Sturm. Besonders wissen die kanadischen Engagés, Coureurs des bois, Mangeurs de lard, von merkwürdig halsbrechenden Gefahren zu schwadronieren, in denen sie eine Rolle gespielt haben wollen. Unter ihren vielen guten Eigenschaften ist aber der Mut nicht die hervorragendste; die Haut ist ihnen zu lieb, als dass sie sich für einen Meister schlagen wollten, über den sie beständig schimpfen, weil er für sein Geld auch Arbeit fordert. Ich habe viele dieser Grosshanse später am obern Missouri gesehen, wie sie ausserhalb der Pfähle des Forts, beim blossen Anblick eines entfernten Menschen, schreiend die Flucht ergriffen, ja selbst Werkzeug oder Waffen, sobald dieselben ihnen nicht angehörten, wegwarfen! Uebrigens sind es sehr gutmütige Leute und besonders gute Kunden der Wirtschaften, wenn sie bei ihrer Rückkehr noch etwas Lohn erspart haben. Wenige unter ihnen sind haushälterisch genug, um den Lohn auf die Seite zu legen, um später Haus und Land zu kaufen, oder sich mit ihrem frühern Handwerke niederzulassen.

Durch das Auffinden des Goldes in Kalifornien und das Verschenken geraubten Landes seitens der Regierung der Ver. Staaten an Ansiedler in Oregon sind nun die Pelzhändler in St. Joe (St. Joseph) in den Hintergrund getreten. Tausende und abertausende von Goldjägern und Oregonemigranten füllen jetzt im Frühling die Strassen und Wohnungen der Stadt. Die *Montagnards* sind kein Événement mehr!

Im Sommer 1848 waren sie aber noch die Helden des Tages und genossen ihres Triumphes. Mit vier derselben wurde ich genauer bekannt; sie erhoben sich über die gemeinen Engagés durch ihre guten Manieren, ihre Wahrheitsliebe, ihren Unternehmungsgeist. Alle vier waren Kanadier, ihre Namen lauteten Lambert, François Désolles, Michaux und Wiskom; der gleiche Vorsatz sich etwas zu erwerben, um Grundeigentümer, Hausbesitzer zu werden, beseelte alle und vereinigte sie. Sie hatten nicht Mittel genug, um freie Trader, nicht Bildung genug, um Clerks zu sein; höchstens konnten sie mit ihrer Kenntnis der Siouxsprache als Dolmetscher dienen; sie waren aber auch zu gut für gemeine Engagés, Knechte, Taglöhner. Sobald der Winter oder die Pelzzeit vorüber ist, verlassen sie das Fort, dem sie als Jäger oder als Trader gedient, kommen nach St. Joe, den Sommer zuzubringen und gelegentlich ein gutes Reitpferd billig zu kaufen. Im Herbst packen sie einige Lebensmittel und Geschenke für ihre squaws (indianischen Weiber) auf und reiten nach dem Posten zu, wo sie glauben, ihre Pferde am besten absetzen zu können. Damals waren die Pferde ein sehr guter Handelsartikel, weil man sie in St. Joe billig kaufen konnte (20 bis 60 Doll.). Durch die Californiaemigration sind sie aber über das doppelte gestiegen, so dass die Indianer nicht mehr im stande sind, die Kaufsumme in Büffelhäuten zusammenzubringen.

Die vier freien Engagés, in einem Posten angekommen, dürfen nicht mehr frei handeln, sondern bloss im Interesse des Besitzers oder der Gesellschaft, welcher der Posten angehört. Wo sie für den Winter Anstellung finden, bleiben sie und verkaufen ihre Pferde an den Bourgeois oder Chef des Postens. An die Indianer selbst dürfen sie die Pferde nicht verkaufen, wenigstens nicht gegen Büffelhäute, höchstens dagegen eine squaw eintauschen, weil es gegen die Privilegien der patentierten Pelzhändler wäre; sie erhalten vom Bourgeois den Preis, welchen Pferde an diesem Posten gelten, in Wechseln auf St. Joe oder St. Louis; der Bourgeois tauscht die Pferde gegen Büffelhäute, wobei er nicht versäumt seinen Schnitt zu machen.

Alle vier sind Enthusiasten für das indianische Leben. Ueberhaupt verwandelt sich der Franzose von allen europäischen Nationen am leichtesten zum Indianer; sein Leichtsinn, Mut, seine Galanterie und la Gloire sind indianische Tugenden. Lambert ist auch ein « *brave* »; er hat den Sioux oft im Kampfe gegen ihre Feinde tapfer beigestanden, hat sich als Krieger ausgezeichnet, darf daher *porter les plumes, parce qu'il compte* « *coups* ». Dieser Ausdruck « coup » ist auch im Englischen angenommen; er bedeutet eine Heldenthat, für die ein Indianer eine Adlerfeder in den Haaren tragen darf und die er auf seiner Büffelhaut zum Andenken aufzeichnet. Sich mit der Zeit als Propriétaire zurückzuziehen, ist aber Lamberts Ideal, « coup » zu zählen bloss eine Phantasie.

Der Umgang mit Mountaineers war für mich zwar sehr anziehend, weil es halbe Indianer waren, mit denen ich reden, daher mich belehren konnte. Von ihnen lernte ich die indianische Zeichensprache,[1] welche bei allen Nationen am Missouri die gleiche ist, so verschieden auch die Mundart lauten mag. Die Kenntnis derselben war mir durchaus notwendig, selbst in St. Joseph; denn es kommen da so viele verschiedene Nationen hin, dass man gleich von Anfang an mit ihren Mundarten in ein Chaos gerät.

Eine meiner wenigen Liebhabereien war, eine Sammlung indianischer Waffen, Verzierungen und Kleider anzulegen. Bevor ich das Zeichen des « Tauschens » kannte, gelang mir selten ein Kauf ohne Dolmetscher; denn ich machte ungeschickter Weise das Zeichen des *Gebens*, indem ich mit fragendem Blick den gewünschten Gegenstand an meine Brust drückte. Das Zeichen des Tauschhandels ist folgendes: Nachdem man den gewünschten Gegenstand bezeichnet oder gezeigt hat, schlägt sich der Käufer mit seinem rechten Zeigefinger auf den linken zweimal übers Kreuz. Durch dieses Ankaufen von indianischen Gegenständen, wie Moccassins, Bogen und Pfeile, Tabakpfeifen, gestickte Beutel, Armringe, Kleider etc. wurde ich bald mit den Indianern näher bekannt; gegen eine kleine Entschädigung sassen sie mir zu meinen Studien, die Iowas fand ich besonders freundlich, Foxes und Pottowatomies bei weitem zurückhaltender; von den Iowas weiss man auch keine feindliche That gegen die Weissen; sie sind von Anfang an freundlich gewesen, hingegen die beiden letzten Nationen haben für ihr Land blutig gekämpft; besonders die Pottowatomies. Dass diese Nationen deswegen als kriegerischer angesehen werden dürfen, wie einige behaupten wollen, glaube ich nicht. Die Pottowatomies, als Verwandte der Chippeways, haben schon im Revolutionskriege als Freunde der Engländer gegen die Kolonisten gekämpft, sind auch nach dem Friedensschlusse von Ghent stets auf

---

[1] Siehe Anhang I.

der Seite der Engländer geblieben, von ihnen beschenkt und aufgewiegelt worden; endlich bei ihrem letzten grossen Versuche unter Tecumthe von den Engländern unter Procope im Stiche gelassen, mussten sie ihre Ländereien aufgeben und sich zurückziehen. Durch Vertrag von 1814 wurde ihnen das Land angewiesen, jetzt unter dem Namen Plattepurchase im Staate Missouri bekannt; es liegt der Mündung des Platte gegenüber und grenzt nordwestlich an ihre Feinde, die Sioux. Aber auch da blieben sie nicht ruhig, obschon sie sich durch Kultur des Bodens und Viehzucht auszeichneten vor vielen andern Nationen; ein Teil von ihnen wurde über den Missouri an den Kansasfluss versetzt: für wie lange sie diesen Zufluchtsort geniessen können, wird die Zeit lehren; ob ein solches beständiges Verdrängen von Acker und Hof die Civilisation vermehrt oder tötet und ob es die Freundschaft für die Amerikaner erhöht oder vermindert, — das ist leicht einzusehen.

Die Foxes haben zwar kein Jahrhundert hindurch mit den Amerikanern gekämpft; aber auch da waren die Engländer schuld, dass überhaupt gekämpft wurde; sie sind es, die den Indianer dazu benutzen wollten, die gebratenen Kastanien aus dem Feuer zu holen. Dies beweist auch das Benehmen von Black Hawk, der seine Hoffnung auf die Engländer baute und wie Tecumthe damit angeschmiert war.

Von diesen Kämpfen nun blieben die Iowas unberührt; sie waren überhaupt nie zahlreich, nie ein grosser Volksstamm, und als die amerikanischen Ansiedler bis zu ihnen vordrangen, kannten sie die Stärke der Ver. Staaten zu gut, um sich nutzlos zu schlagen, waren übrigens immer mit ihnen befreundet, weil sie zur französischen, nicht zur englischen Partei gehörten. Dass sie sich aber tapfer geschlagen haben, davon führt ihre Geschichte mehrere Beispiele an. Noch vor 12 Jahren haben sie sich mit ihren neuen Nachbarn, den Missouri-Indianern, nicht weit von St. Joe beim Kingshill geschlagen und das Schlachtfeld behauptet.

Den Iowas war durch den Vertrag von 1814 ein Strich Landes südlich von den Pottowatomies angewiesen; sie hatten ein Dorf am Blacksnakebache, drei Meilen oberhalb St. Joe. Aber auch dies mussten sie verlassen und über den Missouri ziehen, wodurch sie nun mit neuen Stämmen in Konflikt kamen, den ausgewanderten Shawnees und den Pawnees. Welches Los den Iowas bevorsteht, ohne Wild auf ihrem Jagdgrunde, durch das beständige Wegdrängen ohne Mut, den Boden urbar zu machen, sich an feste Wohnsitze zu gewöhnen, mit der grossen Strasse nach Kalifornien und Oregon direkt durch ihr Land, das ist leicht einzusehen, auch fühlen sie es selbst nur zu gut.

Bei längerer Bekanntschaft der verschiedenen Stämme fallen denn auch dem Beobachter besondere Merkmale auf, die sein Urteil schärfen und bestimmen. So ist die Haut der Pottowatomies auffallend dunkler, als die der andern Nationen der hiesigen Umgegend; ihre Gesichtszüge, ihre Haltung weniger edel: ihre Haare lassen sie wild wachsen, verwenden wenig Sorgfalt auf dieselben; hingegen sind die Männer vollständig gekleidet, gewöhnlich in einen Lederrock und Leggins, welche letzteren durch einen breiten, doppelt herausstehenden Saum sich besonders vor denen der andern Nationen auszeichnen; diese vollständigere Lederbekleidung rührt von ihrer nördlichen Herkunft. Häufig tragen sie wollene Schärpen um Kopf und Lenden gewickelt, mit Glasperlen verziert; das Muster stellt Pfeilspitzen von verschiedenen Farben vor (daher ceintures à flèche von den Métifs [Halbindianern] genannt). Dasselbe Muster in Form und Farbe kommt auch bei den altmexikanischen Malereien vor; am häufigsten sind die Farben weiss, schwarz, rot.

Die Iowas sind reinlicher, stattlicher, schöner, heller als die Pottowatomies; die Männer tragen ihr Haar über der Stirn aufgestellt, selbst mit Fett oder Lehm gesteift. Dadurch erhalten sie eine offene Stirn und dieselbe erscheint dadurch höher. Das Lederhemd tragen sie nicht; ihre Leggins sind ohne hervorstehenden Saum (die indianischen Leggins oder Hosen sind immer getrennt, jedes Bein, oben in einen schmalen langen Streifen endigend, wird besonders am Gürtel befestigt; durch ihre Schwere werden Kniebänder erfordert, die bald einfach, bald sehr verziert sind, auch oft aus Wolf-, Fuchs- oder Opossumschwänzen bestehen; oft werden auch runde Schellen angehängt), doch öfters mit Beads verziert. Ueberhaupt kleiden sie sich ärmlich; im hohen Sommer sind sie bis auf das nie fehlende Lendentuch und die wollene Decke ganz nackt, was mir die so sehr gewünschte Gelegenheit verschaffte, lebendige Antiken zu studieren. Schönere Figuren, als man unter den Iowas trifft, kann ich mir gar nicht denken, obschon ich durch meine langjährigen Studien nach der Natur an sehr schöne Körper von beiden Geschlechtern gewöhnt war. Uebrigens trägt die Gewohnheit, nackt umherzugehen, viel dazu bei, dass die Indianer selbst ohne Kleidung eine stolze Haltung, eine natürliche graziöse Bewegung erhalten und in dieser Beziehung über den Weissen stehen, die sich nackt in einem ungewohnten Element fühlen.

Die Iowas bilden auf dem Scheitel aus einem Büschel Haare eine oder zwei Flechten, woran sie die Adlerfedern oder den sonstigen Kopfschmuck befestigen. Die Weiber hingegen scheiteln ihre Haare über der Stirn, nehmen sie rückwärts, binden sie im Nacken zusammen und umwickeln diesen Zopf mit einem vielfarbigen, oft auch gestickten Tuche. Der jüngere Aufwuchs der Mädchen, wenigstens die eleganteren unter ihnen, bildet auf jeder Seite des Kopfes eine Flechte, welche bald hinten, bald vorn herunterhängt, und oft mit hellfarbigen Bändern und Glasperlen geschmückt wird.

Alle Indianer haben kohlschwarzes, schlichtes Haar, mehr oder weniger dunkle Kupferfarbe, dunkle, braune, ausdrucksvolle Augen, kleine Hände und Füsse, ziemlich starke Backenknochen. Sie lassen höchst selten den Bart wachsen, sind überhaupt am Körper wenig behaart, rupfen die wenigen Haare noch sorgfältig aus.

Beim Gehen stehen die Fussspitzen der Indianer gerade aus, nicht seitwärts, wodurch ihre Fussstapfen leicht von denen der Weissen zu unterscheiden sind. Wer viel durch hohes Gras und die schmalen Tierpfade laufen muss, wird den Vorteil dieser Stellung der Füsse leicht begreifen.

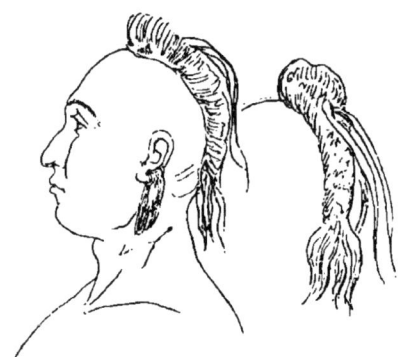

(Fig. 1). Haartracht der Omahaws.
(Skizzenbuch von Kurz S. 107.)

Indianer beiderlei Geschlechts haben keine Anlagen zur Fettigkeit; sie zeichnen sich aber durch eine starke, gewölbte, tiefe Brust, gedrungene kräftige Gliedmassen aus. Ihre Stellungen und Bewegungen sind nie plump; besonders graziös sind ihre Manieren mit den Händen, welche durch die Zeichensprache äusserst gelenkig sind. Wie oft wünschte ich nicht Bildhauer zu sein, um die schönen Stellungen einzelner Figuren oder den grossartigen Faltenwurf des Blankets darstellen zu können!

Die Otoes sind sowohl in Sprache als äussern Merkmalen ein den Iowas verwandter Stamm. Nach amerikanischen Sprachforschern sollen die Iowas zum Dakotastamme gehören, was mir nach meinen Sprachproben unbegreiflich ist. Dass die Iowas in spätern Jahren westlich vom Missouri, also auf Dakotagebiet wohnten, beweist nichts; denn sie wurden von den vereinigten Yankees und Muskaquees über den Fluss gedrängt.

Die Sac- und Fox-Indianer scheren ihre Haare bis zu einem handbreiten Kamm über Hinterhaupt und Scheitel glatt weg, stutzen diesen Kamm, so dass er aussieht, wie eine Bürste (vgl. Fig. 1).

Einzelne lassen auf dem Scheitel lange Haare stehen, um die kleinen Zöpfe zur Befestigung des Haarschmucks zu bilden. Die Männer haben ein kriegerisches, stolzes Aussehen, lieben die Amerikaner ebenso wenig als die Pottowatomies; sie haben keine hoffnungsvolle Zukunft, denken mehr an die vergangene Zeit der Selbständigkeit. Ihre Mädchen sind weniger hübsch, als die der Iowas, daher auch weniger den Versuchungen der Weissen ausgesetzt.

Die Indianer, welche man hier und in der Umgegend antrifft, sind zwar nicht mehr die reinen Naturmenschen; durch die Nachbarschaft der Weissen haben sie manches von diesen angenommen — leider sehr wenig gutes. Wie sollten sie auch anders? Geben ihnen die sogenannten Weissen auch ein gutes Beispiel? Doch sind noch die meisten ihrer alten Gebräuche geblieben, so dass ich genug zu studieren und zu zeichnen fand. Denn Formen und Farben der Menschen, ihre Lederzelte, Tänze, Spiele, ihr häusliches Leben sind die alten; bloss die Kleidung der Weiber hat im Stoff der wollenen Decke (blanket) gewechselt, aber wenig im Schnitt, so auch die *Robe*; die Pferde mit ihren Sätteln, die Flinten, Messer und Tomahawks sind Neuerungen; auch einige Nahrungsmittel waren neu. Beim ersten Anblick der Indianer findet man den Unterschied der Gesichtsbildung und Tracht der verschiedenen Stämme nicht sogleich; erst nach längerer Betrachtung lernt man das Charakteristische herausfinden, so dass man mit ebenso grosser Sicherheit die Nation in einem Individuum erkennt, als wir es bei Franzosen, Engländern, Deutschen, Spaniern, Juden etc. vermögen, obschon der Unterschied schwer in Worten auszudrücken ist.

Im Spätherbst 1848 fror der Missouri zu einer solchen Festigkeit zu, dass vierspännige Wagen oder Schlitten mit Holz beladen ohne Gefahr hinüber konnten, und viele Amerikaner holten im Walde der Indianer auserlesenes Brennholz ohne Entschädigung, um es in der Stadt zu verkaufen, bis der Chef der Kickapoos[1] — das Land der Iowas fängt am Wolf-River an — sich bei ihrem Agenten der Ver. Staaten beklagte, welcher denn auch ein Verbot ergehen liess.

Ende des Jahres 1848 kampierten bei 30 Lodges (Zelte) der Iowas im Walde St. Joe gegenüber, um den Abfall der Schweineschlächtereien zu benutzen. Der Winter ist für die Indianer eine harte Jahreszeit, wenn sie bloss von der Jagd leben müssen, aber besonders schlimm, wo die Tiere beinahe ausgerottet sind. Büffel und Elk haben sich längst noch weiter nach Westen zurückgezogen; das Jagen in Schnee und Eis, bei Kälte und Nebel ist äusserst beschwerlich.

---

[1] Die Kickapoos waren vor 100 Jahren die östlichen Nachbarn der Sauks. Nach Lt. Pike wohnten sie 1805 um die Mündung des Missouri.

Das Haupt jener Bande oder Verwandtschaft von 30 Iowafamilien oder Lodges hiess Kirutsche; ich war bereits sehr gut mit ihm bekannt. Im Sommer war er öfter mehrere Tage bei mir, um mich die Iowasprache zu lehren; er hatte grosse Freude an meinem Eifer. Er ist ein älterer, freundlicher Mann, nicht gross, aber äusserst behend. Er war schon weit herumgekommen und sogar bei Louis Philipp in Paris gewesen.

Sobald Kirutsche sein Lager in Ordnung hatte, kam er auch gleich zu mir herüber, um mich einzuladen, nächsten Abend in seinem Zelte einem Tanze beizuwohnen, der ihm von seinen Freunden gegeben werden sollte. Ich nahm die Einladung mit Freuden an.

Es war den 15. Dezember abends, als ich über den gefrorenen Fluss ging; ein eiskalter Wind strich über den Fluss und jagte Schneewolken auf. Durch den Wald fand ich viele Pfade, wusste aber nicht welchen verfolgen, um Kirutsches Zelt zu finden. Sobald ich aber ausser dem Bereiche des heulenden Windes ins Innere des Waldes kam, hörte ich gleich die Taktschläge der Trommel ertönen; ihre Richtung verfolgend kam ich bald zum Zelte. Ich hatte erwartet ein Lederzelt zu finden, wie ich bereits an mehreren vorbei gegangen; es war aber eine elliptisch geformte Hütte aus gebogenen Weidenruten mit Binsendecken überhängt; oben befand sich eine Oeffnung für Licht und Rauch, an einer der langen Seiten eine niedrige Oeffnung, mit einem Felle gedeckt, als Thür.

Während ich vor der Hütte stand, um noch bei Tageshelle das interessante Bild eines indianischen Tanzes im Urwalde zu geniessen, wurde ein stämmiger Indianer (Hughes) aus der Thüre geworfen. Nackt wie er war fiel er in den aufgehäuften Schnee und blieb da liegen, zum grossen Vergnügen der umstehenden Weiber und Kinder; er hatte zu viel Whisky getrunken und deshalb das Fest gestört.

Wie ich durch die niedere Thür in die Hütte schlüpfen wollte, fand ich einen grossen Indianer als Wache aufgestellt; er wollte mich nicht hineinlassen; Kirutsches squaw hatte mich aber bereits erblickt, rief ihrem Manne zu, der mich auch gleich holte und mich bei seiner hübschen 16jährigen Tochter Witthae niedersitzen hiess. Ohnehin begeistert durch das Bewusstsein, trotz allen Geduldsproben, Schicksalsschlägen, Hindernissen und vieljährigem Ausharren endlich doch meinen höchsten Wunsch in Erfüllung gehen zu sehen, endlich mich in der Mitte von Indianern zu befinden, die lebende Antike gefunden zu haben, — ohnehin romantisch genug gestimmt, musste auf mich die reizende Witthae einen tiefen Eindruck machen. Wir konnten zwar sehr wenige Worte wechseln, sie verstand englisch, wollte aber nicht reden, ich sprach noch wenig Pachotchie, und musste mich daher der Zeichen- und der Augensprache bedienen. Mit einigen kleinen Geschenken, die ich für die Gelegenheit mitgenommen, suchte ich ihr wenigstens meinen guten Willen kund zu thun. Dabei machte ich die später oft erprobte Erfahrung, dass man viel schneller Bekanntschaft macht, wenn man die Sprache nicht versteht.

Ueber der schönen Nachbarin vergass ich aber den Tanz nicht. In der Mitte der Hütte brannte ein grosses Feuer; rund herum sassen etwa 20 Männer und junge Bursche (von den Kanadiern bannerets, von den Amerikanern bucks genannt, weil sie in diesem Alter nichts thun als den Mädchen nachstreichen). Am obern Ende der Hütte sass Kirutsche, wie alle, mit verschränkten Beinen auf dem Boden, neben ihm seine besten Freunde und zwei Trommler, die zum Taktschlagen (ein wiederholtes —⌣) laut sangen.

Zwei junge Männer sprangen hintereinander in dem freien Raume zwischen Feuer und Zuschauern herum, ihr Blanket mit der linken Hand nachschleppend, mit der rechten eine dünne knöcherne Pfeife haltend, mit welcher sie bald gegen den Boden, gegen den Himmel, das Feuer oder die Gäste gerichtet, rasch, ohne Melodie, pfiffen. Das ganze bildete eine höchst belebte malerische Scene; ich prägte mir den Eindruck tief ein und vergass auch nicht die Details zu studieren, damit ich gleich nachher eine treue Skizze entwerfen könne.

Zur Abwechslung gingen die beiden Spieler (Tänzer kann man sie nicht nennen) langsam, hielten bei jedem älteren Gast oder wirklichen Teilnehmer (zum Unterschied der blossen Zuschauer) an und mit der rechten Hand auf ihn zeigend, sprachen sie einige schmeichelhafte Worte zu ihm, worauf er hau oder huu, beides gedehnt, letzteres sehr durch die Nase und stark aspiriert, — Abkürzung für *ja*, untsche (?) erwiderte. Nachdem die zwei jungen Männer im Kreise jedem etwas gesagt und wieder gesprungen waren und gepfiffen hatten, wurden sie und die Trommler durch andere abgelöst; bevor aber das neue Personal in Aktion trat, liess man eine hölzerne Schale mit Whisky herumgehen, um die Gäste zu beleben. Um Unglück zu vermeiden im Fall eines Rausches, sammelte Witthae alle Messer (die nie im Gürtel fehlen, selbst die Weiber gehen nicht ohne solche) und versteckte sie hinter ihrem Gepäck.

Bei einem der Zwischenakte setzte sich Kirutsche neben mich um zu schwatzen und mich seiner Tochter näher bekannt zu machen. Ich schenkte ihm Blei und Pulver, das er sehr nötig hatte, worauf er einige Worte zu Witthae sprach, die sogleich aus ihrem Tragsack (nebenbei als Hauptkissen dienend) ein Daguerrotypbild hervorzog und mir zeigte. Beide hatten grosse Freude, als ich den Alten sofort erkannte; Paris, Louis Philipp, bis king, french, sagte er und machte das Zeichen: «zum Geschenk erhalten». Witthae drückte das Bild in meine Hand und schenkte es mir. Die Mutter (Wuotschinna) deutete lachend, ich solle ihre Tochter dafür küssen; wie aber Witthae merkte, dass ich den Arm um sie schlingen wollte, sprang sie lachend auf und schlüpfte aus dem Zelt. Ich wurde tapfer ausgelacht; ich dachte aber, warte nur!

Nach etwa drei Stunden ging der Whisky aus. Die Leute waren müde und verliefen sich; ich hoffte immer, Witthae werde zurückkommen, aber vergebens; sie in den andern Zelten aufsuchen wollte ich nicht. Als Finale tanzte noch zum allgemeinen Vergnügen eine alte Hexe ein Solo für sich allein. Sie war betrunken. Mit zusammengehaltenen Füssen hopste sie bald rechts, bald links, nach dem Takt der Trommel und ihrem eigenen Geschrei; dabei hielt sie sich mehr gebückt, bewegte abwechselnd ihre Ellbogen vor- und rückwärts und liess ihr langes Haar wild um sich flattern.

Ich musste nun meinen Weg nach Hause durch den hohen Wald suchen: es war zwar hell genug, um die dunkeln Kolosse sich aus dem Schnee erheben zu sehen, aber zu dunkel, um einen Pfad zu finden. Ich wickelte meinen Reitmantel enger um mich und stapfte vorsichtig der Richtung des Flusses zu, bald über umgefallene Bäume steigend, bald bis an die Knie im tiefen Schnee watend, überglücklich einen Abend in einem Wigwam zugebracht zu haben.

Während drei Monaten war ich ein regelmässiger Besucher dieses Lagers, brachte manchen Tag und manche Nacht in den verschiedenartigen Wohnungen zu; diese bestanden zwar meistens aus dem indianischen Lederzelte von konischer Form, aber auch aus Hütten von gebogenen mit Binsenmatten bedeckten Weidenzweigen und endlich aus aufgestellten Stücken Baumrinde mit einem Dache von gleichem Material darübergelegt. Die letztern Hütten waren bloss dann zu gebrauchen, wenn Dach und Seiten mit Schnee zugedeckt werden konnten.

Im Lager studierte ich Sitten und Gebräuche, skizzierte so viel ich bei der kalten Witterung vermochte; bei schlechtem Wetter blieb ich zu Hause, portraitierte die interessantesten Gesichter, suchte auch so schnell als möglich die Sprache zu erlernen, was zu vielen Spässen Anlass gab.[1] Natürlich schrieb ich die Worte immer auf, um sie auswendig zu lernen und mir sie besser einzuprägen. Das Ablesen ihrer Worte machte den Iowas immer viel Vergnügen; ihre Missionäre (Protestanten) besitzen zwar ein Wörterbuch in Pachotchin,

---

[1] Siehe Anhang II A. über die Iowäsprache.

um in den Schulen zu lehren, ich konnte aber nie ein Exemplar erhalten. Um die Aussprache richtig zu schreiben, benutzte ich alle mir bekannten Sprachen: die Iowas besitzen z. B. das englische *th*, aus dem Französischen viele Nasenlaute, aus dem Deutschen das *u*, *r*, *i*; aber *f* und *l* fehlen ihnen. Ueberhaupt fand ich die Iowa-Sprache weich und wohlklingend.

Am Neujahrstag 1849 morgens kam eine alte squaw, um mir einen Köcher mit vielen guten Pfeilen zu verhandeln; ihr Mann hatte jetzt eine Flinte. Nach dem Kauf führte sie mich auf die Seite und gab mir teils durch Worte, teils durch Zeichen zu verstehen, sie möchte mir ein junges, hübsches, noch unschuldiges Mädchen verheiraten; ich sollte abends herüberkommen und es ansehen. Neugierig und zu jedem Abenteuer bereit (es kam mir kein Sinn an Gefahr, allein und unbewaffnet nachts im Walde unter sogenannten Wilden herumzuschweifen — ich liebte sie zu sehr und gab keinen Anlass zu Streit oder Misstrauen) ging ich auch wirklich abends den jetzt wohl bekannten Weg zum bezeichneten Zelte, wo ich die Alte samt der ganzen Familie um das Feuer antraf. Sie hiess mich neben einem sehr jungen aber anmutigen Mädchen niedersitzen, mit dem Zeichen, dies sei meine Frau! Es war noch ein Kind, wenigstens nicht mehr als 13 Jahre alt. *Omene* hüllte sich in ihren ärmlichen Blanket und fing vor Schrecken zu schluchzen an. Ich fühlte Erbarmen, suchte sie zu beschwichtigen. Während ich das scheue Mädchen mit Candy und andern Kleinigkeiten zu trösten suchte, hatte die Alte einen jungen Iowa holen lassen, der in der Schule Johnsons in Kentucky sehr gut englisch gelernt hatte. Nun fing der Handel an, erst über die Heiratsbedingungen, nämlich für die Mutter einen Ponny zum reiten, nebst einer neuen wollenen Decke, für die Braut eine vollständige, neue Kleidung, gute Nahrung und keine Prügel (!), für die übrigen Verwandten einen Sack (70 Pfund) Mehl; da ich zu allem verwundert schwieg, glaubte die Alte, ich sei mit ihren Bedingungen zufrieden und wünschte noch nachträglich für sich Kaffee und Zucker und — da kam Witthae mit ihrer Schwester Niukigrenne unerwartet hereingeflogen und sie setzten sich dicht hinter mir nieder. Witthae hatte von meinem Handel gehört und war nun gekommen, um zu zeigen, dass sie darum wisse. Ich sah sie nur *einmal* an, sie gab mir nur *einen* Blick, welcher aber Gefühle verriet, welche sie bis jetzt zu verbergen getrachtet. Dann rannten beide wieder fort, ohne ein Wort gesprochen zu haben. Auch Omene lief fort, wahrscheinlich aus Angst, von der eifersüchtigen Witthae geboxt zu werden; sie kehrte nicht mehr zurück, die Mutter mochte nach ihr senden, so viel sie wollte.

Nach langem vergeblichem Warten brach ich auf; draussen empfing mich aber ein heulender Sturm, die Bäume krachten, Schneeflocken fühlte ich schwer und dicht herunterfallen, die Finsternis hätte man greifen können. Unter solchen Umständen war es unmöglich, ohne Laterne den Weg nach Hause zu finden. Ich kehrte ans Feuer zurück. Kennachuk, Omenes Bruder (es nennen sich alle Bruder und Schwester, Vater und Mutter, die zu einer Lodge gehören, ob sie es seien oder nicht), machte mir ein Kopfkissen und Lager zurecht, worauf ich mich, in meinen Mantel gehüllt, niederlegte, aber erst spät in der Nacht einschlief; denn ich hatte zu viel Gedanken. Der Handel war verdorben, aber dafür war ich Witthaes gewiss.

Auf obige Weise wird bei den Indianern ein Mädchen verheiratet oder verkauft, wenn sie nicht gutwillig geht. Ein oder zwei Pferde sind der Preis, der bindet. Ohne Pferde ist die Heirat weder für die Frau noch ihre Eltern verbindlich.[1] Diese müssen nämlich die Tochter, im Falle dass sie ausreisst, dem Tochtermann zurückbringen oder ihm seine, oder ebenso gute Pferde zurückgeben. Für 30 Dollars hätte ich Omene erhalten! Billige Ware zum Ankauf! Billig wenigstens, wenn sie etwas wert ist.

Es war mir schon öfters aufgefallen, dass einige jüngere Iowas so gut englisch sprachen. Ich erkundigte mich daher bei Irotschetsche, einem derselben, ob sie in der Mission so gut geschult würden. Er sagte: Nein! bei Col. Johnson in Kentucky. Derselbe scheint ein grosser Freund der Indianer zu sein (eine seltene Ausnahme bei einem Amerikaner) und eine Schule aus eigenen Mitteln für Indianerknaben gebildet zu haben. Daselbst werden die Jungens in der englischen Sprache, im Lesen, Schreiben und Rechnen, etwas Geographie und Geschichte unterrichtet; ob auch in der Religion, weiss ich nicht; wenigstens habe ich keine Spur von Glauben bei solchen Schülern gefunden, noch weniger eine bessere Moralität.

In einem gewissen Alter angelangt, müssen diese Pfleglinge Johnsons einen Beruf erlernen; so gut dies gemeint sein mag, so verfehlt es doch vollständig seinen Zweck, solange als die Indianer nicht unter die amerikanische weisse Bevölkerung mit gleichen politischen Rechten aufgenommen werden, oder wozu nützen Schuhmacher, Schneider, etc., solange man sie als eine abgesonderte Kaste verstösst? Für ihren jetzigen Zustand, ihre jetzige Armut, dient ihre alte Kleidung vollkommen, sie passt für ihre Lebensverhältnisse besser.

[1] Da die Pferde ursprünglich nicht bei den nordamerikanischen Wilden bekannt gewesen, muss der Kauf mit Waren auch gültig gewesen sein. Durch die Einführung der Pferde ist jedenfalls der Wert einer squaw gestiegen.

Ich möchte dies selbst von den nützlichern Handwerken, wie Schmiede, Büchsenmacher, Gerber, Seiler, behaupten, indem ein solcher nie bei einem Amerikaner als Geselle angenommen oder arbeiten würde, nie als eigener Meister sich niederlassen könnte aus Mangel an Kapital, und unter seinen Landsleuten auch nicht Beschäftigung und Bezahlung fände.

Kommen nun diese Kentuckyzöglinge zu ihren Stämmen zurück, finden sie bald die Wahrheit obiger Ansicht heraus; sie sind dann die untauglichsten, faulsten, verachtetsten des Stammes. Mit ihren neuen Moden finden sie kein Auskommen, Ackerbauer sind sie auch nicht, Jäger und Schützen auch nicht, noch weniger Krieger. Mit einem Wort, sie sind keine Männer.

Col. Johnson leistet daher (wenigstens nach den vielen Mustern, die ich gesehen) trotz seinem guten Willen und schweren Opfern nichts Gutes und wird es nicht, solange seine Landsleute den Indianer nicht als ebenbürtig in ihre Gesellschaft aufnehmen. Indianisches Blut würde gewiss den Amerikanern keinen Schaden bringen; es ist gesunder, als das von Tausenden Einheimischer oder Einwanderer und der Indianer, als der eigentliche Natif, würde mehr Anhänglichkeit zum Boden, mehr Liebe zum Vaterland mitbringen, als z. B. Irländer, welche ihr amiraved Irland niemals aufgeben. Der Amerikaner ist ein Aristokrat der Haut, was einfältiger, lächerlicher, unmoralischer ist, als Aristokratie der Geburt; der alte Adel hat doch etwas Gutes geleistet; Adel dient als Sporn zur Auszeichnung, aber Verschiedenheit der Haut niemals.

Ende Januar 1849 zeigten sich in St. Joseph die ersten Goldjäger. Lange hatte ich mit vielen andern das Auffinden von soviel Gold als einen Humbug der Vereinigten Staatenregierung angesehen. Als aber im Herbst ein gewisser Widmer von Solothurn, von Sutter in Kalifornien hergesandt, um seine Frau und Tochter über die Prairie zu geleiten, hier anlangte, durfte man nicht länger zweifeln. Die ersten Ankömmlinge aus Osten waren zwei reiche Kaufleute aus New York, welche direkt von Hause in einem Schlitten hiehergefahren kamen (d. h. über 3000 englische Meilen weit), um die ersten in Kalifornien zu sein. Das Goldfieber erwärmte sie auf der Reise; es waren reiche Spekulanten, keine Diggers.

Ueberhaupt hatten die meisten Goldjäger in diesem Jahr mehr Geldmittel bei sich, als diejenigen späterer Jahrgänge; auch war es nötiger, weil niemand hierherum für eine so starke Emigration gerüstet war. Die Preise der Lebensmittel, des Viehs, der Waren stiegen übermässig. Der Farmer wusste nicht mehr, welchen Preis er fordern sollte; er stieg damit höher mit jeder frischen Compagnie.

Das Bushel Corn (Mais), sonst bloss 15 Cents wert, stieg auf einen Dollar, das Barril zu fünf Bushel auf 5 Dollars! Das half den meisten Farmern wieder auf die Beine; denn viele davon waren trotz dem Preemption right (Vorkaufsrecht) so arm, dass sie dem Staat ihr Land nicht bezahlen konnten, als es zur Steigerung kam, weshalb ein Gesetz zu ihrer Rettung gemacht werden musste, um ihnen die Zahlung in Terminen zu gestatten. Ohne diese Massregel wären die meisten Farmer in den obern Counties zu Grunde gegangen, ihre Höfe samt den Improvements den Spekulanten in die Hände gefallen.

Mit der Oeffnung der Schiffahrt Mitte Februar strömten nun mehrere tausend Abenteurer aus allen Gegenden der nördlichen Staaten — die aus den südlichen nahmen den Weg über Panama, sowie viele Europäer — alle erhitzt vom Goldfieber, nach St. Joseph. Hier hielten die Boote an, luden ihre Passagiere, Maulesel, Pferde, Vieh, Wagen und Waren aus. Der Landungsplatz war ausserordentlich belebt; die Stadt gedrängt voll, ganze Lager von Zelten wurden um die Stadt und auf der andern Seite des Flusses errichtet. Jeder eingegrenzte Hausplatz wurde zum Stall und brachte dem Eigentümer Geld.

Viele der ärmeren Emigranten sahen sich bei der allgemeinen Teuerung veranlasst, ihren Plan wenigstens für dieses Jahr aufzugeben; sie mussten entweder nach Hause zurück, oder hier bleiben und Verdienst suchen. Auch Widmer kam zurück. Sutters Familie war nicht nach Highland gekommen, sondern hatte den Weg über Panama eingeschlagen. Er war jetzt Führer einer grossen Gesellschaft von Goldjägern. Vielen ging durch Unwissenheit und Unkenntnis des neuen Lebens das Vieh zu Grunde; sie mussten daher auch umkehren.

Es war eine lustige, bewegte Zeit, sie währte bis zum Juni. Unsere Handelsleute machten herrliche Geschäfte. Zuletzt sammelten sich die Mormonen bei Ranesville, acht Meilen von den Council-Bluffs, um nach dem Saltlake zu wandern und ihr neues Heim zu gründen. Die Stille, die auf dieses Wirrwarr folgte, war unerträglich; die meisten Handelsleute waren auf neue Spekulationen aus, die Farmer auf ihrem Lande beschäftigt, sich für die nächste Auswanderung vorbereitend.

Der Maler erkrankte nun am Fieber, da er sich bei einer Ueberschwemmung erkältet hatte; nach drei Monaten war er wieder genesen.

* *

Als ich wieder den Blacksnakehügel hinaufkrabbeln konnte und beim Grabe der kleinen La Fleur die weite Fernsicht über das Indianergebiet, den Wald mit seinen vielfältigen Erinnerungen erblickte, taute ich wieder auf, schöpfte frischen Mut, dachte: noch ist Polen nicht verloren! never despair!

Die Besuche meiner Indianer im Herbst dienten wieder zu Skizzen und Portraits. Einst kamen sechs der bedeutendsten Fox-Indianer mit ihrem Dolmetscher zu mir, damit ich ihnen ein Schreiben aufsetze, um verlaufene Pferde durch den hiesigen Squire (Friedensrichter) zurückzuerhalten. Als ich ihre Namen unterschrieb, berührte jedesmal der betreffende meine Feder, zum Zeichen seiner Einwilligung oder Bekräftigung des Geschriebenen. Ich hatte grosses Gefallen an diesen Magnaten; sie betrugen sich mit einer so ausgezeichneten, so natürlichen Würde, dass ich sie nicht genug bewundern konnte. Durch allerlei Vorwände suchte ich sie hier zu halten. Da war Takt im Benehmen, Adel in der Gesinnung, Würde in der Haltung. Leider notierte ich mir die Namen dieser Männer nicht; es begegnete mir daher, wie noch häufig, dass ich die Namen schliesslich vergass, indem ich meinem Gedächtnis zu viel zumutete bei der Menge meiner Gegenstände.

Erst den 22. Dezember kamen Iowas und richteten Zelte auf; der Fluss war aber noch nicht zugefroren, sie hatten auch kein Geld, den Fährmann zu bezahlen. Mit Sehnsucht sahen sie den ganzen Tag nach dem Städtchen herüber; mit Ungeduld harrte ich diesseits ihrer Ankunft. Einige Bekannte riefen mir *Ista mantugra*[1] *waggachere* herüber; ich sprang in den Kahn und liess mich hinüberrudern; alle wollten nun, ich solle sie mit zurücknehmen. Erst erkundigte ich mich nach Kirutsche; er war noch nicht da; dann ging ich in alle Zelte, um zu sehen, ob sonst nähere Bekannte da seien. Ich wählte das Schönste aus, um meine Studien fortsetzen zu können. Bis der Fluss gefror, musste ich immer hinüberfahren, wenn ich jemand malen wollte, und ihnen auch die Rückfahrt bezahlen.

Eines Abends war es zu schön in der Wildnis, ich blieb im Walde, machte Besuche, hörte den verliebten Burschen zu, wie sie ihre Mädchen mit der Flöte lockten oder sonst durch blasen in die fest geschlossenen Hände Zeichen gaben; ich selbst hatte mit der niedlichen kleinen Hiukogse ein Stelldichein beim «hohlen Baum» am Ufer des Missouri, dessen Wasser jene Gegenden bespülten, wo

---

[1] Ista mantugra hiess Kurz bei den Iowäs (= eiserne Augen, wegen der Brille). Dem entsprechend nannten ihn die Herantsa Ista uwätse, die Assiniboins dagegen Ista topa (= 4 Augen). (Der Herausgeber.)

einige wenige Trupps des edelsten Wildes weideten, glücklich in der Unwissenheit ihrer traurigen Zukunft. Der Mond schien mir nie so schön, wie damals, die Bäume nie so kolossal und das Leben nie so romantisch. Lange sass ich mit dem lieblichen schalkhaften Mädchen auf einem umgefallenen Baumstamme; den Mond vor uns im Missouri, neben mir in ihren feuchten schmachtenden Augen sich abspiegelnd. Ich fragte viele Worte, schrieb aber keine auf; erst spät in der Nacht gingen wir ins Zelt, hüllten uns in Mantel oder Decke, — wer schlafen konnte, schlief.

1850, 1. Januar. Um das neue Jahr gut anzufangen, blieb ich den ganzen Tag im Lager und zeichnete Zelte von aussen und innen. Endlich den 9. Januar kam Kirutsche, aber erst noch allein. Er machte mir den Vorschlag, seine Tochter Witthae zu heiraten und mich auf ihrem Lande niederzulassen; dadurch erhielte ich von ihrer Nation über 200 Acres Land, von den Chefs und dem U. S. Agenten versichert. Schon früher hatte mir Kirutsche davon gesprochen; er wünsche zu arbeiten; das Faullenzen mache nicht fett. Allein arbeiten fördere ihn wieder nicht, da dann seine Verwandten alle von ihm leben wollten; er könne für sich allein nichts besitzen, nicht sparen, während die andern hungern. Um aber Nutzen aus seiner Arbeit zu ziehen, sollte ich mich mit ihm verbinden, ein ihm bekanntes Steinkohlenlager als Anteil auswählen, dasselbe bearbeiten. Dabei sagte er ausdrücklich, ich solle nie anfangen von unserm Eigentum an die andern wegzuschenken, indem sie dann immer betteln würden, ohne für uns zu arbeiten. Die Iowas seien noch nicht gewöhnt an die Landarbeit, auch sei ihr Land nicht so sicheres Eigentum, wie das meinige würde, wenn der Titel vom U. S. Agenten unterschrieben sei; solches Land könnten die Iowas nicht mehr an die Vereinigten Staaten verkaufen. Der Plan gefiel mir nicht übel, Witthae noch besser; dass es mit dem Lande seine Richtigkeit habe (nur sind improvements als Bedingung daran geknüpft, damit nicht Spekulanten oder Spitzbuben sich bereichern können, sondern damit man Ansiedler gewinne), wusste ich; die grösste Schwierigkeit bildete das Abhalten der hungernden Indianer. Aber erstens pflanzten wir nicht Korn; sie konnten uns die Kohlen nicht nehmen; ferner war das Kohlenlager am Missouri vom Dorfe entfernt. Ich dachte: wer nichts wagt, gewinnt nichts, überall gibt es *für* und *gegen*. Meine Schwiegereltern gefielen mir sehr gut; sie waren fleissig, gutmütig und ehrlich.

Als daher den 10. Januar Witthae mit der Mutter kam, bewillkommte ich sie als meine Frau; hiess die Mutter einen warmen Kaffee machen (die squaws trinken den Kaffeesatz besonders gerne, darin sei die Kraft enthalten), Fleisch braten, Brot holen. Auch White Cloud der Chef der Iowas, kam zu Gast, um Zeuge unseres Bundes zu sein. Den folgenden Tag kaufte ich ihr Zeug, damit sie sich eine vollständig neue Kleidung — kurzes Calicohemd, roter wollener Unterrock und pantelettes — anfertigen könne, ferner eine rote Decke und eine Auswahl von grossen Glasperlen zu Halsbändern. Ich wollte sie als Indianerin gekleidet haben, nicht als Europäerin; es hatte für mich einen besonderen Reiz und Nutzen. Witthae hätte lieber einen Rock nach europäischer Mode gehabt.

Alles ging herrlich, bis auf einmal warme Witterung eintrat, in den Porkhäusern nicht mehr geschlachtet wurde, die Iowas sich nicht mehr vom Abfalle nähren konnten. Eine Familie nach der andern zog fort; auch Kirutsche und Wuotschimme. Der Fluss führte Treibeis; die Ueberfahrt ward gefährlich. Witthae fühlte sich bald wie ein eingesperrter Vogel; sie hatte niemand als mich zur Unterhaltung; meine Bemühung, sie aufzuheitern, schlug fehl, sie ward schwermütig, hatte offenbar das Heimweh. Mit nassen Augen blickte sie unverwandt über den Fluss, träumte, in ihr Blanket eingehüllt, von ihrer früheren Freiheit, gab nicht acht auf meine Versicherung, mit ihr hinüberzuziehen, sobald die Witterung es erlaube. Eines Abends kam zum Glück ihrer Mutter Schwester mit ihrem Mädchen. Witthae war wieder fröhlich; ich lud die Tante ein, einige Zeit bei uns zu bleiben, in der Hoffnung, meine Frau vom Heimweh wieder zu kurieren, und unterdessen der Zeit der Uebersiedlung näher zu rücken. Ohnehin war ausgemacht, dass Kirutsche, auf Besuch bei seinen Foxfreunden, auf seiner Rückkehr zu uns komme, damit wir mit ihm den Auszug ins gelobte Land bewerkstelligten.

Wie erstaunte ich aber des andern Morgens, als ich mich im Vorzimmer rasierte, auf einmal eine ungewohnte Stille im Wohnzimmer bemerkte und dann nach vollbrachter Arbeit hineinging, meinen Vogel mit den andern samt ihrem Gepäck entflohen zu sehen! Ich traute meinen Augen kaum, es war nur zu gewiss, das Gepäck war auch fort! Sollte ich ihr nachlaufen, sie bitten, doch gnädigst meine Frau zu sein? Niemals! ich liebte sie, hatte sie in guter treuer Absicht zu mir genommen, sie gut behandelt. Daher hoffte ich noch auf ihre Wiederkehr. Aber der Abend kam ohne sie.

Nach zwei Wochen kam meine Schwiegermutter, aber ohne Tochter: sie sagte, ihr Mann werde sie bringen. « Will sie nicht von selbst kommen, so kann sie zu Hause bleiben. » Die Mutter war sehr betrübt, ich blieb dabei. Das war das Ende meines romantischen Traumes einer indianischen Ehe. Kurzes Glück!

St. Joe war mir nun auf einmal verleidet, ich zog 14 Meilen weiter nach Norden, in das Städtchen Savannah.

Es folgt sodann eine Erörterung der Frage, ob die Auswanderung nach Kalifornien vorteilhaft wäre, und die Randbemerkung:

Der Hauptgrund, der mich eigentlich zurückhielt, war das Bewusstsein, meine fernern Studien von Indianern und wilden Tieren in der Nähe finden zu können, ohne so weit zu wandern. Kalifornien selbst hätte mir im besten Fall bloss die Mittel zum Reisen, aber nicht die Gelegenheit zur Vollendung meiner Studien geboten. Man sucht so oft in der Weite, was man in der Nähe hat, aber gerade deswegen, sozusagen wegen der Alltäglichkeit nicht schätzt.

Savannah, obschon 8 Jahre älter als St. Joe, ist von dieser Stadt wegen ihrer vorteilhafteren Lage am Flusse bereits überflügelt. Landstädte sind bloss auf den Handel der Umgegend reduziert, sobald sie nicht an einer Eisenbahn oder einem schiffbaren Flusse liegen. Die Feldfrüchte gelten um so weniger, als der Transport derselben auf einen bessern Markt beträgt. Bei vielen Farmern trägt die Ernte gar nichts ab, als ihn und seine Familie zu nähren, weil sie zu weit von einem Markte wohnen; solche können daher ihre Lage nicht verbessern. Durch das Emporblühen von St. Joe ist auch Jamestown (Jimtown), halbwegs zwischen St. Joe und Savannah auf einer Anhöhe, verlassen worden. Die Konkurrenz war zu stark. Noch steht das leere Wirtshaus nebst einigen Schutthaufen als Zeichen frühen Todes.

Kurz berichtet nun von der grossen Erweiterung seines Studienkreises durch Zeichnen von Landschaften u. s. w., zugleich aber von verfehlten Spekulationen mit Pferden (er war jetzt nämlich Pferdehändler aus Not, aber auch aus Liebhaberei).

Salt-Lake und Fort Laramie (wo eine grosse Zusammenkunft der Indianerstämme auf Betreiben der Unionsregierung stattfinden sollte) aufgegeben. Also den Missouri hinauf! Er ist zwar schon ausgebeutet, aber vollständig noch nicht; der Indianer wie das Gewild mehr als naturhistorische Gegenstände behandelt; aber nicht ihr Leben künstlerisch dargestellt. Uebrigens ist ja mein Hauptzweck die Urnatur zu studieren. Galerie oder ein gedrucktes Werk sind bloss Nebensache und nur dann möglich, wenn meine Studien ein vollständiges Ganzes bilden und mir später die Mittel verschaffen können, meine Hauptgemälde auszuführen, mich als Künstler dafür vorzubilden.

11. Mai 1851 abends St. Joe auf dem Sacramento verlassen, um nach Council Bluffs zu fahren, dort eines der zwei Boote zu erwarten, welche für die zwei Pelzkarawanen jährlich zum Yellowstone hinauffahren, Waren hinauf- und Pelzwerk herunterbringen.

12. Mai. Nachmittags bei einem Lager Otoes und verschiedenen Häusern von Halbindianern (halfbreeds) vorbeigefahren.

13. Mai. Abends bei den Bluffs angelangt; miserables Nest; dem Flusse nach alle Häuser verlassen, weil er durch beständiges Wegschwemmen ihre Existenz bedroht. Das Städtchen bereits eine Meile zurückgedrängt; auf der entgegengesetzten Seite viel Land angeschwemmt.

14. Mai. Nach Bellevue, Tradinghouse von Herrn Peter A. Sarpy für die Omahaws, hinübergefahren. Noch viele Emigranten in der Umgegend. Das Vieh wird hier über den Fluss getrieben, was zu vielen Witzen Anlass gibt. Bloss das Zugvieh wird mit Wagen in einem flachen Boote (flat) hinübergerudert. Kühe sieht man oft zurückschwimmen, um ihre Kälber, die man wegen ihrer Jugend zurücklassen und verkaufen musste, wieder aufzusuchen. In Bellevue befindet sich ausser Sarpys Haus die Wohnung des U. S. Agenten Barrow, derzeit abgesetzt wegen unbefugten Handels mit den Indianern, die Schule für Pawneekinder (Lehrer Ellet), 6 Blockhäuser von Halfbreeds mit Pflanzungen und einem kleinen Ueberrest (Räume darf man es wohl nicht nennen) von Fontanelles früherem Handelsposten; weiter unten die protestantische Mission für Otoes und Omahaws mit schöner Fernsicht über die Mündung des Big Platte oder Nebraska.

16. Mai. In Bellevue die erste indianische Winterhütte, aus Erde aufgeworfen, nebst einem Pawneemädchen gezeichnet, dessen Tracht sich durch grosse Einfachheit auszeichnet; ein Hemd bis unter die Arme, durch zwei Träger über den Schultern gehalten, et voilà tout!

20. Mai. Wieder nach Bellevue hinübergefahren, um das sechs Meilen entfernte Dorf der Omahaws zu besuchen. Der nächste Weg führte erst steil über den Bluff, von wo man eine malerische Fernsicht den Fluss hinauf, gegen Kanesville im Bogen über Wald hinunter bis weit hinter die Mündung des Platte geniesst; dann über hochgelegene rollende Prairie, gegen den Papillonbach, welcher auch das Omahadorf teilweise umgibt. Das Dorf fand ich auf einer Anhöhe; wie aber über den schlammigen Bach zu gelangen, war mir ein Rätsel. Nirgends fand ich eine Brücke, nur einige Furten, wo Pferde bis an den Bauch und Männer und Weiber ditto durch das schwarze dicke Wasser waten mussten. Ich war zu Fuss und zuerst nicht sonderlich willig, mich der schwarzen Pfütze anzuvertrauen und solcher Gestalt beschmutzt im Dorfe zu erscheinen. Den Bach hinuntergehend, in der Hoffnung etwa einen umgefallenen Baum als Steg über den Bach zu finden, sah ich auf der andern Seite eine

Mutter und zwei Buben sich zum Schwimmen vorbereiten. Die zwei letzteren schwammen auch sogleich hinüber, während die Mutter sich mit ihrem Blanket wieder einhüllte. Sie hatten einen offenen Ledersack auf das Wasser gelegt, dessen Seiten aufrecht standen und welcher das Aussehen eines Flatbootes im kleinen hatte: in dieses Kuriosum, deuteten die Buben, sollte ich mein Album und die Kleider legen und dann hinüberschwimmen. Ich fand die Idee echt indianisch praktisch: zum Glück konnte ich schwimmen, zog mich sogleich bis auf die Hosen aus, liess die Kleider und das Album hinüberziehen und plumps war ich drin und mit einigen Zügen drüben. Den Buben gab ich ein Trinkgeld und bedeutete ihnen, dass ich nach einiger Zeit wieder da sein werde und sie wieder brauchen könne. Mein Iowa nützte mir nichts; die Omahaws haben eine ganz andere Sprache, aber mit den Zeichen kam ich gut fort. Wie ich der Mutter den Rücken kehrte, plumps war auch sie im Wasser und schwamm hinüber, aber nicht nach unserer Art mit beiden Händen zugleich nach vorn stossend und zur Seite einbiegend, sondern nach indianischer Art, mit beiden Armen abwechselnd ausholend, so wie auch die Neger schwimmen. Nachdem ich mich wieder angezogen, stieg ich den Hügel hinauf ins Lager. Es bestand sowohl aus Lederzelten als aus Erdhütten; dazwischen standen Gerüste zum Trocknen des Fleisches und hohe Pferche, um die Pferde nachts bei Gefahr einzusperren. Eine junge squaw lud mich in gutem Englisch ein, in ihr Zelt zu treten und hiess mich am Feuer niedersitzen, um meine Hosen zu trocknen. Sie nannte sich Betty; sprach englisch, französisch, Iowa und Omahaw; sie war was die Amerikaner einen Charakter nennen: eine Art genialen Originals; ich erhielt Nachrichten von Witthae, die in der Nähe mit einem Otoe verheiratet ist; zeichnete einige Porträts,[1] spazierte im Dorfe herum; sah lange dem Spiel junger Burschen zu, wie sie die Lanze in vollem Laufe durch einen rollenden Messingring zu werfen suchten, herrliche Gestalten, noble Stellungen, Ausdruck lebendig, voll Eifer; auf einer Erdhütte sassen die Magnaten des Dorfes als Zuschauer und Richter; die einen im höchsten Staat, die andern bloss durch ihre angeborene Würde ausgezeichnet (Fig. 2). Betty wollte mich nach Bellevue begleiten, um Brot zu kaufen; wir schwammen zusammen über den Bach, nachdem sie mich ins Wasser gestossen, weil ich aus verzeihlicher Neugierde mich umsah, um sie in ihrem Badkostüm zu erblicken und gingen über die Prairie.

---

[1] Hier und über dem Flusse hatte ich häufig Gelegenheit Omahaws zu porträtieren; jedes Porträt kostet mich $1/2$ Dollar.

1. Juni. Gemeines Pack hier; Präsident Monroes Spruch nur zu sehr bestätigt: The worst Indians I have seen in my travels are the *white people* that live on the borders. Ein 17jähriges Mädchen gesehen, welches vom Propheten Brigham Young zu Grunde gerichtet: er wollte in ihrem Schosse ein Christuskind erwecken, sie kann kaum mehr gehen. Und doch wagt die Mutter nicht dem schrecklichen Propheten ihr jüngeres Mädchen zu verweigern; sie muss nächsten Monat mit ihm nach Desert. — Kürzlich kam hier eine Exekution von Judge Lynch vor; es hatten sich einige Falschmünzer und Gamblers (Spieler von Profession, sehr oft Betrüger und Mörder) hieher aus den Staaten geflüchtet, und glaubten hier ruhig ihr Wesen treiben zu können. Die Farmer der Umgegend standen aber zusammen, zerstörten ihre Pressen und Modelle und peitschten sie fürchterlich.

2. Juni. Während ich nachmittags auf dem sandigen Ufer herumschlenderte, um Baumstudien zu machen, langte eine Flotille von Mackinawbooten an. Charles Martin war der Chef der Steuerleute. Da sie hier bivouakierten, in der Hoffnung, ein

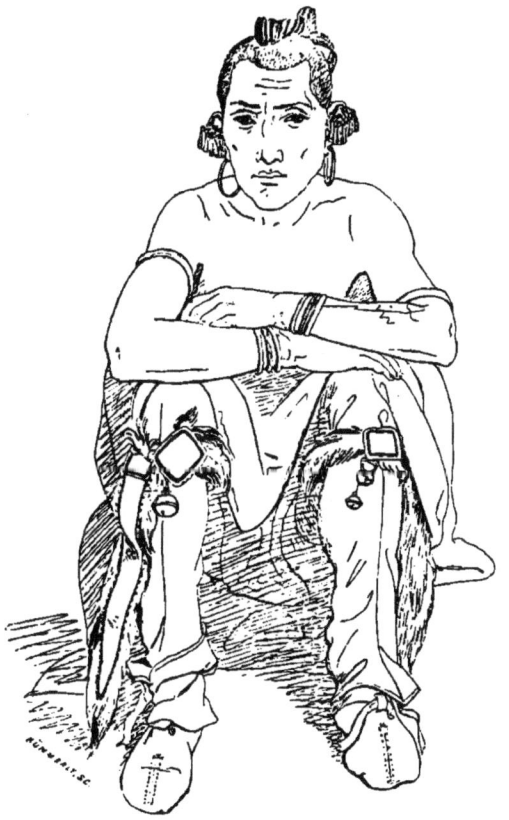

(Fig. 2). Omahaw (Nachidinge).
(Skizzenbuch von Kurz S. 119.)

Dampfboot würde ihnen die Mühe des Ruderns abnehmen, machte ich mit dem freundlichen Martin Bekanntschaft, zeichnete für seine squaw seine halbindianischen Knaben, hierauf für mich. Seine Leute waren meist halbindianisch, trugen das Haar lang. Peter A. Sarpy hier gewesen; trug mir an bei ihm in Bellevue zu rasten, bis das Boot der grossen Compagnie komme. Bei ihm werde es halten, hier nicht. Versprach mir Empfehlungen, da sein Bruder Mitglied der Gesellschaft. Mit Dank angenommen.

3. Juni. Die ganze Prairie von anhaltendem Regen überflutet: fehlen keine drei Zoll, so ist auch das Nest unter Wasser. Heute drei Wochen hier; diesen Abend werde ich nach Bellevue übersiedeln.

4. Juni. Komme meinem Zweck immer näher; wohne bereits in einem tradinghouse; schlafe auf einer Büffelhaut, bin wieder von Indianern umringt, die mit Herrn Sarpy im grossen handeln. Er gibt ihnen Pulver, Blei und Tabak auf Kredit, um für die Sommerjagd gerüstet zu sein. Büffel 80 Meilen vom Dorf entfernt; virginische (weissschwänzige) Hirsche noch häufig in der Nähe.

Die Mocassins der Omahaws sind von schwarz geräuchertem Elkleder, gewöhnlich mit einer verzierten Naht über dem Fussrücken. Die Lappen stehen aufwärts. Auch die Schuhe der Puncas zeigen eine Verschiedenheit von den Iowaschuhen; sie haben nämlich keine Lappen um die Knöchel; selbst die Verzierungen daran tragen einen andern Charakter, sind aber schwer zu beschreiben.

Waaschomani, einen sehr alten ehemaligen Chef der Omahaws porträtiert; er wies mir mehrere Zeugnisse von ehemaligen U. S. Agenten vor, um mir zu sagen, er sei ein guter Freund der Weissen.

12. Juni. Tannegache, Sohn des bekannten Waschinga, porträtiert; er geht lahm und hat dem jungen «Elk» seine Ansprüche als Chef abgetreten. Auch Tanini, ein sehr hübsches 14jähriges Omahamädchen, gezeichnet; es fing aber bald aus Furcht vor Verzauberung zu weinen an, und bloss das versprochene Calicohemd konnte es bewegen auszuharren. — Mit Joseph La Flèche nach dem Omahadorfe geritten, um einen Büffeltanz zu Ehren des verwundeten Tecumthe Fontanelle zu sehen. Abenteuerliches Durchwaten des Papillonbaches und Erklimmen des steilen Ufers.

Tanz der Büffelbande in einer sehr geräumigen Erdhütte. Zehn Tänzer paarweise die Manieren des Büffels beim Trinken, Rollen, Stossen, Brüllen höchst natürlich nachahmend, vor dem liegenden Patienten herumhüpfend, seine Wunde mit dem als saufende Büffel eingezogenen Wasser bespeiend; alle Tänzer mit einer verzierten Büffelmaske versehen, nebst dem Büffelschwanze, hinten in dem Gürtel aufgesteckt, sonst nackt, ausser dem nie fehlenden breechcloth. Zuschauer die Menge. Ritten im Galopp über die Prairie nach Hause; ein scharfer Wind peitschte uns schon schwere Regentropfen ins Gesicht; bald brach das Gewitter über uns aus, dauerte aber nicht lange, auch krachten die Donnerschläge nicht so laut wie in unseren Schweizerbergen. Die Omahaws können keine 80 Krieger stellen; soweit sind sie durch Krankheit und die Sioux heruntergekommen; leben jetzt auf Otoeboden, sind von ihrer Heimat völlig vertrieben.

13. Juni. Kaufte allerlei Zeug, um auf dem Boote meine indianische Sammlung durch Tausch zu vermehren. Geld würde mir dafür wenig nützen, da die obern Indianer den Wert desselben nicht kennen; auch sind alle Waren in den Forts bedeutend teurer.

16. Juni. Montag. Früh morgens weckte Decatour Fr. Laboue und mich mit dem Rufe: The Companys boat! Von den Stufen der pickets las ich mit meinem Fernglase den Namen St. Ange auf dem Radkasten des nahenden Bootes. Es hatte geheissen: der Robert Campbell sollte unser Boot sein; doch da stehen ja unsere beiden Herren P. und C. Das Boot hält an, ein jüngerer Stier wird im Hofe schnell für das Boot abgeschlachtet, Tauben und Katzen eingefangen, einige Waren umgeladen, — und mir erlaubt, das Boot zu benutzen. Aber dieses ist ein Spital von Cholerakranken und Sterbenden! In meiner Kabine sind die Effekten bereits Verstorbener aufgeschichtet; mein Koffer dient schon einem Kranken als Kopfkissen — soll ich's wagen? Doch schon ist das Boot weg im Strom, good bye Decatour! Das Anhalten bei Council Bluffs wurde sogleich von zwei Engagés benutzt um auszureissen, nachdem sie bereits Gage zum voraus bezogen.

17. Juni. Schon wieder zwei Tote und kein Arzt! Ein Professor der Geologie, Evans, bereitet die Mittel und Klystiere (Stärkemehl mit verdünntem Whisky?), die ich besorge, während Père van Hoeker christlichen Trost spendet; Père de Smet auch unwohl, doch nicht an der Cholera. Die Engagés trinken zu viel Whisky, die Deckhands oder Matrosen bleiben nüchtern, daher gesund.

19. Juni. Abends bei Blackbirdsgrave durch ein tobendes Ungewitter anzuhalten gezwungen worden. Welch Sturmwind! welch Leuchten!

20. Juni. Hielten den ganzen Tag am rechten Ufer an, um das Boot zu reinigen, Kleider an der Sonne zu lüften, den Kranken bessere Pflege angedeihen zu lassen, und einige Tote zu begraben.

21. Juni. Père Hoeker tot; gegen 4 Uhr morgens wurde ich durch sein Rufen geweckt. Fand ihn halb angezogen auf seinem Bett in heftigen Kämpfen; gestorben ist er wie ein Christ; nur zwei Stunden krank gewesen. Abends angehalten, um ihn bei Fackellicht zu begraben. Hatte noch sein Porträt für Père de Smet zu zeichnen. Der Verstorbene sollte zu den Nez percés als Missionär.

22. Juni. Bei Sergeant Bluff einen Augenblick angehalten; hier soll später eine Stadt gegründet werden; es liegt noch im Iowastaate.

23. Juni. Diene jetzt dem Herrn Picotte als Clerk, was mir jedenfalls das Reisegeld erspart.

25. Juni. Fort Vermillion wird verlassen. Schlegel der Bourgeois kam mit Sack und Pack aufs Boot, um 60 Meilen höher am Flusse

einen neuen Posten zu errichten. Iowastaat und Whisky zu nahe; schlimme Konkurrenten hat die Company, die keinen Whisky verkaufen darf. Ein Beispiel, wie der Pelzhandel von der Kultur zurückgedrängt wird, oh Whiskykultur!

26. Juni. Der Preusse Schlegel trank im verborgenen all meinen Frenchbrandy — als Arznei gegen die Cholera, — ward betrunken und ich dafür von Herrn Picotte zur Rede gestellt. Bei der Isle de Bonhomme wurde Schlegel mit seiner squaw, mit Waren und Gepäck ans Land gesetzt, um einen neuen Posten bei den Sioux zu gründen.

4. Juli. Nach dem Mittagessen endlich Fort Pierre erreicht, W. Picottes Hauptposten für die Teton-Sioux. Ein Dutzend geputzter und geschmückter Krieger hütete die ausgeladenen Waren. Siouxweiber tragen meistens noch das ursprüngliche Lederhemd. Das Fort und Lager und auch den St. Ange gezeichnet. Viele Waren und Leute hier gelassen. Ein prachtvoller Stier von der Devonshire-Rasse wird zum Ziehen gebraucht; er soll schon öfter Büffelstiere besiegt haben.

5. Juli. Um 10 Uhr Fort Pierre verlassen. Tetonkrieger gaben eine Salve.

7. Juli. Die ersten Büffel gesehen — und vor 80 Jahren sah man sie noch im Staate Ohio! Good bye, buffaloes, Indians and Indian companies! Gegen Sonnenuntergang bei der Mündung der Rivière à Basil vorbei; auffallend malerische Partie, Landzunge mit Treibholz, und umgefallene Bäume, dichter Wald sich dunkel im schmalen klaren Flüsschen abspiegelnd; rechts guckte ein niedriger Fels über die Bäume empor. Nachts nicht weit vom l'Eau qui court angehalten, teils um P. Sarpys Waren mit einem Engagé auszusetzen und Brennholz zu schlagen. Unerwarteter Besuch von einer Schar Puncakrieger, die im finstern Urwald uns ein Willkommens-Konzert mit ihrem Siegesgesang gaben, dann auf unser Boot kamen und da nach gegenseitiger Abrede mit Kaffee bewirtet wurden. — Mehrere verlassene Indianerdörfer und Winterhäuser demoliert, um Stangen und Pfähle als Brennholz zu benutzen. Wir müssen, seit wir keine Farmer mehr am Flusse antreffen, selbst unser Feuerholz schlagen und aufs Boot tragen. Au bois, au bois, ruft Herr Picotte. Auf einer Sandbank standen mehrere Büffel uns verdutzt angaffend; da sie uns nicht rochen des Windes wegen, konnten wir auf sie pfeffern. Einer wurde erlegt, lief aber noch eine Strecke weit, ehe er zusammenbrach. An einem starken Seile wurde er von den Engagés mit lautem Hurrah aufs Boot gezogen, sogleich geschlachtet und so ass ich das erste Büffelsteak.

8. Juli. Erreichten Fort Clarke, das Dorf der Ricaras (Rihs). Da Herr Picotte den Dorfmagnaten mit einem süssen Kaffee nebst Crackers aufwarten und ihnen sonst noch Geschenke geben wollte, musste ich auf dem Boote zur Austeilung bleiben. Postierte mich hinter Père de Smets Fuhrwerk und betrachtete Fort, Dorf und Leute mit meinem Fernglas; hatte einen interessanten Anblick auf etwa 50 badende Mädchen und Weiber. Da diese sich unbeachtet und versteckt glaubten, gaben sie sich ganz ihren natürlichen Scherzen hin; fand einige zierliche Figuren unter ihnen: so schlank, geschmeidig und doch rund, doch fest. Wie sie sich spreizten und balgten, hinter den angeschwemmten Baumstämmen versteckten, und wieder andere träumerisch sich von der Sonne trocknen liessen, in so natürlichen, ungezierten und doch zierlichen Stellungen! Hätte nur das Dogfeast bis in die Nacht gedauert, ich hätte es nicht bereut. Ein gebratener Hund wurde Herrn Picotte & Comp. als Leckerbissen im Dorfe serviert. (Ich hätte nicht getauscht.) Herr P. wurde auf einem geschenkten Pony zurückgeführt, ich musste ins Office, um die Bewirtung der Indianer in der Kajüte zu besorgen.

Einige Mandans begleiteten uns nach ihrem nahe gelegenen Dorfe; 14 Hütten, aber meistens leer. Arme Ueberbleibsel eines grossen Stammes. Bei den Mandanhütten gezwungen anzuhalten, so heftig trieb uns ein Sturmwind gegen das Land. Das Boot wurde förmlich an die Uferbank gepresst. Mehrere Mandans und Mönnitarris blieben an Bord, um nach Fort Berthold zu fahren, was eine grosse Gunst für sie ist. — Das jetzige Dorf der Rihs gehörte früher den Mandans; Prinz von Wied brachte dort einen Winter zu, und Bodmer gab eine sehr gute Zeichnung davon.

9. Juli. Früh morgens sagte mir Herr Picotte, ich solle mich bereit halten im Fort Berthold zu bleiben, da er gehört habe, Herr Kipp, der dortige Bourgeois, wünsche den Herbst in Kanada zuzubringen, müsse daher einen Clerk zurücklassen; aber sollte Pierre Gareau, der halbwilde Dolmetscher, das Fort nicht über sich nehmen wollen, könne ich nach Fort Union hinauf. Mittags sahen wir von weitem die weissen Pallisaden des Dorfes in der Sonne scheinen, hatten noch einen Spass mit unsern Indianern auf dem Deck, die in der Ferne einige Indianer erblickten, selbige sogleich für Feinde erklärten, ihren Kriegsgesang anstimmten, Flinten luden und abschossen. — Da bogen wir um eine Landzunge, jene lauernden Feinde kamen daher gesprengt und sind Freunde! Die Waren lagen bereits alle am Ufer, welche für diesen Posten bestimmt waren, als ich die Botschaft erhielt mit meinem Gepäck ans Land zu gehen. Das Boot fuhr ab; ich blieb noch als Wache bei den Waren, bis

sie mit den zweirädrigen Karren ins Fort hinaufgeschafft wurden. Scheue Kinder guckten neugierig von weitem hinter den Warenballen den Fremden zu und machten ihre Glossen. Endlich ging ich auch ins Fort, um mich meinem neuen Bourgeois vorzustellen. Herrn Kipp hatte ich schon früher in St. Joe gesehen. Nach dem Abendessen mit Alexis mein neues Quartier bezogen: dunkles, nur durch ein Fensterchen mit nie gewaschenen Scheiben erleuchtetes Zimmer mit grossem Kamin; hölzernen Bettstatten, die ich aber bei genauerer Untersuchung von Wanzen bewohnt sah, was mich sogleich bewog, meine Büffelhäute auf dem Boden auszubreiten.

10. Juli. Was ich heute sah und hörte, deutet für mich auf eine reichliche Skizzenernte. Das nahe Dorf von 80 Erdhütten, von Pallisaden umgeben, die Billardspieler, Gaffer, Pferdehüter, arbeitenden squaws etc. bilden meine tägliche Umgebung. Aber auch die Musquitos sind lästig, und ohne Räucherung mit Sweet sage (Wermut, Artemisia) an keinen Schlaf in den Zimmern zu denken; das Fort soll immer von Indianern so belebt sein, ausser im Winter, wenn sie die Büffel in der Umgegend jagen, aber dann werde ich auch dieses Schauspiel geniessen.

Auf diesem Posten wird nicht gereist; die Grosventres (Herantsa) oder Mönnitarris, wie man sie nennt, gehen nie weit von ihren Pallisaden aus Furcht vor den Sioux, sind auch nicht in verschiedene Banden geteilt, es sind ihrer zu wenig. Nach der Ernte von indianischem Korn (wildem Mais), von welchem die squaws hier bedeutende Felder anpflanzen, kommen oft Banden von Crows, einem verwandten Stamm, jetzt auch Assiniboins, seit sie Friede geschlossen, um Korn einzutauschen oder vielmehr zu betteln. Die Mönnitarris sind durch Krieg und Seuchen so herunter gekommen, dass Herr Kipp gegen Bezahlung von 100 Büffelhäuten ihr Lager verpallisadiert, um sie wenigstens vor Ueberfällen und gänzlicher Ausrottung zu sichern. Von aussen sieht man daher keine Hütten; man muss durch die Thore hineingehen. Bellangé verspricht mir auch Gelegenheit zu bekommen, ein Gefecht zu sehen, da noch alle Jahre die Sioux gekommen seien.

12. Juli. Nach dem Frühstück war das Ufer sehr belebt; Jäger und Pferde wurden von squaws in Booten aus ungegerbter Büffelhaut über den Fluss gerudert. In der Ferne sah man dunkle Punkte in der Prairie sich bewegen: es waren Büffel, die mussten von sämtlichen Jägern zu Pferd umringt werden, damit man für einige Zeit Fleisch erhalte, und weil einzelne Gefahr laufen würden, den lauernden Sioux in die Hände zu fallen. Herr Kipp hatte einigen guten Schützen seine Renner gegeben, um für ihn zu jagen und die Beute

mit ihm zu teilen: dieselben kamen schon früh wieder zurück, ihre Pferde mit Fleisch beladen. Sie hatten 5 Büffelstiere angetroffen, die nicht zur Herde gehörten, die man umringen sollte; machten also sogleich Jagd auf den jüngsten und fettesten und brachten das Fleisch nach Hause, da wir dessen sehr ermangelten. Hatten schon zwei Tage kein Fleisch gegessen und nur zwei Mahlzeiten des Tags, morgens 6 Uhr und abends 4 Uhr, was hungrigen Magen verursacht. — Von einem Mandan gegen eine blaue Decke und ein Messer eine mit Längsstreifen von Porcépie reich verzierte Büffelhaut eingetauscht.

13. Juli. Sonntag nachmittags, während ich eifrig skizzierte, kömmt ein Mandan in mein Zimmer und bittet um meine Doppelflinte, einer seiner Kameraden sei von Feinden erschossen worden; da ich im Falle eines Gefechts dieselbe selbst gebrauchen konnte, so verweigerte ich ihm die Flinte. Ich ging sogleich hinaus, um Nachrichten einzuziehen. Im Dorf und Fort sah es aus wie in einem Korb mit schwärmenden Bienen. Krieger und junge Burschen sprengten

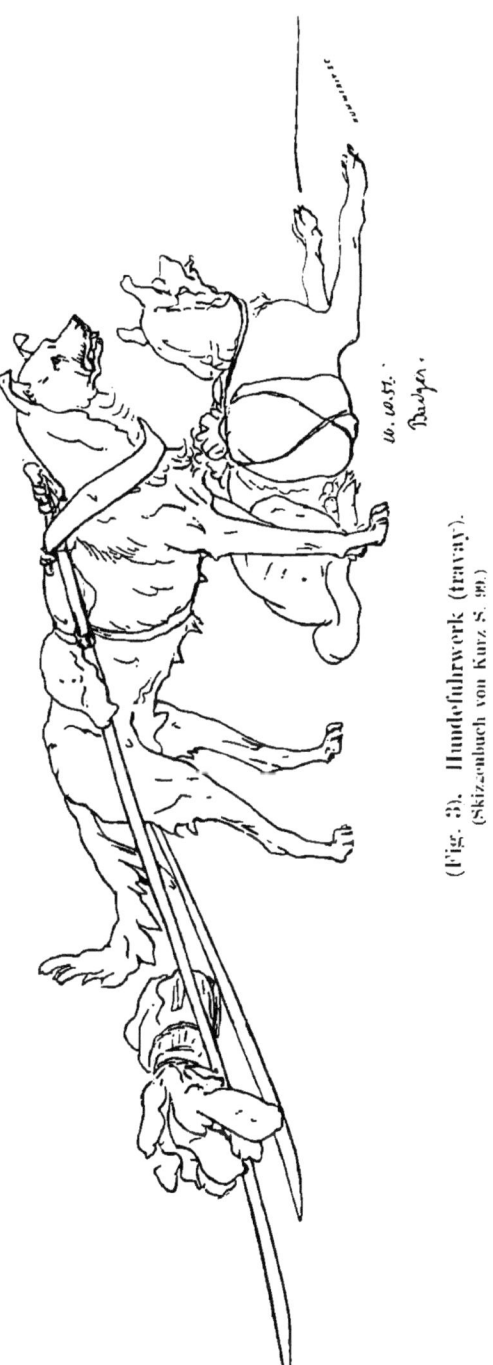

(Fig. 3). Hundefuhrwerk (travay). (Skizzenbuch von Kurz S. 99.)

bereits bewaffnet über die Prairie, andere fingen erst ihre Pferde ein; viele Weiber kamen eilig von der Prairie zurück, wo sie nach pommes blanches (turnip, Psoralea esculenta) gegraben, andere Weiber gingen hin; Neugierige standen überall in Gruppen, die Hände umwerfend, schnatternd, voll Eifer oder Bangigkeit. Le Boeuf courte queue, heisst es, sei von fünf Sioux erschossen worden; derselbe war noch bei uns diesen Morgen zum Frühstück; ich wollte mit ihm um einen altmodischen Tomahawk (elliptischer Stein an die getrocknete, $2^{1}/_{2}$ Fuss lange, sehr zähe Rute eines Büffelstiers befestigt; s. Fig. 6) handeln. Ich setzte mich auf das Dach unserer Wohnung mit einem Fernglas. Die Scene war höchst interessant. Die zurückkehrenden Weiber und Kinder aus der Prairie mehrten sich, die einen zu Ross, die andern zu Fuss, ihr eigen Lastthier; andere trieben Hunde mit beladenen travays (Fig. 3).

Endlich gegen Abend sah man die Eskorte des Toten heranrücken. Ein goldener Schimmer zitterte über dem Boden, dann ging er ins Violett über und dunkler wurden die Figuren, je näher sie kamen und je matter der Himmel wurde in der Dämmerung. Voraus die trauernde Witwe, ein Pferd führend, über dessen Rücken der tote Gatte in eine Decke gehüllt herabhing, trauernde Verwandte folgten, umringt von ungeduldigen Kriegern, deren Blut in Feuer war. Nun erst vernahm man etwas Näheres über den «coup». Le Boeuf courte queue hatte seine Familie in die Prairie drei Meilen nördlich vom Dorfe begleitet und sich auf der Erde gelagert neben seinem weidenden Pferde, während Weib und Kinder die pommes blanches ausgruben. Auf einmal glaubt die Frau vor sich etwas im hohen Grase sich rühren zu sehen; sie macht ihren Mann darauf aufmerksam, wissend, dass sie die äusserste Linie der Wurzelgräber bildeten und daher vor ihnen Gefahr lauern könne. Sogleich schwingt sich der Mann auf sein Ross, Bogen und Pfeil in der Hand, um der verdächtigen Bewegung des niedern Gebüsches nachzuforschen. Aber kaum im Bereich der feindlichen Pfeile, stürzt er getroffen tot vom Rosse. Die Weiber schreien laut um Hülfe; der Feind flieht ohne den Skalp, ohne den Mandan berührt zu haben; deshalb zählt die That nicht als «coup». Das Totschiessen von weitem gilt bei den Indianern als keine Heldenthat, man muss den Feind berühren; doch gewann die feindliche Truppe, die, wie einige sahen, aus fünf Männern bestand, des Mandans Renner.

Auf dem Begräbnisplatz angelangt, wurde der Tote vom Pferd herabgenommen, auf eine Decke gelegt, sein Kopf und die Brust erhöht. Verwandte setzen sich heulend um ihn herum, reissen sich die Haare aus, schlagen sich mit den Fäusten auf den Kopf, ritzen

(Fig. 4). Herantsa, im Begriff mit Büffelbooten (Weidengeflecht mit Büffelhaut überzogen) über den Fluss zu setzen. (Skizzenbuch von Kurz S. (6.))

sich mit Messer oder Pfeilspitzen die Haut auf, damit Blut zum Opfer rinne; Freunde bringen Decken, Kleider, Farbe als Geschenk. Unterdessen wird ein Gerüst von vier Pfählen aufgerichtet, mit Querstäben verbunden, darauf wird nun der eingewickelte, geschmückte Krieger gelegt, und noch eine neue rote Decke über ihn gehängt. An einem der Pfosten wird sein Medizinbeutel befestigt. Die Menge zerstreut sich in der Dunkelheit; bloss die Witwe und die Mutter bleiben, um zu heulen.

Die Prairieindianer begraben deswegen ihre Toten nicht in die Erde, weil sie erstens das Werkzeug nicht dazu besitzen, und zweitens weil sie sehr tief graben müssten, um vor dem Ausgraben der Wölfe gesichert zu sein. Der Anblick dieser stehenden Totengerüste ist oft schauerlich, selbst ekelhaft; mit der Zeit rüttelt der Wind an den Hüllen, bis sie locker werden, auch zupfen Krähen und Raben beständig daran; einzelne Körperteile fallen verfault herunter; endlich halten auch die Pfosten nicht mehr; die Ueberreste, oft so geachtet, so geliebt und tief betrauert, liegen umher, das Spiel der Mäuse und Raben.

Nun sah ich täglich so viele malerische Gruppen, die ich zeichnen muss, während der Eindruck noch frisch ist, weil zu viele einander folgen, so dass ich nicht leiden kann, so oft gestört zu werden. Das schlimmste ist dabei, dass Mandans wie Mönnitarris höchst abergläubisch sind und das Zeichnen und Malen als böse Medizin betrachten. Es traf sich nämlich unglücklicherweise, dass die wilden Blattern zum erstenmal sich unter diesen Stämmen zeigten, als vor 20 Jahren Catlin seine Reise hierher machte; dass gleich darauf nach Freund Bodmers Anwesenheit mit dem Prinzen Wied die Cholera ausbrach und ebenso schreckliche Verheerungen anrichtete; dass endlich auch in diesem Jahr auf unserm Boote die Cholera 13 Opfer weggerafft hatte und diese Krankheit sich bereits unter den Indianern zeigte, während in den andern Jahren keine verheerenden Krankheiten regierten — darum fürchten sie die Maler, und wer kann sich wundern bei diesem sonderbaren Zusammentreffen? Schon in Bellevue hatte mich Herr P. gewarnt und mir verboten, in ihrem Revier ein Porträt zu machen; bei dem geringsten Unfall müsste ich die Schuld davon tragen und vielleicht gar mit meinem Leben dafür büssen und für sie als meine Beschützer könnte es ebenfalls nur Unannehmlichkeiten nach sich ziehen.

Ich hatte mich deshalb wohl in acht genommen und keinen Indianer zum Porträt sitzen heissen, sie bloss im verstohlenen angesehen und skizziert. Trotz des Misstrauens war aber ihre Neugierde doch so gross, sie wunderten und freuten sich sehr ob den

Zeichnungen, kannten die Umrisse von Père de Smet, Picotte und Capt. Laberge sogleich, obschon mir diese Herren nicht gesessen.

Herr Kipp nahm mich heute zum erstenmal als Clerk in Anspruch; ich musste nach seiner Aussprache ein Wörterbuch der Mandansprache für Col. Mitchell niederschreiben; seine Mandansquaw half getreulich; ich behielt das Brouillon für mich und gab ihm eine Kopie.[1]

Abends, man kann leider nicht sagen nach dem Nachtessen, hörte ich, während ich in meinem Zimmer schrieb, schiessen und rufen im Dorfe. Eine squaw, die meinem Schreiben durch das kleine Fenster zusah, machte mir das Zeichen von Halsabschneiden über dem Flusse. Schon wieder Feinde, dachte ich, und fort nach dem Uferabhange war ich im Augenblick. Eine Menge Leute sammelte sich am untern Landungsplatze, um zwei Skinboats ankommen zu sehen. Zwei junge Krieger kehrten mit ihren ersten Skalps zurück. Welcher Jubel unter den Zuschauern! Jeder will der erste beim Willkomm sein. Sie landen, ihre Gesichter schwarz gefärbt, ausser die Nasenspitze (Zeichen von coup), sie schenken sogleich ihre Waffen den Nächststehenden als den ersten Glückwünschenden; einer der Beschenkten heftet die zwei Haarbüschel oder Skalps (die Haut war nicht dabei) an eine lange Rute und schreitet hinter den glücklichen Kriegern einher, den Siegesgesang singend. Stolz gehen sie einher, ohne eine Miene zu verziehen, ohne die Umarmungen ihrer Verwandten zu erwidern.

Ging nicht zu Bette, bis ich etwas Näheres über die Heldenthat erfahren. Die beiden jungen Bursche waren 19 Tage auf dem Kriegspfade, sind bis zum Fort Lookout gegangen, nicht sowohl nach Skalps, als vielmehr um Pferde zu stehlen; deshalb hielten sie Lassos in den Händen; hatten bereits vier Pferde erbeutet, als sie zwei gut gekleidete squaws in einem Kornfeld gebückt arbeiten sahen; herbeieilen und mit Pfeilen auf sie schiessen war im Nu geschehen. Die ältere Frau wollte eine Pistole aus dem Gürtel ziehen, da aber die Decke darüber herunterhing, gelang es ihr nicht, sie war zu eilig und wurde erschossen. Das hastige Suchen der Pistole verspotteten unsere Indianer lange. Da dies im Angesicht der Wohnungen geschah, begnügten sich die zwei Helden, den unglücklichen Weibern, die laut ihre Hülferufe erschallen liessen, ein Büschel Haare als Trophäe abzuschneiden und nach den Pferden zu laufen. Sie wurden sogleich heftig verfolgt, mussten endlich ihre Pferde wegen Müdigkeit im Stiche lassen, da dieselben nicht mehr imstande waren, über den Fluss zu schwimmen. Die zwei Skalps sind dem toten Boeuf courte queue als Sühne geschenkt und neben ihm aufgesteckt worden. Da bei Fort Lookout mehrere Halbindianer wohnen, so ist es möglich,

---

[1] Siehe Anhang II B. über die Mandansprache.

dass die zwei unglücklichen Weiber dieser Klasse angehören: die guten Kleider und die Pistole lassen es sehr vermuten......

16. Juli. Das Mandanwörterbuch fertig: 600 Wörter. Kaufte von Herrn Kipp, der sich zur Abreise anschickt, ein Bärenklauenhalsband und einen Elkhornbogen (jedes für fünf Dollars), beides grosse Seltenheiten. Seine Mandansquaw mit dem Kleinen gehen einstweilen nach dem Mandandorfe zu ihren Eltern und er besucht seine weisse Frau, die mit ihren Kindern zu Liberty Mo. lebt: Herr Kipp hat ungern gesehen, dass ich einen grossen Koffer mit Ware mitgebracht, da er lieber den Profit beim Eintauschen selbst gehabt hätte; doch da ich nur Verzierungen, Waffen und Kleider eintauschen will, mit denen die Compagnie nicht handelt, so gab er sich zufrieden. Die zwei Goldstücke, die er heute von mir erhielt, haben ihn sehr freundlich gestimmt.

Jetzt ist Kipp endlich entschlossen zu gehen; er wird wenigstens drei Monate wegbleiben und erst mit dem Schnee zurückkehren; unterdessen will Pierre Gareau die Aufsicht des Postens übernehmen; aber er kann weder lesen, noch schreiben, noch rechnen.

Um 12 Uhr, im Augenblick, als wir den Kriegstanz im Dorfe um die zwei Skalps anschauen wollten, sahen wir am Horizonte hinter dem fernen Walde die regelmässigen Dampfwolken des St. Ange aufpuffen, welcher vom Fort Union zurückkehrte. Die geputzten und geschmückten Weiber, welche packs von 10 robes tragen wollten, wurden vom Tanze geholt, der sich auch sogleich auflöste. Herr Kipp übergibt mir in aller Eile die Schlüssel, die Bücher, ohne besondere Auskunft, zieht sich schön an — das Boot ist schon gelandet.

Nun eine Scene mit dem erzürnten Herrn Picotte.

Da stand ich allein, ganz unvorbereitet mit allen Schlüsseln, sonst war jedermann auf dem Boot oder mit dem Verladen beschäftigt. — Das Boot ist fort und ich wenigstens für ein ganzes Jahr hier.

18. Juli. Junge Weiber und Mädchen tanzten en grande tenue, mit Tambourin-Begleitung durch einen alten Mann, in unserm Hofe. Gab dem Alten Tabak zum Danke. Die Mädchen bildeten beim Tanze eine Ellipse, hüpften mit zusammen gehaltenen Füssen mit dem Rufe eh! eh! gegen einander vorwärts und rückwärts. Ihre Wangen waren rot geschminkt. Einige hatten Federchen in den Haaren, eines hielt einen Kavalleriesäbel in der Rechten.

Ein Indianer bot mir fünf robes für mein Fernglas; ein guter Preis, kann es aber nicht entbehren; ferner ist es mein letztes Andenken meiner Brüder Louis und Gustav. Es ist vortrefflich; durch dasselbe geniesse ich von weitem Scenen, die ich in der Nähe nie zu sehen bekäme; bei meinem kurzen Gesichte könnte ich auf der

Prairie ohne dasselbe nicht fortkommen. Und was mir alles in diesem Lande noch bevorsteht, weiss ich nicht.

19. Juli. Auf der Prairie herumspaziert, in der Hoffnung, einen Menschenschädel zu finden; waren zu viel Leute in der Nähe, Pferde hütend; Schädel genug bei den Opferstätten. Die Herantsa, wie sich die Grosventres selbst nennen (grosse Bäuche haben sie nicht; dummer Name), sind ohnehin misstrauisch gegen mein Zeichnen, soll Schuld zu Krankheiten sein; was würden sie sagen, wenn sie einen Schädel eines ihrer Verwandten bei mir erblickten? Müsste sagen, es sei ein feindlicher — dann wollten sie ihn auch haben.

Viele Indianer krank; Kopfweh; trockener Husten. Herr Kipp und Familie, P. Gareau und andere im Fort auch sehr krank; nur ich gesund, böses Zeichen, bad medecine; das Dampfboot, mein Malen sind schuld. Es ist aber der kalte, trockene Wind, welcher seit 14 Tagen beständig weht, der die Erkältungen verursacht; seit ich hier bin, bloss 2 heisse Tage erlebt. Wind süd-südöstlich[1], frisch und erregend. — Soeben lange mit Bellangé geschwatzt; er ist schon viele Jahre hier; kann alles; ist Schmied, Wagner, Landwirt, Jäger, Dolmetsch, trader — würde gern P. Gareaus Stelle einnehmen, den er nicht leiden kann; lesen und schreiben hat er nie gelernt, sonst würde er auch auf mich eifersüchtig sein.

20. Juli. Während ich einen drolligen, schäbigen Hund im Zimmer abzeichnete, kam le Nain und gab mir Unterricht in der Herantsasprache, ich schrieb die Worte nieder (s. Anhang II C.); harte Aussprache, selbst für einen dutchman. — Half unsere indianischen Jäger über den Fluss rudern; hatten schon mehrere Tage kein frisches Fleisch, bloss getrocknetes. Aus dem Dorfe sind wenige auf die Jagd; die meisten husten und leiden an Kopfweh — Influenza. — Bellangé erzählt viel von seinen Abenteuern, besonders will er sich als Biberfänger auszeichnen. Der Mensch kann mir zu viel; glaube ihm nicht die Hälfte. — Biber gelten dieses Jahr nicht 6 Dollars das Pfund; sind nicht gesucht, sagt er. Wie doch die Mode in die fernsten, abgelegensten Länder wirkt! Dass die Castorhüte ausser Mode sind, verursacht ein bedeutendes Sinken der Biberfelle. Der geringe Preis dieser Felle kommt aber auch den Bibern zugute.

Nicht weit von hier, am kleinen Missouri, soll es auch viele Biber geben; es ist aber zu gefährlich für Indianer; Herantsa gehen ohnehin nur in grösserer Anzahl auf die Prairie hinaus; besonders dort schwärmen öfters Kriegerpartien von Ricaras, Crows, Creeks, Chayennes, Sioux, Assiniboins, selbst Blackfeet herum.

---

[1] d. h. wohl *nach* Süd-südosten, also NNW-Wind. (Redaktion).

21. Juli. Da wenig Indianer zu sehen waren, zeichnete ich ihre Hunde, von denen eine Unzahl herumlaufen. Die meisten sehen aus wie Wölfe, können auch nicht bellen, heulen desto kläglicher; fängt einer an, stimmt gleich ein Chor von hundert ein. — Kalter anhaltender Regen. — Ruderte unsere Jäger herüber; will doch wenigstens meinen guten Willen zeigen, da ich jetzt noch weniger Aussicht auf Arbeit im Magazin habe als früher. — Bellangé gab mir fernern Unterricht in der Zeichensprache.

22. Juli. Krankheit immer schlimmer; fast keine Indianer ausserhalb des Dorfes. Hie und da eilen Fieberkranke zum Flusse, stürzen sich hinein, trotz Husten und Schweiss! Kipp und Gareau beklagen sich beständig über Kopfweh, gebrochene Knochen, Zucken und Stiche in den Muskeln; Kipp verspricht mir, ich werde von der maladie du pays nicht verschont bleiben. Er wiederholt dies so oft, dass ich glaube, er wünschte es; es würde ihn trösten; man brauchte nicht für mich allein zu kochen, denn der Appetit bleibt aus. — Zeichnete wieder Hunde; fühle es jeden Tag, wie wichtig es für mich ist, im Zeichnen der Landschaft und Tiere und der menschlichen Figur so gut vorbereitet zu sein; man fasst die verschiedenen Charaktereigentümlichkeiten viel leichter auf, als wenn man mit Mühe erst Verhältnisse etc. sucht. Kennt man die Gattung, ist man auch schneller mit den Species im reinen. — Mosquitos unerträglich, grosse Hitze, dann Gewitter.

23. Juli. Wie glücklich bin ich hier; welch passende Gelegenheit für meine Indianerstudien! Noch die Jagden, die wilden Tiere, dann sind sie vollständig; es wird schon kommen; einstweilen bin ich zufrieden, bei den Indianern so schöne Antiken gefunden zu haben. — Die Herantsamänner sind prächtige Leute; Weiber selten schön im Gesicht, doch gut gebaut. Man sieht so viele klassische Stellungen dieser lebenden Antiken, malerisch drapiert mit dem Blanket, dass ich oft wünsche, Bildhauer zu sein; aber dann würde ich wieder die Landschaft vermissen. — Starkes Gewitter, begleitet von grossen Hagelsteinen, welche die roten Kinder gierig auffingen und sammelten, um klares, kaltes Trinkwasser zu bekommen, was hier eine grosse Seltenheit ist, da man gewöhnlich auf das trübe, laue Missouriwasser reduziert ist.

26. Juli. Zwei Tage von grossem Interesse vorbei; gestern langten ein Dutzend Métifs de la prairie rouge (Halfbreeds from Red river) mit einem katholischen Missionär an; sie wünschten Pferde einzutauschen oder zu kaufen; hatten ihr grosses Lager eine Tagereise von hier gelassen. Alle waren sehr bunt gekleidet, halb europäisch, halb indianisch; Tabakbeutel, Gürtel, Messerscheiden, Sättel,

Schuhe und Peitschen waren reich mit Glasperlen oder Stachelschweinstacheln, gefärbten Federkielen verziert, künstliche Arbeiten ihrer Weiber und Geliebten; ihre Kleider aber von Tuch nach unserm Schnitt, ohne Weste. Der junge Geistliche, Charles Lacombe, fing sogleich an zu predigen, fand gleich viel an uns auszusetzen. Herr Kipp hat eine squaw und in den Staaten eine weisse Familie. Sein halbindianischer Bube war nicht getauft. P. Gareau lebt hier mit 2 squaws und mehreren ungetauften Buben. Bellangé hat auch ein Rudel ungetaufter, halbwilder Kinder und ich war kein Katholik. — Alles sehr schlimm. Getauft musste sogleich werden. — Das war auch alles, war er gewann: das andere, sagte man, ginge ihn nichts an, weisse Frauen wollen hier nicht leben, man müsse sich mit dem behelfen, was das Land biete. Da der Schwarze in meinem Zimmer einquartiert wurde, entging ich der Predigt nicht, schnitt derselben aber gleich den Faden ab mit der Bemerkung, die Verschiedenheit der Meinungen sei zu gross und er zu jung, zu unerfahren, um mich zu belehren. Auf meine Erklärung, ich sei kein Katholik, wollte er nicht im gleichen Zimmer mit mir schlafen und legte sich zu seinem Begleiter in den Hof.

Der Geistliche will hier eine Mission gründen, ward dazu vom Bischof von Chicago abgesandt, aber er muss sich nicht zuerst mit den angesehensten Leuten hier verfeinden, deren Hülfe er notwendig bedarf. Hier ist katholisches Gebiet, vom Bischof von Chicago als zu seinem Gebiet gehörig betrachtet; Jesuiten und Protestanten dürfen östlich und nördlich des Missouri keine Missionen gründen![1] — Heute früh kam die Nachricht, dass eine Bande Sauteurs (Gibuä, Chippewä) uns auch aus ihrem Lager besuchen werden. Die Métifs sind halbe Chippewäs und Kanadier, Schotten, selbst Schweizer (aus der ehemaligen Kolonie Lord Selkirks). Endlich nachdem die Sauteurs mit ihrem Putz im reinen waren, was bei den Indianern von grosser Wichtigkeit ist, traten sie aus einem kleinen Gehölze heraus und marschierten auf uns zu. Es waren ihrer etwa hundert, meistens im Kriegerschmuck, die meisten zu Fuss, wenige ritten der Kolonne zur Seite. Fünf Chefs mit verzierten Friedenspfeifen und den Sinnbildern ihrer Coups, die überall angebracht waren, eröffneten den Zug, hinter ihnen pelotonsweise die Soldaten singend, pfeifend und schiessend:[2] dann kamen drei Frauen in einer von der hiesigen ver-

---

[1] *Anm. des Herausgebers.* Es ist dabei zu bedenken, dass damals noch die liberale Periode des Grafen Mastai-Ferretti, Papst Pio IX. war, in welcher er mit den Jesuiten noch nicht gut stand.

[2] Bei Besuchen ist das Abschiessen der Flinte vor der Ankunft ein Zeichen der friedlichen Gesinnung.

schiedenen Tracht: der Rock von blauem Tuch geht bis zur Schulter und wird von zwei breiten verzierten Trägern über denselben, sowie durch einen Gürtel über den Hüften gehalten; Schulter und Arme sind nackt. Der Zug wurde durch den Chorus der jungen Männer geschlossen, die sich noch keinen Rang erworben. Hinter dem Fort auf der Strasse erwartete Quatre ours, der Herantsachef, und La longue Chevelure, der berühmte Redner, den Zug. Beide Chefs sahen in ihrem schwarzen Fracke sonderbar genug aus. Vollständige, schwarze Kleidung nach europäischer Mode, ohne Hemd, mit Breechcloth in den schwarzen Hosen, sehr langen Haaren, keine Handschuhe, aber Fächer von Adlerflügeln! Als sie sich näherten, hielten die Sauteurs an, um des Redners welcome zu hören, worauf sie mit Gesang rasch und stolz ins Dorf einzogen und sich auf dem freien Platze (zur Zeit eine grosse schlammige, stinkende Pfütze mit tausend Fröschen) auf dem schmalen Rande trockenen Bodens niedersetzten. Die fünf Chefs legten ihre Pfeifen vor sich, den Kopf auf dem Boden gegen die Hütte des Quatre ours gerichtet, das Rohr auf einer hölzernen Gabel, welche aufrecht in die Erde gesteckt war. Die Pfeifen wurden noch nicht angezündet; man brachte von

(Fig. 5). Indianermädchen (Sauteuse).
(Skizzenbuch von Kurz S. 114.)

verschiedenen Seiten den Chefs prächtige Kleidungsstücke und legte sie vor ihre Pfeifenköpfe ohne Anrede, aber mit vielem Anstand auf den Boden als Geschenke. Es waren meistens sogenannte habits de cheffre, nämlich eine Art bunten Militärrocks, von rotem, blauem oder grünem Tuche, weiss galonniert, oder reich verzierte Lederhemden. Unterdessen wurde beständig gesungen, bis ich es satt hatte. Da ich einige Ankäufe von den Métifs zu machen wünschte, begab ich mich auf mein Zimmer, wo ich sehr schöne Arbeiten billig eintauschte, da man meine Ware nach dem hiesigen Werte, nicht nach meinem Ankaufspreis schätzte.

Die Sauteurs haben jene Sioux, die den Bœuf courte queue erschossen, erwischt, einen Mann und seine Frau getötet; die Frau konnte aus Müdigkeit nicht mehr laufen. Der Mann blieb bei ihr, während die drei andern das Weite suchten, abwechselnd zu Pferde.

Abends sind die Sauteurs fort, um mit dem Lager weiter zu ziehen und Büffel zu jagen (courir la vache, wie die Kanadier sich ausdrücken). Einer der Métifs brachte eine weisse Büffelhaut zum tauschen, erhielt auch zwei gute Renner dafür; denn eine solche Haut ist grosse Medizin. Weisse oder gescheckte Büffel sind äusserst selten. Auch Zwitter kommen vor; sollen die grössten und fettesten Tiere sein.

27. Juli. Die Métifs auch fort. Unsre Indianer wieder über den Fluss gesetzt, um Büffel zu umringen. Sobald solche in der Ferne erblickt werden, sammeln sich die Soldaten in ihrer Hütte (sogenannte Versammlungslodge), um zu beraten, ob man jagen wolle. Der Beschluss wird durch einen Rufer von jener Hütte aus geschrien. Niemand darf einzeln gegen den Beschluss der Soldaten auf die Büffeljagd, damit ein jeder die gleiche Gelegenheit geniesse.

28. Juli. Das Tagesgespräch bildet heute die Entweichung der jungen, sehr hübschen squaw eines unserer Soldaten, d. h. eines der Krieger, die zum besondern Schutze des Forts angestellt sind und also auch mit der Opposition handeln dürfen. Ein junger Mandanbuck, d. h. ein indianischer Don Juan, benutzte die Gelegenheit der Anwesenheit des Métifs, von welchem le Nez d'ours die weisse Büffelhaut (Kuh) eingetauscht, um des Nachts sich mit dessen junger squaw in einem Büffelboote zu den Mandans bei den Rihs zu begeben. Die squaw war kaum 15 Jahre alt, sehr hübsch, zwar etwas klein, aber graziös und schien immer so bescheiden schüchtern. Das Davonlaufen ist ein gefährliches Unternehmen, kommt aber doch häufig vor. Le Nez d'ours muss dazu lachen, obschon er gar nicht dumm ist; sonst wird er von seinen Kameraden ausgespottet, da ein anderes Benehmen als eines Kriegers unwürdig betrachtet würde. Doch darf er die Geschenke und Pferde, die er den Schwiegereltern für seine untreue Frau gegeben, zurückfordern und dem jungen Mandan all seine Habseligkeiten nehmen, wenn er etwas hat, und ihn durchprügeln, wenn er ihn erwischt.

Der Bourgeois sagt, er müsse durchaus nach Kanada, um dringende Geschäfte mit seinen zwei Schwestern abzufertigen. Dies würde mir Gelegenheit geben, wenigstens ein ganzes Jahr hier zu bleiben; unterdessen lernte ich die Sprache der Herantsa, die Leute, den Handel kennen; vielleicht könnte ich immer hier bleiben oder auf einen andern Posten; bloss müsste ich meine zurückgelassenen

Effekten von St. Joseph kommen lassen, sonst gingen sie verloren. Sehnsucht nach den sogenannten Kulturstaaten fühle ich durchaus keine; denn es ist nicht Ehrgeiz, der mich antreibt, das Schönste zu studieren und durch Gemälde darzustellen, sondern es ist mein Ideal, es ist der hohe Genuss des Schönen, der mich begeistert. Hier lebt man viel ruhiger, friedlicher als in den civilisierten Staaten; der sogenannte Wilde disputiert nicht beständig über Lehren der Religion, politische Rechte der Menschen u. s. w., Grundsätze, über die man längst einig sein sollte: bei ihm hat der natürliche gesunde Verstand solches längst abgethan; auch hört man diese Wilden nie fluchen, zanken, wie es bei uns beständig geschieht. Man sehe nur ihrem Billardspiele zu; fallen die Stäbe so gleichförmig zum geworfenen Ring, dass die Spielenden nicht leicht entscheiden können, welcher gewonnen (und sie spielen immer für etwas, oft sehr hoch), so rufen sie gleich die

(Fig. 6). Herantsachef.
(Skizzenbuch von Kurz S. 130.)

Dabeistehenden als Schiedsrichter auf. Da wird nicht gezankt, nicht geflucht, dafür fehlen ihnen selbst die Ausdrücke. Ferner würde eine Beschimpfung bedenkliche Folgen haben; eine solche würde die tödliche Rache des Beschimpften nach sich ziehen, Tod und Blutrache nicht ausbleiben.

30. Juli. Herr Kipp gab mir heute das Pack Zeitungen zu lesen, die er durch das Boot erhalten hatte. Die Zwistigkeiten in Europa

sind ekelhaft. Wie ruhig lebt sich's hier! — Als ich heute in der Prairie spazierte, traf ich einige interessante Gruppen von Kindern, die unter ihren weidenden Gäulen spielten. Einige kleine Mädchen hatten sich mit ihren Decken ein Schutzdach gegen die brennende Sonne errichtet und sangen nach dem Takt der Trommel oder des Tamburins. Ihre Gesangübungen lockten bald einen der hütenden Buben herbei, der einen kleinen Knirps tanzen lehrte. Auch sah ich häufig kleine Buben ihre ersten Schiessübungen verrichten, nämlich mit Grasstengeln als Pfeilen nach den springenden Fröschen zielen. Wie lachten sie über die Purzelbäume und konvulsivischen Bewegungen der Glieder, wenn sie die weissbauchigen Tiere trafen!

1. August. Die Kinder kommen nun fleissig zu mir, seit sie wissen, dass ich einigen Zucker gegeben; mein Fensterchen ist oft ganz gefüllt mit fröhlichen Gesichtern, die meinem Schreiben und Zeichnen zusehen und Zucker (mantsiqua) betteln. Ein Mädchen von 14 Jahren zeigt sich besonders häufig; es fällt mir deswegen mehr auf als andere, weil es ganz graue Haare hat, was sich zu seinem hübschen, jugendlichen Gesichtchen sonderbar ausnimmt. Diese grauen Haare sollen bei den Mandans öfters vorkommen und ein Familienübel sein, nicht durch schwere Krankheiten hervorgebracht. Die Männer in diesem Dorfe halten mehr auf Schmuck und gutes Aussehen als die Mädchen; jene verwenden besondere Sorgfalt auf die Haare, kleben selbst noch fremde in langen Streifen an die eigenen, doch bloss solche Männer, welche *coup* zählen. Da die Haare bei den Herantsa nicht mit Fett geschmiert werden, sehen dieselben rötlich verbrannt und rauh aus. Wenn die Männer die Haare nicht hängen lassen, bilden sie mit denselben einen Knauf über der Stirne. La longue Chevelure zeichnet sich, wie sein Name andeutet, durch natürlich sehr lange Haare aus; ich sah ihn bloss einmal dieselben herunterhängen lassen, nämlich bei der Anrede an die Sauteurs, wobei er die Haare hinten frei über den Frack hängen liess. Die Indianer glauben nämlich, ausser der Uniform sei die schwarze Kleidung bei uns der höchste Staat, die Kleidung *des Präsidenten* der Vereinigten Staaten. — Die Nacktheit der Männer übt keinen wohllüstigen Einfluss auf die «Weibchen» aus; diese sind daran gewöhnt, die Neugierde belebt ihre Phantasie niemals, ebensowenig bei den Männern, die beständig Gelegenheit haben, nackte Weiber, Mädchen und Kinder im Flusse baden zu sehen. Bekanntlich reizen halbverborgene Nacktheiten die Sinne viel mehr, als ganz unverhüllte. Sie betrachten es als Natur, als etwas, das sich von selbst versteht, die Kleidung mehr zum Schutz gegen Sonne und Witterung bestimmt. Mädchen gehen nackt bis ins dritte, Buben bis ins sechste Jahr, dabei

saugen sie oft noch. — Beim Baden der Mädchen kann man gewöhnlich sogleich durch ihre Manieren sehen, ob sie noch unschuldig im eigentlichen Sinne des Wortes (moralisch und körperlich genommen) seien. Ein unschuldiges Mädchen schämt sich nicht, es weiss nicht warum, unbedeckt springt es herum, jagt und spritzt seine Kameraden, jauchzt und lacht so gemütlich, wie wenn die ganze Welt

(Fig. 7). Longhair (Longue Chevelure), II. Chef der Herantsa.
(Skizzenbuch von Kurz S. 138.)

sein wäre; nicht so das schuldbewusste Mädchen; es weiss, was es weiss, bedeckt die Teile à la Venus; lacht nicht mehr in den Tag hinein, sondern sinnt dem nach, was es weiss, was es wünscht oder fürchtet.

4. August. Musquitos immer unerträglicher; ohne Lederkleider würde man rasend; — lieben sie das weisse Blut mehr? Ohne jeden Abend einen Höllenqualm mit sweet sage zu machen, ist es unmöglich zu schlafen. Da die Scenen in meiner Umgebung wenig

ändern, suche ich die ersten Skizzen immer mehr auszuführen und studiere daher jetzt besonders die Details.

7. August. Das Wetter ist wieder kühl geworden; schon fühlt man eine Verlängerung der Nächte und Abende. Zur Abwechslung wäre ein kleines Abenteuer nicht unerwünscht. Sehne mich nach dem Winter, um die Jagden studieren zu können. Wäre ich nur in der Chemie wohl bewandert! Man könnte sich mit den Indianern köstlich unterhalten, sie würden es für grosse Medizin, etwas *Uebernatürliches* halten. Ueberhaupt fordert das Fortkommen in der Wildnis viele verschiedene Kenntnisse ohne Gründlichkeit. Chemie, Arzneikunde, Sprachen, Ackerbau, Viehzucht, Handel, Jagd und alle möglichen Handwerke sollte man wenigstens kennen und ihre nötigsten Handgriffe loshaben; mit einem musikalischen Instrument (für diese Gegend besonders einem lärmenden) würde man sich und andern viel Vergnügen verschaffen. Ich empfinde diese Mängel an mir öfters, bin zu ausschliesslich der Malerei ergeben; die gibt ohnehin genug zu schaffen, um es auf einen höhern Punkt zu bringen.

10. August. Bei Pierre Gareau eine ganze Büffelhaut eines Tieres bestellt, mit Kopf, Schwanz und Beinen: solche kommen selten in den Handel, weil sie den squaws besonders viel Mühe wegen ihrer Grösse und Dicke geben. Eine solche Haut kostet auch soviel als drei gewöhnliche. Schon beim Abziehen muss der Jäger darauf Bedacht nehmen, auch ihm gibt es doppelte Mühe. Bellangé meint, man könne gut auf eine Büffelhaut zeichnen, wenn sie glatt geschabt sei; vielleicht auf einer Kuhhaut, aber nicht auf einer Stierhaut. Hier stört mich la Queue rouge, der mir lange zugesehen, verwundert, wie ich so lange schreiben könne, ohne mich um ihn zu bekümmern. Endlich wie ich aufsah, um fernere Gedanken zu sammeln, fragte er: Sagig? genug? tampa, nichts versteh!

11. August. Nachmittags ist ein kalter, heftiger Wind vom Westen gekommen, der die Hitze des Morgens bedeutend abgekühlt. A bas les maringuins![1] Gestern tauschte ich von einem jungen Mädchen ein eigentümlich verziertes Nadelhäuschen für Kaffee und Zucker ein. Heute brachte dasselbe Mädchen eine Freundin mit einem ähnlichen Ahlgehäuse; auch eingehandelt. Sie trugen dieselben vorn an der Brust an ihre Lederhemden geheftet.

14. August. La grande Chevelure besuchte mich heute mit einem seiner Freunde; er bat mich durch Zeichen, ihm mein Skizzenbuch zu öffnen, damit sie mit eigenen Augen sehen und beurteilen könnten, ob meine Zeichnungen wirklich Ursache der unter ihnen regierenden

---

[1] Mosquitos.

Krankheit seien. Grande Chevelure ist jetzt in Abwesenheit des Quatre ours, welcher mit H. Culbertson und den Assiniboinchefs nach Fort Laramie ist, Chef der Herantsa. Er zeichnet sich durch seine Intelligenz und seine Redegabe aus; Quatre ours zählt mehr « coup », nämlich vierzehn. Meine Zeichnungen sind ihm keineswegs verdächtig: er will mit seinem Volke reden. Er ist ein älterer Mann mit sehr viel Anstand und Würde: sehr intelligentes Auge: Kleidung ärmlich, bloss eine alte Büffelhaut; er trägt gewöhnlich einen Adlerflügel als Fächer in der Hand; Brust und Arme, tätowiert: Brust sehr gewölbt; Hände klein. Während er meine Bilder ansah, studierte ich seine interessanten Züge; zeichnete ihn sogleich, sobald er wegging, aus der Erinnerung, muss ihn aber noch genauer ansehen, wozu ich bei Herrn Kipp täglich Gelegenheit habe; denn als Chef des Conseil ist er der angesehenste Mann des ganzen Dorfes; hat auch mehr Einfluss als der Kriegschef Quatre ours. Intelligenz steht mit Recht über Ehrgeiz; denn Quatre ours zeichnet sich nicht durch persönliche Stärke und Mut aus. Nebenbei gesagt hat Quatre ours die schönste Frau, mit sehr feinen Gesichtszügen, wie ich schon lange keine gesehen.

15. August. Ich höre täglich, dass Schmidt, der Bourgeois des Oppositionsforts, seinen Kindern beständig vorschwatzt, die grosse Compagnie bringe ihnen alle die verderblichen Krankheiten, besonders sei der Maler schuld daran; alle die werden krank, welche er zeichne. Dies ist im höchsten Grade perfid und könnte mich am Ende in eine schlimme Stellung versetzen. Was doch nicht der Brotneid für Dinge ersinnt! — Ein zweideutiges Mädchen stahl mir heute mein letztes Regensburger Bleistift; sie stahl es, um sich für meine Kälte zu rächen! Es ist dies das zweite Mal, dass mir von squaws etwas entwendet worden. Das erste Mal nahm mir eine alte Jowäsquaw einige geschliffene Trinkgläser weg, während ich am Nachtessen sass. Da Witthae dabei war, wurde mir die Thäterin bald bekannt. Ich ging sogleich über den Fluss in ihr Zelt und forderte die Gläser; sie leugnete; ich packte aber ihre Ledertasche aus trotz ihrem Geschnatter und fand die Gläser hübsch in alte Kleider eingewickelt. Ich bin sehr verwundert, nicht öfter bestohlen worden zu sein, da man besonders die alten squaws als ein diebisches Gesindel in gewissen Büchern darzustellen sucht. Wenn man ihre Armut und den Reiz so vieler glänzender, für sie äusserst nützlicher Geräte bedenkt, so muss man gestehen, dass die Versuchung für die Leute zu gross ist; denn das Bestehlen eines Feindes ist nach ihren Ansichten erlaubt, ja geehrt. Sie stehlen nicht um sich zu ernähren, sondern weil sie dem Reize für gewisse Dinge nicht widerstehen können; so

war das Bleistift, mit dem ich zeichnete, für die squaw Medizin, die hellblinkenden geschliffenen Gläser mehr oder weniger ebenfalls. — P. Gareau warnte mich vor der «Blonde», nämlich dem grauhaarigen Mädchen, weil er sie beständig bei mir sehe und sie verheiratet sei. Eine Frau schon und noch nicht 14 Jahre alt![1] Sie gehöre einem alten Manne, der sie auferzogen, um etwas junges, frisches zu haben; und wenn er über unser Verhältnis etwas erfahre, so habe er das Recht, mir alle meine Habseligkeiten zu nehmen und ich könne noch mit solcher Entschädigung zufrieden sein; ein eifersüchtiger, wirklich in seiner Liebe beleidigter Mann würde nach meinem Leben trachten. Das wäre ein teures Vergnügen. Vielleicht ist es gar eine Falle, die mir der alte Sünder legt, nachdem er letzthin den Inhalt meines Koffers gesehen. Wer hätte gedacht, dass ein so junges Mädchen dessen Frau sein könne? — Vive la pipe! Sonst nie geraucht, das duftende mêlée schmeckt mir aber sehr gut; bringt mich in keine Gefahr. Muss ich doch immer mit meinen männlichen Besuchern aus Höflichkeit rauchen, so kann ich es auch zum eigenen Zeitvertreib.

16. August. Die Frau des Longue Chevelure plötzlich gestorben, an der Cholera, wie man sagt; heftige Krämpfe, Erbrechen und Kolik. Sollte die Cholera jetzt wirklich erst ausbrechen, seit wir die mitgebrachten Warenballen geöffnet? Herr Kipp sagt, eher das viele Essen unreifer Früchte sei daran schuld, der stinkende Teich mitten im Dorf, die eingeschlossene Luft daselbst, die Pallisaden, welche den freien Durchzug des Windes hindern; eine heisse Sonne und ein kalter Wind können alle Dysenterien verursachen. Aber Schmidt sagt den abergläubischen Indianern, es sei die Cholera, die grosse Compagnie habe sie heraufgebracht, und ich glaube, diesmal hat Schmidt recht; denn all die angegebenen Gründe würden ja die Cholera jedes Jahr erzeugen.

Bellangé bot mir für meine Flinte einen Büffelkopf an, wie die vornehmsten Krieger solche ausstaffieren, um damit den Büffeltanz zu tanzen; er wird aber schwerlich einen erhalten, da sie in sehr hohem Werte stehen, er müsste denn selbst einen durch seine Assiniboinsquaw verfertigen lassen. Auch wünscht er auf einmal lesen und schreiben zu lernen, um mit der Zeit P. Gareau verdrängen zu können und vielleicht auch mir zuvorzukommen; denn — sagt er — in einem Jahr könne ich hier alles sehen, was mir

---

[1] Die Mädchen in Amerika sind sehr früh reif. Kannte ich doch selbst in St. Louis Kreolinnen, die im 14. Jahr heirateten, ja selbst eine, die es im 11. Jahr that. Ihr Gemahl (marry) spielte eine Rolle als Arzt bei der Einnahme von Santa Fé durch die Amerikaner.

von Interesse sei, jedes Jahr sei bloss die Wiederholung der früheren. Gefechte gebe es wahrscheinlich keine mehr, wenn diese Indianer dem Vertrage mit Uncle Sam beitreten. Ja, ja! ich rieche den Braten!

17. August. Sonntag. Die neue Krankheit nimmt überhand, täglich stirbt jemand im Dorfe. Die Indianer haben solche Furcht davor, dass sie beschlossen, in die hohe Prairie hinauszugehen und zu jagen; sie würden ihre Familien mitnehmen und ihre Sommerhütten am Kniferiver bewohnen. Dies würde mir Gelegenheit verschaffen, das Dorf zu zeichnen, sowie die Opferstätten und Totengerüste. Aus allem, selbst dem Widrigen Nutzen ziehen, das ist das Wahre.

18. August. Diable! da hab'-ich Hausarrest. Um 9 Uhr morgens kommt Herr Kipp, um mich zu bitten, meine Zeichnungen einzuschliessen, keinen Indianer dieselben mehr sehen zu lassen. Man rede im Dorfe von nichts als von denselben. Sogleich schloss ich sie ein. Ging darauf hinaus, um Keith, einem unserer Engagés, beim Heuumwenden behülflich zu sein. Bald darauf tritt le Corbeau rouge zu mir, gibt mir durch Zeichen zu verstehen, ich solle in mein Zimmer gehen, dort bleiben; denn ich schaue alles an, schreibe es nieder, davon seien so viele im Dorfe krank geworden und gestorben. Seine Zeichen waren sehr deutlich; ich antwortete ihm, er sei zwar ein angesehener Krieger, aber kein Chef, noch weniger mein Chef, d. h. er sei nicht höher als ich. Ich ging aber doch nachher zum Bourgeois, welcher mir sagte, meine Sicherheit erfordere es, in meinem Zimmer oder wenigstens im Fort zu bleiben, alle Schuld der Krankheit werde auf mich geworfen, mehrere Verwandte der Verstorbenen seien erbost, fast rasend, ein Pfeil könnte zwischen meinen Rippen stecken, wann und wo ich es am wenigsten erwartete; mich zu rächen, sei nicht im Princip der Handelscompagnie, es würde nur Störungen, Reibungen veranlassen. Er könne ihnen lange das Essen von unreifen Kürbissen, Rüben, Beeren, grünem Mais verbieten, der Aberglaube der Indianer sei zu tief gewurzelt; die alten Weiber erzählten immer von den früheren Vorfällen, deren merkwürdiges Zusammentreffen sie auf keine andere Weise erklären könnten, als dass ich durch das Zeichnen ihrer Porträts von ihrem Leben wegnehmen müsse, sonst

(Fig. 8).
Le Corbeau rouge,
Herantsa.
(Skizzenbuch von Kurz S. 90.)

könnten sie nicht so ähnlich werden. Seine Medizinvorräte seien bald aufgebraucht. Hoffentlich gehen alle auf die hohe Prairie, sonst müsste ich am Ende doch noch fort. Allein in einem Büffelboote wäre zwar sehr romantisch, aber höchst gefährlich, weil die Rihs und Mandans noch erboster über mich seien; hier habe ich doch noch einige Freunde, die mich verteidigen, dort gar keine. Wäre ich einmal auf dem Fluss, würden die Rihs früher die Nachricht davon erhalten, als ich dort sein könnte, und mir aufpassen. — Dass es die rechte Cholera ist, bezweifle ich nicht im mindesten mehr, ebensowenig, dass sie vom Oeffnen der Warenballen herrührt, die in St. Louis, während die Cholera dort regierte, verpackt worden. Dass ich weder in St. Joe, noch auf dem St. Ange, noch hier von der Cholera angesteckt worden, trotz häufiger Berührung mit Kranken, schreibe ich weniger meiner regelmässigen Diät zu, als vielmehr dem Mangel an Furcht und hauptsächlich der glücklichen Gemütsstimmung, verursacht durch das Erreichen meines Reisezweckes, den Genuss langersehnter Beschäftigung. — Nach dem Essen bot ich Herrn Kipp an, sobald es die Interessen der Gesellschaft oder sein specielles erforderten, sei ich bereit, von hier fortzugehen. — Es sei gut; man könne aber noch 8 Tage zuwarten, um zu sehen, ob die Krankheit zunehme oder nicht. Es sei zu hoffen, dass auf der freien Prairie die Krankheit sich verliere, dann würde nicht mehr davon gesprochen werden; im schlimmsten Falle könne man sogleich handeln, wenn ich mich bereit halte; jedenfalls solle ich mich nicht vom Fort entfernen, sonst könne er für nichts gut sein, mich weder verteidigen, noch rächen. Nach und nach würden die zurückgebliebenen Kranken genesen oder sterben, in beiden Fällen die pflegenden Verwandten fortgehen; dann würde ich wieder frei. — Lasst uns Tabak rauchen, Zeit bringt Rat. — Sonderbar ist es doch, dass die Cholera hier erst mit dem Oeffnen der Warenballen ausgebrochen, während dieselbe bei den Rihs unten schon einige Zeit geherrscht. Wenigstens hatte keines der Boote zur Zeit der Landung Cholerakranke, weder im Fort Clarke noch hier.

19. August. Der Wind hat sich von Osten nach WSW gedreht, hat uns schönes kühles Wetter gebracht. Die Kranken befinden sich besser, die Gesunden und Genesenden ziehen ab; konnte mich endlich nicht mehr enthalten, gegen das Verbot, ja gegen mein Gewissen zu zeichnen. Der Morgen war erschrecklich lang. Der Gedanke, vielleicht schon in der nächsten Stunde dem Fort, dem obern Missouri Ade sagen zu müssen, war peinlich; ich stellte rasch das Wasserfass vor die Thüre und zeichnete schnell durch meine trüben Glasscheiben das Innere des Forts mit den zwei Skizzen fertig; rasch alles wieder an seinen Ort und Betrachtungen über das Gewissen angestellt, bei

einer Pfeife gemischten Tabaks. — Es wird hier in jedem bewohnten Zimmer ein grosses Wasserfass gehalten, zum Gebrauche sowohl als zum Schutz gegen Feuersgefahr. Während Herr Kipp Bourgeois bei den Blackfeet war, ist sein Fort abgebrannt. In den Forts sind keine Brunnen, noch Cisternen. Man verschafft sich das Wasser aus dem trüben Missouri, der zwar nie weit von den Forts vorbeifliesst, aber doch weit genug ohne Saugspritzen bei einem Brande. Noch schlimmer würde dieser Wassermangel fühlbar werden bei einem Kriege; denn da die meisten Forts auf hohem Ufer stehen, so kann ihnen der Zugang zum Flusse mit der grössten Leichtigkeit abgeschnitten werden.

Le Loup courte queue will mit seinem Neffen bei mir schlafen, um nicht seine Mutter sterben zu sehen. Der hat also doch keine Furcht vor mir; zwar hat er sogleich durch Zeichen gefragt, ob ich krank sei, huste, laxiere.

Keith und ich die einzigen Gesunden im Fort: habe ihm daher geholfen mit dem Flatboot Holz für die Küche herbeizuschaffen, auf den Karren zu laden und mit dem Braunen das steile Ufer hinaufzufahren. Herr Kipp wollte zwar nicht zugeben, dass ich als Clerk Handlangerdienste verrichte, ich antwortete ihm aber mit seinen eigenen Worten, ohne Arbeit würde ich krank, närrisch. Ich hätte geglaubt, hier etwas zu nützen und nicht ein *bord*, ein *embarras* zu werden. Worauf er erwiderte, er begreife mich ganz gut: auch werde ich bald durch seine Abreise Beschäftigung genug erhalten. Im Winter stünde mir auch immer ein Pferd zu Diensten, um an den Jagden teilzunehmen und meine Studien fortzusetzen. Meine Bereitwilligkeit hier zu bleiben stimmt ihn so liberal, dass er noch beifügte, er habe immer vergessen mir zu sagen, wenn ich zwischen den Mahlzeiten Hunger spüre, sollte ich nur in die Küche gehen und zu essen fordern. Das kann benutzt werden. Die verheirateten Engagés erhalten nämlich für ihre Familien so viel Fleisch, dass sie in der Zwischenzeit immer zu essen finden, während ich zwischen den zwei Mahlzeiten (6 Uhr morgens und 2 Uhr mittags) nichts erhalte, was mir oft den Magen schreien macht.

Unser Hof füllte sich mit alten Weibern und Männern, die den Ausgewanderten nicht folgen konnten. Die wenigsten davon wissen, wie alt sie sind, gewiss über 100 Jahre oder Winter, indem sie am leichtesten nach dem fallenden Schnee rechnen können; geht es über 60 oder 70 Jahre, da bleiben sie stecken; denn Interesse haben sie doch keines, ihr Alter genau zu kennen. Diese alten Kronen sind unangenehm genug, ich betrachte sie als Schildwachen: leider hat jede von ihnen einen oder mehrere Lieblingshunde, jung oder alt, welche nachts beständig heulen und uns allen Schlaf rauben. Bill, der Koch, hat bereits aus Zorn einem der Hunde einen Pfeil durch den Leib gesandt und ihn dann über die Pallisaden geworfen, was uns die Gesellschaft der «Alten» verfeindete; sie kläffen jetzt beständig über uns.

La Queue rouge, mein Sprachlehrer, bleibt mit dem Loup courte queue bei mir im Zimmer. Zum Spasse legte er eine prächtige Kriegshaube mit Hörnern und allerlei Federn auf, damit ich etwas zu zeichnen habe. Sein Freund warf noch einen kostbaren Ottermantel um seine nackten Beine, welche etwas schäbig unter dem verzierten Lederhemde und der vornehmen Mütze hervorguckten. Erst wollte ich den Queue rouge nicht abzeichnen, fragte ihn, ob er die Krankheit nicht fürchte. Neschets, neschets; keine Rede davon, er lacht darüber. Sonderbar, wie verschieden die Leute sind! Ob er bloss damit seine Tapferkeit und Furchtlosigkeit beweisen will?

21. August. Le Loup courte queue fort; la Queue rouge und ein Bruder des Quatre ours sind jetzt die einzigen Männer aus dem Dorfe hier: jener pflegt seine genesende Frau, die kaum mehr stehen kann vor Schwäche. Das Fieber glüht dermassen in ihr, dass sie durchaus keine Kleidung trägt. Nachdem sie heute lange im Schatten der Pallisaden auf ihrer Büffelhaut ganz nackt gelegen, wollte sie allein in den Hof kommen; glücklicherweise begegnete ich ihr, denn sie fiel vor Schwindel und Schwäche an die Pallisaden, wo ich sie aufhob und in den Hof zu ihren Bekannten führte. Noch sind zwei Sterbende (darunter meines Sprachlehrers Mutter) im Dorfe; sonst könnte ich dasselbe zeichnen; dafür schlich ich mich an das Ufer hinunter und zeichnete den Landungs-, Tränke- und Badeplatz.

Herr Kipp beklagte sich sehr über Catlin, weil er ihren Namen missbraucht, grobe Uebertreibungen als aus ihrem (der damaligen Bourgeois) Munde kommend in seinem Buche gedruckt habe, und sich selbst Abenteuer zugeschrieben, die andern, nicht ihm begegnet. Uebrigens habe er nur Porträts gemalt, wobei er bequem an der Staffage sitzen konnte. Büffel etc. habe er keine studiert; sei überhaupt zu wenig lang am obern Missouri gewesen, um gründlich zu sein, nämlich drei Monate (mit dem Dampfboot nach Fort Union und zurück nach Fort Pierre, wo er einen Monat blieb; dann in einem Skiff nach den Staaten zurück). (Einiges über Catlin ist gestrichen; es enthielt ungünstige Urteile; deutlich lesbar ist folgende Anmerkung: Herrn Kipps Namen findet sich wenigstens nicht unter Catlins Zeugnissen. Anm. des Herausgebers.)

22. August. Seit unsere Indianer fort sind, gibt es kein frisches, sondern bloss getrocknetes Fleisch. Mit dem Essen hänge ich ganz

von der Laune des Bourgeois ab: Pierre Gareau weniger, er ist Aufseher über den Fleischkeller; seine zwei squaws lässt er kochen was ihm beliebt. Hat Herr Kipp guten Appetit, sucht er auch das beste aus dem Magazin und man schwelgt im Ueberfluss und in Herrlichkeiten, wie man sie in dieser Wildnis nicht erwarten dürfte; wie er aber unwohl ist, so denkt er gleich, wir brauchten nicht mehr zu essen, als er. Kürzlich hatten wir vortreffliche Kuhrippen, dazu kräftige Reissuppe oder Bohnen, frische Galetten, Büffelzunge und zuletzt noch Kuchen von gedörrten Pfirsichen oder Aepfeln. Jetzt auf einmal getrocknetes Fleisch und harte Crackers, so hart, dass man leicht die Zähne ausbeissen kann, sonst nichts!

23. August. Ankunft von Dorson und Beauchamp vom Fort Clarke. Die getöteten Frauen bei Fort Lookout waren wirklich Zéphirs, eines Halbindianers, Frau und Tochter. Zéphir hat seit 30 Jahren mit dieser Frau glücklich gelebt. Die Yanktonans werden nächsten Herbst Rache dafür nehmen, wenn die Herantsa und Mandans auf der Jagd sind. Jetzt wäre die beste Zeit zur Rache; aber die Sioux fürchten selbst die Ansteckung. Heute der heisseste Tag dieses Sommers. Alle Fliegen und Muskiten des Dorfes sind zu uns herüber gekommen, um Nahrung zu suchen. Tag und Nacht keine Ruhe vor ihrer Musik und ihren Stichen, sie brachten auch den üblen Geruch der Dorfpfütze mit. Die Kranken und Alten lagern vor dem Fort in ganz kleinen Hütten von Zweigen, welche sie zugleich für ihre Dampfbäder benutzen. Vor den Hütten wird ein grosses Feuer angezündet, Steine darin heiss zu glühen; diese werden sodann mit Stäben in die mit Decken und Roben dicht verschlossene Hütte hineingetragen und Wasser darauf gegossen, welches Dampf erzeugt. Sobald die Hitze und der Dampf in der Hütte einen hohen Grad erreicht, kriechen die Kranken (das Schwitzbad wird aber auch von Gesunden gebraucht) nackt in die Schwitzhütte, worauf sogleich eine starke Ausdünstung und Schweiss eintritt, was die Indianer für sehr gesund halten. Dies scheint auch ihre einzige Behandlung der Cholera zu sein; wenigstens hörte ich von keinen andern Mitteln. Anfangs teilte Herr Kipp kleine Dosen Whisky aus in Ermangelung anderer Medikamente. Sein Vorrat war aber bald erschöpft, da er selbst grosser Liebhaber davon ist, zu seinem grossen Schaden, denn schon zweimal konnte er sich als einen reichen Mann betrachten und ruinierte sich beide Male durch übermässiges Trinken. Unsere Umgebung sieht aus wie ein Spital. Die acht Altersschwachen hocken bei einander längs den Pallisaden, lausen sich und essen mit Gusto das Gewild. Die junge Schwägerin des Quatre ours liegt nackt in einer Ecke vor der Bastion; während ihr Mann ihr beständig frisches Flusswasser herbeiträgt,

stampft ein blindes Mädchen ihren Unterleib nach Kräften mit seinen Fäusten, um die Krämpfe zu vertreiben! Heute sah ich sie schwankend den Pallisaden entlang dem Thore zugehen. Auf einmal sinkt sie ein und ich eile hinzu, um sie aufzuheben, ihre Büffelhaut um ihren nackten Körper zu wickeln und sie in das Fort zu tragen. Ihr Leib scheint mir zu hell für pur sang indien. Stirbt eine Alte, so ist niemand da sie zu begraben als wir, haben schon zwei in durchstochenen Büffelbooten den Fluss hinab gesandt und dort versinken lassen.

24. August. Wieder eine Alte im Dorfe gestorben; sie hat sich ausgehungert, weil sie gesehen, dass sie ihrer Familie nur zur Last sei; an Nahrung fehlte es ihr nicht, aber sie verweigerte dieselbe hartnäckig. — Dorson und Beauchamp wollen morgen wieder fort; das Spital, das trockene Fleisch, die Muskiten sind nicht nach ihrem Geschmacke . . . .

25. August. Die Kanadier brauchen in ihrem Patois zwei sonderbare Ausdrücke, die mir bis jetzt unbekannt waren: Jongler, zwischen Vorsätzen schwanken, se tanner, sich für etwas quälen.

26. August. Die grosse Opferstätte, welche der Sonne und dem Mond geweiht ist, gezeichnet: ein Kreis von Feindes- und Büffelschädeln um einen bemalten Büffelschädel in der Mitte, auf einem kleinen Erdaufwurfe. Vor jedem Schädel steckt ein weisses Flaumfederchen an einem Stäbchen; neben dem Schädelkreise stehen zwei Stangen, an denen gegerbte Bärenfelle hangen. Oben an der Stange sind Reisigbündel befestigt; über dem einen Bündel liegt eine Pelzkappe, zum Zeichen des Mannes, das andere soll die Frau vorstellen, nämlich Sonne und Mond. Auch Totengerüste gezeichnet.

Zwei junge Weiber hatten sich bei mir einquartiert, um nicht der Witterung ausgesetzt zu sein; denn es weht ein heftiger kalter Ostwind; nachts hatte es stark geregnet und die guten Weiber wussten nicht wohin sich flüchten, denn ins Dorf wollten sie nicht. Die eine ist die Schwester des Loup courte queue und die Frau des Tête jaune, welcher sie mit den Buben zurückgelassen, um seine Mutter zu besorgen, die jetzt gestorben ist. Die andere ist die schon erwähnte Blinde, auch eine junge Frau, im Stiche gelassen von ihrem Manne, seit sie durch eine Krankheit das Sehlicht verloren. Faute de mieux muss man sich mit solcher Gesellschaft begnügen.

Auch das jetzt unbewohnte Dorf besucht; der Eingang zu den Hütten war verrammelt; sah auch das Fass, welches die Arche vorstellen soll. Zwischen den Erdhütten stand auch ein kleines Blockhaus, das fassähnliche Gestalt (sehr getreu in des Prinzen Max von

Wied Buche dargestellt), befand sich aber nicht auf dem Hauptplatze, sondern auf einem kleineren, wahrscheinlich im Gebiete der Mandanen, denn die Sage der Herantsa weiss von keiner Sündflut; dies wäre also bei ihnen ein Widerspruch.

28. August. Diesen Morgen hat der Anblick von sieben Büffelstieren auf dem Wege nach Fort Clarke das Einerlei unseres Spitals in etwas gehoben; durch unsere Ferngläser konnten wir ihr hohes Alter bemerken; es waren nach hiesigem Ausdruck Cayaks, d. h. solche, die von den jüngern Stieren weggeboxt werden und sich keiner Herde von Kühen mehr nähern dürfen. Solche Abgeschiedene leben denn auch in kleinern Trupps beisammen; ihr Fleisch aber ist nicht gesucht. . . . .

29. August. Der alte Gagern vom Oppositionsfort heute von den Rihs zurück; er sagt, acht derselben seien in einer Nacht an derselben Krankheit gestorben, die hier herrschte und Cholera genannt wird: heftiger Durchfall mit Krämpfen, gewöhnlich Tod nach wenigen Stunden.

Gagern hat den Unsinn begangen, seine Rihfrau von hier nach dem Fort Clarke zu flüchten und dadurch im Rihdorf die Krankheit verbreitet. Gagern musste sich nachts flüchten, als er die Folgen seiner Unbedachtsamkeit erkannte (Dorson glaubte doch auch, es sei vom Oeffnen seiner Waren die Cholera ausgebrochen; vielleicht war ihm Gagerns Ankunft willkommen, um die Schuld auf die Opposition zu werfen!) Auch die Rihs haben zum Teil das Dorf verlassen und das Weite gesucht. Sah heute zum erstenmal den jungen Wolf herumlaufen, den ein junger Indianer letztes Frühjahr mit einem Stricke an seinen Rückenmuskeln befestigte und in der Prairie herumzog, um sich an Schmerzen zu gewöhnen. Da der junge Wolf bald herumsprang, bald stehen blieb, bald in Sätzen davonlaufen oder durch Reissen sich losmachen wollte, so kann man sich den Schmerz vorstellen. Ein anderer schleppte auf diese Weise elf Büffelschädel mit seinen Rückenmuskeln eine Meile über die Prairie. Hinter dem Fort steht ein besonderes Gerüst, an welchem sich zur Zeit der Jagd- oder Kriegsopfer die Männer aufhängen, quälen und fasten, die jungen Bursche sich durch Schmerzen und Entbehrung zum blutigen Handwerk vorbereiten müssen.

Gegen Sonnenuntergang kamen vier Büffelstiere auf die Sandbank, um auf diese Seite des Flusses zu gelangen; da das Ufer auf dieser Seite hoch und steil war, so purzelten sie mehrmals hinunter und vertieften sich immer mehr in den Schlamm. Während ich mich über sie lustig machte, hörte ich einen Flintenschuss. Meinen Kopf umdrehend, sah ich einen Indianer dahersprengen — es ist la Queue rouge. Seine Frau auch gestorben, seine Tochter noch krank, was ihn aber nicht sonderlich traurig zu stimmen scheint. Die Herantsa haben drei Banden gebildet und sind sehr weit oben am Kniferiver und Umgegend. Die alten Leute seien den Fluss herab zu uns gesandt worden, da sie den Lagern nicht zu Fuss folgen konnten und die Pferde sonst notwendig zu gebrauchen waren. Von einem Banneret oder jungen Indianer erzählte la Queue rouge, wie er seine Flinte mit zwei Kugeln lud, als er eine Gruppe wilder Kirschbäume fand, vor denselben seinen Kriegsgesang anstimmte, sie dann als Feinde höhnte, dann paff auf sie schoss und unmässig von den Kirschen zu essen anfing, im Wahne seine Medizin hätte sie unschädlich gemacht. Noch den gleichen Abend war er eine Leiche. Seit die Herantsa fort sind, starben noch 17 Personen.

30. August. Da sich unser Spital eher vermehrt als vermindert, indem wieder alte Weiber mit kleinen Mädchen den Fluss herunter zurückkommen, so werden meine Aussichten für längeres Dableiben nicht besser. Bin daher ins höhere Kornfeld gegangen, um das Fort zu zeichnen und beendigte die angefangenen Zeichnungen von Opfer- und Totengerüsten. Hätte ich nur Büffel und Hirsche, Elke und Bären studieren können, für den Rest würde ich mich nicht plagen. Antiken habe ich einstweilen genug.

Soweit reicht das im Fort Berthold geführte Tagebuch; am 5. September schreibt Kurz bereits von Fort Union aus, das er nach viertägigem abenteuerlichem Ritt mit Bellangé erreicht hatte. Diese interessante Episode wird in der schweizerischen Rundschau veröffentlicht werden. Hier hingegen wünsche ich noch Raum zu erübrigen für zwei wertvolle Anhänge, welche Kurz neben mehreren anderen seinem Tagebuch meistens später als Exkurse mit Berücksichtigung der einschlägigen Litteratur beigefügt hat.

Anhang I.

Ueber die Zeichensprache der Indianer.

1. *Weib, Mädchen.* Man streicht mit den Händen zu beiden Seiten des Kopfes herab, um das lange Haar anzudeuten.
2. *Mann (Indianer).* Die Fäuste werden auf der Stirn voreinander gehalten, zum Zeichen des Haarknaufes der Männer in der petite tenue.
3. *Weisser Mann.* Man bringt die Fäuste mit ausgestreckten Daumen vor der Stirn gegen einander und beschreibt eine Linie gegen die Ohren, was den Hut vorstellt.
4. *Halbindianer.* Erst wird mit der Rechten vom Brustknorpel nach der rechten Brustwarze gestrichen, dann das Zeichen eines «Weissen» gegeben; dann folgt die gleiche Bewegung mit der Linken vom Brustknorpel nach links, dann das Zeichen eines Indianers = halb weiss, halb indianisch.
5. *Freund, Kamerad.* Man bringt beide Zeigefinger dicht neben einander, horizontal nach vorn.
6. *Bruder oder Schwester.* Das erste Glied des ausgestreckten Zeige- oder Mittelfingers bringt man in den Mund = an der gleichen Brust gesogen.
7. *Gatten.* Zeichen wie *Freund,* dann bringt man den rechten Zeigefinger über den linken.
8. *Ich.* Man schlägt sich mit der rechten Hand ein- oder zweimal auf die Brust.
9. *Mein.* Man drückt die rechte Hand gegen die Brust.
10. *Du.* Man zeigt mit dem rechten Zeigefinger auf die Person.
11. *Dein.* Mit der rechten Hand zeigt man auf die Person.
12. *Mein Kind.* Zeichen von *mein,* dann bringt man die Hand abwärts, senkt sie bis zu den Geschlechtsteilen, von da vorwärts = aus meinem Leibe kommend.
13. *Ich bin ein Kräheninindianer.* Das Zeichen von *ich;* dann streckt man beide Arme nach beiden Seiten horizontal aus- und vorwärts, aber nicht steif, bewegt dann die Arme auf- und abwärts wie Flügel.
14. *Sioux.* Das Zeichen von Halsabschneiden.
15. *Zelt, Haus.* Die linke Hand hält man gewölbt vor sich und fährt mit der Rechten, Finger nach vorn, von oben nach unten, unter der Wölbung der Linken durch, weil man sich bücken

muss, um in ein indianisches Zelt zu treten. (Zelt wird speciell mit gegen einander schief aufwärts gehaltenen Händen bezeichnet). Das gleiche Zeichen bedeutet auch das Hineingehen, nur muss zuerst noch das Zeichen der Person, ich, du, u. s. w. gegeben werden.

16. *Berg.* Die linke Faust hält man vor sich und streicht mit der rechten Hand darüber einmal auf- und abwärts.
17. *Fluss.* Mit dem rechten Zeigefinger werden die Krümmungen eines Flusses beschrieben.
18. *Sonne.* Daumen und Zeigefinger der Rechten werden so gebogen, dass sie einen Kreis bilden, und damit wird nach dem Zenith gezeigt.
19. *Tag.* Dasselbe Zeichen der Sonne bewegt man über sich im Bogen, das Gehen der Sonne anzudeuten.
20. *Sonnenaufgang.* Mit dem Zeichen der Sonne wird nach Osten gezeigt und mit einem kleinen Ruck nach oben das Erheben über den Horizont angedeutet. Das gleiche umgekehrt nach Westen bezeichnet den *Sonnenuntergang.*
21. *Mittag.* Das Zeichen der Sonne wird hoch über dem Scheitel, im Zenith, in einem kleinen Bogen von Osten kommend, gehalten.
22. *Mond.* Mit Daumen und Zeigefinger der Rechten wird ein Halbmond gebildet und damit gegen den Himmel gezeigt.
23. *Prairie.* Die beiden Hände werden flach neben einander, aufwärts, vor sich gehalten, dann horizontal von einander entfernt, die Fläche beschreibend.
24. *Messer.* Die linke Hand wird gegen den Mund gebracht, wie wenn man ein Stück Fleisch hineinschieben wollte, mit der Schärfe der ausgestreckten rechten Hand wird nun im leeren Zwischenraum zwischen der Linken und den Zähnen sägenförmig durchgeschnitten.
25. *Axt.* Man schlägt mehrmals mit der Schärfe der ausgestreckten rechten Hand auf die innere Fläche der ausgestreckten Linken.
26. *Tomahawk.* Indem man die Arme kreuzt, wird die ausgestreckte rechte Hand nach abwärts gedreht, weil der Tomahawk im linken Arm getragen wird.
27. *Decke, Robe.* Man kreuzt die Fäuste über der Brust und drückt die Ellenbogen an den Leib, wie wenn man sich einhüllte.
28. *Kleid, Hemd, Tunika.* Mit etwas ausgespreiztem Zeigefinger und Daumen wird auf beiden Seiten des Oberkörpers in gerader Linie bis zu den Rollbeinen hinuntergefahren und da zur Be-

zeichnung des *männlichen* Hemdes schroff angehalten, während für das längere, *weibliche* Hemd eine Bewegung nach unten gemacht wird.

29. *Hosen.* Zu beiden Seiten der Beine wird das Anziehen der Hosen angedeutet, bei den männlichen über die Kniee herauf, bei den weiblichen (pantelettes) bloss bis zum Knie.
30. *Schuhe.* Man streicht mit der Hand über den Fuss hin und her, von vorn nach hinten.
31. *Bogen.* Man streckt den linken Arm samt der Faust gerade aus und thut mit der Rechten, als ob man den Bogen anziehen würde.
32. *Tasche.* Man schiebt die vier Finger der Rechten ohne den Daumen zwischen den letztern und die vier Finger der Linken hinein.
33. *Pferd.* wie *reiten* (68) ohne das *Gehen.*
34. *Esel.* Man streckt beide Hände über die Ohren aufwärts und bewegt sie vor- und rückwärts.
35. *Büffel.* Mit einem Ruck werden die Fäuste mit halbgekrümmtem Daumen und Zeigefinger über die Ohren an den Kopf gesetzt, Zeigefinger aufwärts, kleiner Finger auswärts.
36. *Elk.* Beide Arme werden neben dem Kopfe hoch emporgestreckt.
37. *Cabri.* Mit der Rechten fährt man am Hinterteile flach nach hinten auswärts.
38. *Hirsch.* Für den weissschwänzigen wird mit der rechten Hand mehrmals vor dem Gesicht hin- und hergefahren; für den schwarzschwänzigen bringt man die Linke am Hinterteile nach auswärts wie einen Schwanz.
39. *Bighorn.* Zu beiden Seiten des Kopfes werden die Windungen der Hörner beschrieben.
40. *Biber.* Mit dem Rücken der Rechten wird einigemal auf die Palme der Linken geschlagen.
41. *Skalp.* Mit der Linken werden die Scheitelhaare angefasst, dann mit der flachen Rechten über der Stirne weggeschnitten.
42. *Feuer.* Die etwas gespreizten Finger der Rechten werden mehrmals aufwärts gerichtet, herauf und hinunter bewegt.
43. *Rauch.* Während die Nase gerümpft wird, reibt man die Finger der beiden Hände flach gegen einander, indem die Hände zugleich in die Höhe gehen.
44. *Pulver.* Der Daumen und Zeigefinger einer Hand reiben sich einige Zeit.
45. *Arznei.* Mit einigen Fingern der Rechten wird in der hohlen Linken herumgerührt, dann in diese hineingeblasen.

16. *Wakonda, grosser Geist.* Man bläst in die rechte Hand, bildet dann die Faust und streckt sie in die Höhe und bewegt sie um ihre Achse, wobei der ausgestreckte Zeigfinger nach dem Zenith weist; oft wird auch gegen die Erde gezeigt.
17. *Chef.* Man streckt den rechten Arm aufwärts mit dem Zeigefinger hoch hinauf, gegen den Himmel zeigend.
48. *Tabakpfeife.* Die leichtgeöffnete Faust der Rechten wird mit dem Rücken abwärts, Daumen nach vorn, vor den Mund gebracht und so schief nach unten vorwärts und rückwärts geschoben.
49. *Glasperlen.* Mit den Spitzen der Rechten wird an der äussern Seite des linken Arms gerieben; gewöhnlich geht am Lederhemd ein breites Band mit solcher Verzierung vom Hals über die Achsel bis zur Hand.
50. *Rede.* Die flach gehaltene Rechte, innere Seite aufwärts, wird vor den Mund gebracht und einigemal langsam vorgeschoben.
51. *Lüge.* Man spreizt Zeigefinger und Mittelfinger und bringt sie in den Mund, die gespaltene Zunge vorstellend.
52. *Gut, gesund.* Die rechte Hand wird von der Brust auswärts geschwenkt.
53. *Krank.* Die rechte Hand wird mehrmals von dem Unterleib nach abwärts geschwenkt.
54. *Tot.* Nach dem Zeichen des *Schlafs* (64) wird die Rechte nach abwärts geschwenkt.
55. *Schön.* Die rechte Hand wird vor dem Gesicht von der Stirn abwärts gegen das Kinn, dann nach auswärts gebracht.
56. *Viel.* Man bringt beide Hände mit ziemlich gestreckten Armen vor sich aneinander und beschreibt von da divergierend einen mehr oder weniger grossen Halbkreis.
57. *Sehen.* Mit dem rechten Zeigefinger wird von den Augen abwärts gedeutet.
58. *Hören.* Mit dem rechten Zeigefinger wird an den Gehörgang gezeigt.
59. *Riechen.* Man rümpft die Nase und zieht stark den Atem.
60. *Essen.* Mit der hohlen rechten Hand wird das Einschieben der Speise in den Mund mehrmals dargestellt.
61. *Trinken.* Man bringt die hohle Rechte vor den Mund und schlürft so.
62. *Schwatzen.* Der Rücken der Rechten wird vor den Mund gebracht und mit den Fingern nach vorn geschnellt.
63. *Schlafen.* Der Kopf wird seitwärts auf die Rechte gelegt, die Augen geschlossen.

64. *Gehen.* Man bringt beide Hände vor sich voreinander, die Finger nach oben, und bewegt die rechte Hand in gerader Richtung vorwärts und lässt die Linke ruckweise folgen, schnell oder langsam, je nachdem man das rasche oder langsame Gehen darstellen will.
65. *Reiten.* Der ausgespreizte Zeige- und Mittelfinger der Rechten wird über den ausgestreckten linken Zeigefinger rittlings gesetzt; dann das Zeichen von *Gehen*.
66. *Schreiben, Malen.* Mit dem rechten Zeigefinger wird auf die linke Palme gekritzelt.
67. *Schiessen.* Man berührt mit den Fingerspitzen den Daumen und schnellt sie ein- oder mehreremale vorwärts.
68. *Nachdenken.* Man verschränkt die Arme, bringt den einen Zeigefinger hart an den Nasenflügel derselben Seite, und senkt den Kopf dabei.
69. *Erstaunen.* Man bringt eine Hand dicht vor den Mund, denselben verschliessend.
70. *Horchen.* Die rechte Hand wird hohl hinter das rechte Ohr gehalten, dabei der Kopf mehr nach vorn gerichtet.
71. *Bleiben.* Mit der rechten Hand macht man vor sich mit Nachdruck eine Bewegung nach unten und hält da einen Augenblick ruhig an.
72. *Schneiden.* Wie *Axt*, mit dem Unterschiede, dass mit der Rechten nicht auf die Linke geschlagen, sondern mehrmals darüber weggezogen (nicht gesägt) wird.
73. *Ja.* Man nickt mit dem Kopfe.
74. *Nein.* Man schüttelt den Kopf.
75. *Verstehe nicht.* Die Rechte wird vor dem Ohre mehrmals auswärts geschwenkt.
76. *Ich will nicht.* Man zeigt den Rücken der rechten Hand.
77. *Rechts.* Die rechte Hand wird nach vorn ausgestreckt und parallel mit dem Boden neben der rechten Hüfte nach auswärts bewegt.

Anhang II.

Indianische Sprachproben.

Einleitung. Bemerkungen über meine Sprachproben.

Das Niederschreiben indianischer Sprachen hat sehr grosse Schwierigkeiten. Vorerst sind die Indianer durch keine Schrift an eine fixe Aussprache gebunden: der Sprachgebrauch kann sich verändern wie jeder andere Gebrauch, daher man oft in Verlegenheit kömmt, die richtigen Buchstaben für die unbestimmten Laute zu finden, z. B. *d* oder *n*, *m* oder *n* oder *w*, *w* oder *u*, *w* oder *r*, *g* oder *k* u. s. w. Dann ist es oft schwer, einem Indianer, von welchem man die Worte erhält, das Gewünschte verständlich zu machen, indem man sich bloss der Zeichensprache bedienen kann, die nicht immer ausreicht und hauptsächlich nicht speciell, nicht ausführlich genug ist. Dass man auch bei gebildeten Tradern, die einer gewissen Indianersprache vollkommen mächtig sind, irre geführt werden kann, beweisen meine Sprachproben der Mandans, welche oft von denen des Prinzen von Wied[1] ganz verschieden sind, trotzdem sie aus dem gleichen Munde, nämlich dem des Herrn Kipp herrühren. Es scheint, unser Gehör muss sehr verschieden sein; denn ich darf mich nicht neben einen so berühmten, gründlichen Reisenden stellen, und doch darf ich annehmen, die Mandanworte richtig niedergeschrieben zu haben, da ich sie Herrn Kipp und seiner Mandanfrau immer wiederholen musste; es war ihm sehr daran gelegen, nicht nur seinem Freunde Mitchell, Indian agent in St. Louis, eine Gefälligkeit zu erweisen, sondern auch vor den Gelehrten mit seinem eigenen Namen einstehen zu können. Die Unterschiede unserer beiden Sprachproben müssen daher durch dritte Personen gerichtet werden. Da ich bei den Mandans nicht gewohnt habe, daher meine Sprachproben von denselben bloss aus *einer*, übrigens der gleichen Quelle herrühren, würde ich mich sogleich als der im Irrtum Befindliche unterziehen, wenn sich nicht bei den anderen mir besser bekannten Sprachen ebenso grosse Verschiedenheiten zwischen dem Prinzen von Wied und mir gefunden hätten, Verschiedenheiten, bei denen ich durchaus gewiss bin, recht zu haben, indem ich die Worte hundertmal gehört und selbst täglich gebraucht habe, wie z. B. in der Herantsasprache mi-e, Weib, beim Prinzen bi-a; itsiu-schugga, Pferd, beim Prinzen Eisoh-waschukka; machbitsi, Bär — lachbitzi;[2] ferner im Assiniboin:

---

[1] Maximilian Prinz zu Wied, Reise in das innere Nord-Amerika in den Jahren 1832 bis 1834 (2 Bände, 1839, 1841). Zweiter Band. Koblenz 1841.
[2] a. a. O. p. 568, 586.

tandoh, Fleisch, beim Prinzen tano; menie atagans, trinken — menatkinkte: wuijah, Weib — Huïna u. s. w. u. s. w.[1]

Bei der Iowasprache haben mir am Ende, als ich, durch Witthae unterrichtet, bereits ordentlich zu sprechen anfing, die Männer vorgehalten, ich rede wie ein Weib; die Aussprache und Ausdrucksweise der Weiber ist nämlich nicht immer die gleiche wie bei den Männern: jene brauchen weichere Buchstaben für *r*, *y*, *t* u. s. w. (nach Schoolcraft kommen solche Verschiedenheiten der männlichen und weiblichen Ausdrucksweise auch bei den Ojibwäs vor).

Um die Namen der Farben zu erhalten, hat es bei den Indianern auch öfters seine Schwierigkeit, da sie dieselben selten bloss als Adjektiv anwenden, sondern gewöhnlich als Anhängsel zu einem Hauptworte, wie Erde, Farbe, selbst Blanket, Rassade u. s. w. Ferner gebrauchen die Indianer beim Nennen ihrer Körperteile das Wort *mein*, bei anderen Gegenständen *es ist*. Bei solchen Fällen ist man bloss durch nähere Bekanntschaft und Studium der Sprache im stande, den eigentlichen Ausdruck ohne Zugabe zu erhalten.

Mit der deutschen Sprache kann man den indianischen Lauten am nächsten kommen, da unser *u*, *k*, *r*, *a*, *e*, *ch*, *sch*, *ü*, *h* u. s. w. beständig vorkommen. Aus dem französischen kann man die Nasenlaute *an*, *on* und hauptsächlich das *gue* brauchen. Die englische Sprache ist zum Niederschreiben der indianischen Laute ganz untauglich, man nehme denn eine Menge von neuen Zeichen an; das einzige *th*[2] konnte ich anwenden, um den Laut *ts*, mit der Zungenspitze zwischen den Zähnen ausgesprochen, wiedergeben zu können. *Kursiv* gedruckte Silben, wie *au*, *on*, müssen *nasal*, wie im Französischen, gesprochen werden, z. B. *chan* ähnlich wie *chang*; ebenso ist *gue* französisch auszusprechen; das *e* allein als Vokal einer Silbe gibt das deutsche *e* in der Endsilbe *en* oder *et*. Das französische *j* brauchte ich deswegen nicht, um keine Verwechslung mit dem deutschen *j*, das sehr häufig ist, herbeizuführen. Da wir Schweizer das *k* härter, das *ü* weniger wie *i* als die Rheinpreussen aussprechen, so kommt das *kk* und *ü* bei mir selten vor, das *k* gebe ich öfters mit *q* ohne *u*, wo der Laut etwas weicher gegeben werden soll.

* * *

Leider sind die Accente in den Aufzeichnungen meines Oheims fast gar nicht angegeben; es finden sich nur schwache Ansätze dazu. Ich muss deshalb von einer Bezeichnung derselben ganz absehen und in dieser Hinsicht auf das Werk des Prinzen zu Wied verweisen, wo die Accentuation sehr genau angegeben ist.

---

[1] a. a. O. p. 475, 477, 478.
[2] ϑ (theta) im Griechischen, *dhal* im Arabischen.

A. Iowäsprache (Pachotschi).
1. Substantiva.

antsche	sein Vater	hintumi	meine Tante
antschchi	der Vater	hintscheka	mein Oheim
antsche-hinje	Agent	hintoske	mein Neffe
agratsche	Arm	hintoskemi	meine Nichte
asch-gutsche	Hinterkopf	hi jingne	mein Sohn
acho	Flügel	hi jungue	meine Tochter
arutsche	Profil, Seite	hintaga	mein Enkel
agutta	Beinkleider (weib-	hintagami	meine Enkelin [der
agutsche	Schuhe [liche)	hi-i-na	mein ältester Bru-
agutsche-ikahi	Schuhriemen	hi-ju-na	meine älteste
awuoka	Armring		Schwester [der
ajautschi	Bettvorhang	hinthungue	mein jüngerer Bru-
ajan irarake (o-mi-	Bett	hintauje	meine jüngere
aninma [je)	Sitz, Stuhl		Schwester
ahemachschi	(hoher) Berg	hintami	meine Frau
akinwenn	Wettrennen	higran	mein Gemahl
aarschie	Kreuz (im Karten-	higru	erster Sohn
	[spiel)	hena	zweiter Sohn
beta	Frühling	haka	3. 4. etc. Sohn
		hinu	erste Tochter
chra	Adler	hathika	3. 4. Tochter
Chra-manje	N. pr. (der schreiten-	hinak jingne	altes Weib
chrawe	Wald [de Adler)	houwe-wakonta	Sonntag
chato	Gras	— rochre	Montag
chrichri	Eiterbeule	— inuwe	Dienstag (2. Tag)
		— itani	Mittwoch (3. Tag)
dihu	deine Mutter	— itowe	Donnerstag (4.Tag)
diku	deine Gross- oder	— ithathom	Freitag (5. Tag)
	Schwiegermutter	— isaque	Samstag (6. Tag)
detuka	dein Gross- oder	Houwe pimme	N. pr. fem. (schöner
	Schwiegervater		Tag)
dawne	Biber	Hanhe wahi	N. pr. (der listigste
Dutsche	Kräheuindianer	Hikabo	Kikapoos [Mann)
detna	Nabel	hanhe	Nacht
drehke	Schenkel	hethika	Biene, Wespe
dreh	penis	homa	Elk
danje	Tabak	hi	Zähne
danomon	Tabakpfeife	ho	Stimme
danji weyomi	Cigarre	honcha	Nase
dechernsie	Trommel	hu	Bein
dukri	Blitz	huro	Wade
daje	Name	hatsche	Unkraut, Mist
		hathch	Beeren
etschin-mingne	Mädchen	hastsche	Erdbeeren
ehu	seine Mutter	hamiska	Rettig
eku	seine Gross- oder	ha	Faden
	Schwiegermutter	hiwne	Kitt, Leim
etuka	sein Gross- oder	hiwaggotsche	Stecknadel
	Schwiegervater	horuthe	Netz
ekie	Klammer	hochue	Wiege
		hokantu	lariat (Lasso)
grepreirawu	10 Cents	hachotsche	Pulver
		hotsche	Höhle
hinka	mein Vater	homi	Gestank
hihna	meine Mutter	hou!	Gruss (Ausruf zur
hintuka	mein Gross- oder		Aufmunterung)
	Schwiegervater	innuni	Bruder
higkunje	meine Gross- oder	itschinto jingue	Jüngling
	Schwiegermutter	itschich unjingue	junges Weib

ithinto	verstorbener Bruder	kirapahe	Eckstein (im Kartenspiel)
i	Mund	kogge	Kasten [tenspiel)
ischta	Auge		
is-tahi	Augenwimpern	miha	2. Tochter
i-ku	Kinn	mithungke	Jungfrau
i-ha	Lippen	miche	Gans
iretsche	Schultern	miche gachini	grosse weisse Gans
itoke	Ellenbogen	miche sewu	kleine Gans
intsche	Gesicht	mich singue	Ente
ihi	Bart	misreke }	Fuchs
ihro	Brust	misteke }	
itungue	Ratte	Misteke	Fuchsindianer
ikihna	Kamm	muntsche	schwarzer Bär
inthue	Axt	muntoh	Grizzlibär
inthue hibrake	Tomahawk	mungke	Stinktier
jutsche	Flinte	mischtschingue	Kaninchen
— aahatsche	Zündkapsel	mi	Decke
— uhachatsche	Schloss	mi-preke	rotes Tuch
— reke	Hahn	min-to	blaues Tuch
— irnte	Zunge	miskowe	Büffelhaut
— irnte nakua	guard (Bügel)	maahi	Messer
— choju	patch box (im Kolben)	mantu	Bogen
— wirayokeke	Ladstock	matugwadda	Bogensack
— wirawuata	vordere Mücke	mon	Pfeil
— wirawuata okinska	hintere Mücke	mahutsche	Pfeilspitze
		montu	Bogensehne
— tiretsche	Kolben	monju	Köcher
— irawuatake	Schraube	manthe	Eisen
— mande	Lauf	monteme	Kugel
— non	Schaft	montuin	Ladung
— wike	Tragband	monthe jouwe	Maultrommel
Ischnanwosik	N. pr.	monthiko	Nadel
Ischta mantugra	N. pr. (eiserne Augen, Brillen)	monteka	Geld
		monteka jonki	Dollar
jom	Schlaf	monteka ukitreh	½ Dollar
isnontschie	Menstruation	monte utakohi	eiserner Ofen
ihechschi	Schnupf	monte kitowa	Spiegel
i-atatschi	Felsen	manthirawe	Zaum
idoschutsche	Fieber	mahapere	Krug
ikirare	Farbe	meke	Haue
itsche	Wort	mankarara	Schelle [tenspiel)
itsche broke	Sprache(alleWorte)	mihn-thu	Schaufel (im Kartenspiel)
itsche brethe	Dolmetscher	mansun	Feder
itakohe	Zündhölzchen	mansun kutsche	Federkiel
irowante	Schatten	maschu	Federspule
ireske	Knauf	ma	Jahreszeit
iha	Leben	maja	Erde
ihrowe	Belohnung	mahe	Feld [Erde)
irawntake	Einzäumung, Einfassung	mah-hati	Chromgelb (gelbe
		mah-schutsche	Vermillion
indo }	Stein	maisdnanke	Insel
inro }		mahu	Wolke [Wolke)
		Mahu-manje	N. pr. (die ziehende
kreta	Falke	miche	Grab
kokota	Schwein	monha	Erdreich
Kizeremme	N. pr. fem.	mungke	Landwirt
Kirutsche	N. pr. (er isst sich, d. h. was ihm gehört)	mingri	Fett, Speck
		monka	Medizin
Kennachuk	N. pr.	mankanthnon	Kaffee
kan	Blut	mungkato	blauer Vitriol
ka	Sehne, Ader	mahire	Heimweh
kio	Wunde	minke	Wahrheit [spiel)
k. k. oke	Donner	mntsche anhe	Herz (im Karten-

— 72 —

Mantunke	Weisser	niukinwa	Kuss
Mantonkokenje	Franzose	Nomewa	N. pr. Schawanesen
Mohichano (Mahichanje)		Niju-manje	N. pr. (der ziehende Regen)
	Amerikaner		
Manchsithown	Neger	Ninkigremme	N. pr. fem.
Metami	N. pr. fem.	Notschimme	N. pr. fem.
Mihachtschi	N. pr. fem. (im Omaha Eins)	Njnkogreh	N. pr. fem. (im Omaha Spiegel)
Mererim	N. pr.		
Makschemanje	N. pr. (der, welcher hoch einherschreitet)	nagke	Furcht
		oma	Nest
nake	Weib	onje	Bohnen
nantsche, s. antsche	dein Vater	owe	Durchpass
nantu	Kopf	ohantse	Finsternis
nantuachenje	Esel	otakohanje	Hölle (grosse Flamme)
nantuthue	Haarzopf		
nantutsche	Kopfschmerz		
nantu-choha	Skalp	pa	Nase
nointu	Haar	pacheniruta	Nastuch
nointna	Ohr	phathe	Brüste
nethe / rethe	Zunge	phe	Stirne
		paotoarn	Schnabel
non pawera wato	Zeigefinger	pahi	Stachelschwein
non po jingue	kleiner Finger	papruhe	Fliege
non-kinokre	Mittelfinger	peta	Kranich
non-pochanje	Daumen	petsche	Feuer, Licht
non-schuschunke	Faust	pi	Sonne
nawn	Hand	pi-achewike	Sonnenaufgang
Nauwachanje	N. pr. (grosse Hand)	pi-machsike	Mittag
no-sinchsu	Handgelenk	pi-knje	Sonnenuntergang
no-notsche / no-neku	Handpalme	pi-reke	Dämmerung
		pi-towe	Mond
nouwata	Fingerhut	pi-kae	Stern
nanke	Rücken	pa	Schnee
natse	Herz	panji	Winter, Jahr
ni	Wasser	pichtisike	Schönheit
nientha nechtschie	Quelle	poschke	Höcker
Ni-uchene	Mississippi	puto	Eiche
Ni-schotsche	Missouri	putsche	Eichel
ni-apuche	kochendes Wasser	pamperike	Halstuch
nijon / nihu	Regen	penji	Whisky
		penji-tschutsche	Branntwein
nuche	Eis	penji-ku	Wein
nita	Ueberschwemmung	peche	Flasche
ni uju	Wassertopf	patsche	Boot [menboot]
nistonge	Fluss	patsche tako	Dampfboot (Flambüffelboot)
nerokne	Schamtuch	patsche brake	
norochra	Ring	patsche mou	Ruder
nan	Holz, Baum	preteskunje	närrisch, Narr
naue	Blume	ponka	Farbe
nanje	Honig	Pachotschie	Iowä
niku	Salz	Pahnji	Pawnee
nah-jouwe	Geige	Patunka	Komanchen
nawno	Strasse		
namenie	Wagen	quaingue	Haselnuss
nonchamanie	Brücke	quachani	Mandeln
nanwadithruhu	Schlitten		
nerumi	Bohrer	rutschingue	Taube
newakruntsche	Säge	rowatsche	(langes) Hemd
nampachetsche	Kirschen	raoki	Stich (im Kartenspiel)
nanie	Zucker	rethre	Diarrhoe
nanieke	Zuckerhandel	rohanke	Ueberfluss
niratakogri	Glas	rachnowe	Pfeife (Flöte)

sungue	Pferd
sungue mingue	Füllen
sungre greche	Schecke
sung-mingue	Mähre
sung-kachere	Sattel
sun-thira-maingre	Steigbügel
sungue tachuahi	Mähne
sung'kiroke	Huf
sung-kenje	Hund (indianischer)
susu	Hund (amerikani-
scho	Prairiehuhn [scher)
schunte	Wolf
Schunte nischmone	Wolfflass
Schuntan kane	N. pr. (Wolfsblut)
Schuntan tewemeh	N. pr. fem.
	(schwarze Wölfin)
Schunta ingue	N. pr. (kleiner Wolf)
schiwe	Därme
schaschke	Knie
s-chake	Krallen
schuntje	männliche Steine
s-schuhe	Fenster
s-se	Apfel
s-seehuhe	Apfelrinde
s-sethu	Apfelkern
scheni	Most
schi	Zwiebel
schotsche	Rauch, Staub
schusche	Spass
Soho	Sioux (Dakota)
tschin-tschinna	Kind
tschin-tschon	Knabe
tschin-mingue	Mädchen
tota	Krieg
totaha	Anführer
taro	Freund
taska ingue	Schaf
tsche	Büffel
tscheka	Kuh
tscheka-ruhe	Ochsenknochen
tscheka-iro	Ochsenfleisch
tscheka-panje	Milch
tscheka-mingere	Butter
tsch'okeni (tscheto)	Büffelstier
tha	Hirsch
tha-chanie	Bock (virg.)
tha-hie	Hirschhorn
thaha	Hirschfell
tostongue	Otter
thingue	Eichhorn
thaggrathake	Papagei
taha	Beinkleider (männ-
tschehi	Gürtel [liche)
tschehi ugranne	Kopfbinde
tschehi-uphira	Gürtel
tscheche	Pulverhorn
thi	Fuss
thi-roku	Fusssohle
thi-rotsche	Ferse
thi-pha	grosse Zehe
thi-natsche	Fussballen
thi-monje	Fussrücken
thi-ka	Fussgelenk
thi-u-sunsu	
thigre	Fussstapfen
thachua	Nacken
thaschhe	Hals
totsche	Gurgel
thintsche	Kreuz, Schwanz
tschetsche	Samm (genäht)
tschitschike	Besen
tani	Brühe
taketa	Sommer
taminta	Herbst
thu	Same
to	Kartoffel
thathake	Wind
tschi	Haus
tschi-poträtsche	Lederzelt
(thretsche)	
tschi-oke	Thür
tschakinuehta	Laubhütte
tschina	Dorf, Stadt
tschina-to	im Dorf
thage	Walnuss
tuggeka	Muschel
tuke	Löffel
tsche-ehne	Bindfaden
tscherita	Zuckertäfelchen
tantsche	Prairie
Thimetai	N. pr. [läufer)
Tharamanje	N. pr. (der Schnell-
tokeke	Lügner
uangue	Mann
uangue gehi	Anführer
uangue waschosche	Krieger
Untschik okenje	Weisser
Ukitsche	Fremder
utuingue	Katze
mpache	Hinterteil
ujeh	pudenda fem.
upratre	Narbe
ukirujang-kena-	Mündung eines
hata	Flusses in einen
	andern
Umneho	Omahas
Usinthe	N. pr.
Uhante	N. pr. (Dunkelheit)
Uotschetsche	N. pr. (er sucht)
wantaha [sche)	Schwiegersohn
wahitsche (wecht-	Schwester
waja jingne	alter Mann
wori	Verwandter
wajekanje	Truthahn
wajingue chutsche	Huhn
wajing'itsche	Ei
wokakenje	Hühnerschlange
wuanuntsche	ein Tier
watsche	Unterrock
wonoje	kurzes Hemd
winqu jingue	kleine Perlen
wannob-i-ka, wan-	
jampi	grosse Perlen

winthoch thingue	Ohrringe	watwa	Kürbis
wokrage	Hut, Kopfputz	wete	Brei
withiutsche	Peitsche	witoche	Indigo
wiokre	Lanze	wahami	Aehre
wiah-luke	Gabel	wathi	Galle
wathke	Schale, Teller	wikunta	Mass, Yard
wiju	Werkzeug, Waffen	wochta	Ruhm
wiskatsche	Spielzeug	woschka	Sitte, Gebrauch
wikahi	Strick	wuakuatse	Lehrer
wikoge	Trommelschlägel	wuanahe	Geist
wiritutta	Schere	wuanahe-piskunje	der böse Geist, Teu-
woju	Sack	wawaggache	Buch [fel
woju-chroke	Tragsack	wirukana	Meinung
wakachuta	Schlangenhaut	Wakonta	Gott
wuoe	Kette	Witthae	N. pr. fem. (Gipfel)
wiwuaja	Seife	Waki-wantsche	N. pr.
wahi	Strickwolle	Wahotami	N. pr.
waruperapera	Papier, Spielkarten	Wananthuntsche	N. pr., ein Gewes-
waju	Tisch		ter (Gereister)
wiratta	Ferurohr	Wahnsstunke	N. pr.
wirattakan	Lichtstock	Watota	Otoes
wuawuatsche	Seidenbänder	Woracha	Pottowatomies
wapuke	Mehl	Wuotschimme	N. pr. fem. (im
tutscho-wapuke	Brot		Omaha die Alte)
widowasike	Kork	waschike	Volk, Person
warotante	Mais	Waschikokenje	Indianer
woto	Rippe		

2. Adjectiva, Adverbia und Numeralia.

achuata	arm	hingue	jung
antha	schnell	hagunu	eilig
aratsche	links	humpekire	schnell
akita	nachher, später	hinako!	nein!
agrita	hinüber	hanrutta	morgen
arutsche	drüben	hauweki	heute
arakranta	vorbei	haari	weit
aske	nahe	hachta	rückwärts
aqiwuata	alle	heta ike	auch
		hanigure	hurtig
bi	fett		
broke	alle	istatsche	schläfrig
		ichogge	zornig
chanje	dick, breit	jingue	jung
chanjeke	es ist gross, breit	itawere	alt
eriko	offen	jake	
chroske	leer	jaadi	weit
chuatschike	mager	ita	dort
charcke	rauh	idoake	zuletzt
chri	wund	iskeke	ähnlich, gleich
chwanje	verloren	ischtahotsche	blind
chranji	hungrig	inthu	der erste
dide	neu	kiu	und
dä	schlaff	ko-o	gerade jetzt
		kunta	gegen
eschtake	hinüber	kaju	genug
		kuji	herunter
ganie	mehr	kuje	niedrig
goschita	dort	kera	klar
gasennike	zu spät	kiroskunje	reuig
gasung	genug	kiktsawenje	auferstanden

maschtsche	warm (vom Wetter)	thretsche-tanwa	gross
manisunje	lahm	— tanake	
mingrahe	schnell	tsapetachtsche	gescheit, weise
manhasno	schmutzig	tanjengue	betrunken
manto	nass	tanjengue skunje	nüchtern
mumpkri	über, oben	tukiran	wenig
mungreta	oberhalb	thihsche	seit langem
mungata	an, da	thita	vormals
manchsi	herauf	thuka	rein
mingke	wahr	toke	nass
maksche	hoch	tschutsche	rot
		thaa	weiss
nankeri	hinten	ti	gelb
niengue	nichts, kein	to	blau, grün (pankato
nathta	sauer		blaue oder grüne
nichogriki	bös	thewe	schwarz [Farbe)
		theke	faul
ota	einige	tscheta	schwer
		thihe	hart
pi	gut	tschotsche	rauchig, neblig
pike	sehr gut	tschitschita	lange her (vor lan-
kipi	besser		ger Zeit)
are pi	es ist gut	tana	wie viel?
pitanachtsike	schön	tanta	wo?
pichtike		tata	wann?
periche	stark	tschesna	dies allein
pericheskunje	schwach	tori	vorn
pahi (thike)	scharf	torita	vorher
pahiskunje	stumpf	toriki	bald, nachher
putte	trocken [Farbe		
pankato	grüne oder blaue	usto	rechts
pothretsche	der Länge nach	ukisike	krank
preteskunje	dumm, närrisch	urutha	schnell
piskunje	schlecht	utrache	spitz
		uju	voll
rohan	viel	uhante	dunkel
rohantsike	zu viel	untsche (wie hun)	ja!
ruhe	weg		
rota	gerade	wasosche	tapfer
rotata	herein, in, durch	woh kra e	schwanger
		womungke	leicht, erreichbar
suitse	kurz	wajichmanje	verrückt
suamo	rund	wnahopanch	heilig
schingue	dünn, schmal		
stustutsche	glatt		Zahlen.
schutsche	süss	jonki	eins
siatsche jingue	klein	nuwe	zwei
sku	salzig	thanji	drei
sike, schike	jeder	towe	vier
schu	noch	thata	fünf
scheki	hier	sage	sechs
s-chkowe	tief	sahma	sieben
schna	allein	kreraponi	acht
schroje	krumm	schonthe	neun
		kreprone	zehn
tachena	sehr heiss	ageni jonki	elf
thernie	kalt (vom Wetter)	ageni nuwe	zwölf
takara	kalt (von Körpern)	kreprone nuwe	zwanzig
taschtake	warm (vom Wasser)	kreprone thanji	dreissig
tagutu	reich	kreprawia	hundert
tathe	rostig	kreprawia nuwe	200
thretsche	lang	kreprawia chaje	
thritsche	langsam	jonki	1000

— 76 —

3. Verba.

aniene	behalten
aquehe	ziehen
awnatan	stossen
adda	sehen
are	lesen
ajenta	schlafen
hajenta	du schläfst
wianta	wir schlafen
ahawe	heraut-, herauskom[men
chuani	verlieren
chwanje	verloren
chagge	weinen
chroke	kneipen
danji-hi	rauchen (Tabak)
dihota	betrügen
dumi	binden
duja	waschen
gis-in	glänzen
gre	gehen
sehre	
schreka	du gehst
schrehna	
kreke, reke	er geht
grare	geh fort
hingreko	lasst uns gehen
hagrenike	ich gehe nach Hause
reske	wenn er geht
reta	wann er geht
hingra jento	umarmen
hida	schwimmen
hantschechue	leiden
hinachtake	beissen
hotanje	girren
hinnehotake	narren
hathi	fortlaufen
hatheke	er ist fortgelaufen
haha	bewegen
hatumi	ich kaufe
hamanje, s. manje	ich gehe
hanuwgke	ich fürchte
hoho	husten
hirari	ausgelöscht
itsch-e	reden
itsche-e-thoke	lügen
ich-sha	lachen
jä	liegen
ikire	finden
itschin-tschinne-thue	gebären
jujutsche	flöten
jotsche	pfeifen
jutsche	schmecken
jauwe	singen
ihire	rösten
josgone	wachen
ju	thun
jungka	er that
kuju	er that so
jawe	erstechen
juwa	geschwollen
itanna-ik	spucken
{ jaske	wenn er schläft
{ jenta	schlafend
{ jongke	eingeschlafen
(siehe ajenta)	
jujutsche	gellen, laut rufen
kigrahi	lieben
digrahi	ich liebe dich
hinograhi	du liebst mich
rigrahike	liebst du mich?
digrahike	er liebt dich
kitha	streiten, fechten
kirangra	jagen
kutsche	schiessen
kitan	fliegen
kikije	biegen
ku }	
kri }	kommen
krike }	
tschike }	er ist gekommen
kriske }	
tschiske }	wenn er kommt
krita }	
tschita }	kommend
kriwi	wir kommen
kantha	ruhen
kihi	mischen
kini	heilen
kita	fragen
kimpa	zweifeln
krewe	erbrechen
monje (manje)	gehen
hamanje	ich gehe
minna	sitzen
marutsche	reisen
masutsche	malen
menu	stehlen
nonge	springen
naje	stehen
niwua	baden
nede	zeichnen
nune	wachsen
nachtake	stüpfen (stupfen)
nankinatsche	holzhauen
nei-ei-a	kitzeln
nanskurope	die Schlinge werfen
nauwe	to yell, schreien, heulen
niche	seufzen
nintsche	es schmerzt
hi-nintsche	es schmerzt mich
di-nintsche	es schmerzt dich
ninkinwa	küsse mich
najere	stehe auf!

onange	halten	uotsche	peitschen
pathine	säugen	mutschinne	ich peitsche dich
pedehi	werfen	uchuanjiki	herunterfallen
peke	geworfen		
pachu (pacho)	schneien	warutsche	essen
pahu	es schneit	watu (kitu)	begatten
pha wayaque	aus der Nase bluten	wo-*han*	kochen, braten
		warmni (vgl. rumi)	tauschen
ruthe	nehmen	wuah-che	gebrochen
ruthere	nimm es	wakie	tragen
schrutha	du nimmst	wabroke	kneten
schrutheke	du nahmst	wuecha	blasen
rumi	kaufen	wechene	anblasen
schrumi	du kaufst	waggachere	schreiben
rupake	reissen	waschi	tanzen
ruta	fühlen	worake	reden
ruchta	anrühren	wetanna	aufwinden
ruhta	untersuchen	wawaggere	abtrocknen
rutagere	nähen	wuta	schneuzen
rutanna	spannen	wachunne	abtropfen
		watuwuacheta	zerreissen
sungue aminna	reiten	wuahihe	erstaunen
skatsche	spielen (Karten)	wuahihenje	sie waren erstaunt
shunsanche	spassen	wuanahire	fürchten
schena	zerstören	wuaki-kuntseke	lehren
suidä	hör auf! lass sein! engl. quit!		
		Redensarten.	
tu	erzeugen	akinno!	warte!
tscheha	töten	nonje!	halte!
tsche-he	ich töte	thritschr'unne	mach sachte!
tsche-hi-ke	er tötet	Cara! ritanjenjeke!	sage, trink nicht so viel!
tsche-re	er starb		
tschenicke	sterben	hauweki himaminto	lasst uns heute verreisen!
toje, tuja	brechen		
torata	trinken	nauwe uumnguere	die Hand schütteln
tatu	anzünden	inkirochtsike	ich danke dir
tamachung	hören	ni wuahan tha	Fleisch kochen
thi wuare areke	verfolgen (Fusswachsen [stapfen)]	uritui akeki	ich bin deiner satt
toketa		hich aningue	ich bin müde
tore	zuschneiden	hou unjeke	ich will
thewehikere	schwärzen	tanta waretsche?	wo warst du?
tscheki-grere	hinübertragen	ton waschere?	wohin gehst du?
tsche-e-hegruste	beendigen	Mohichane hinake stutte hinaske	eine Amerikanerin als Frau mitnehmen
ugra-a	to whoop, nachrufen, ausspotten	hari wuatschike jajuteke	ich gehe weit fort ich hab' es
ukinachue	verstecken	tatsche ihagche	mein ganzes Leben
utsche	suchen	tato wasike ha*on* gaeta	so lange ich eine Person bin, d. h. immer
unaje	ankleiden		
urupra	riechen		

B. Mandansprache (Numangkake).

a	Rinde	aahant koteweorosch?	was für ein Gegenstand?
aade	Arm		
akith	Schulter	asgasch	mehr
äape	Blatt	aagita	über
ans-chte	Wildschaf (Bighorn)	akita	draussen
abehosch	Flügel	akisch	auf
anehikosch	schwach	ah-huta	bring es
ahmbe	alle [stand?]	i-ah-huta	bring ihm
aankotewe?	welcher Gegen-	mi-ah-husch	bring mir

berechc	Kessel	mahesch	er sieht
behenude	Frühling	hesch	gesehen
		wahetsch	ich habe gesehen
chude	Knochen	tahetsch	du hast gesehen
chachraato	Himmel	iwahetsch	er hat gesehen
champerischka	Finsternis	hinamanka	trinkend
che	Regen		
cheiniche	Donner	istami	Auge / Augen
cheminde	Blitz		
chohde	Eis	misthami	mein Auge
chatch	Heu	nisthami	dein Auge
chaihiganade	Nessel (Gras womit man Stricke macht)	iisthami	sein Auge
		ista	Gesicht
chanschischihe	Distel	ihe	Mund
chattga	Kröte	ihi	Bart
choi-chi-changa	Krähe	ita inno	Nacken
chan-chska	Schnepfe	idoche	Blase
chtesch	gross	ihrusch	Blut
chamaha	klein	ihduke	Ader
chi hosch	alt	itah	Gesäss
chamahosch	jung	imaschotch	Kleid
chiggosch	schlecht	imatschotch pahan-	Hemd
chiggo	hässlich	ischanschike	Stein
chan	lachen	iwnachaka	Ruder
casgasch	anbinden	ichparake	Gürtel
		ihinke	Tabakpfeife
doke	Bein	ihkeke	Stern
detahu	Nabel	istu	Nacht
desike	Zunge	istu minake	Mond
dachcharache	Brust	idechosch	Licht
dadeschusch	heiss	istundehusch	Abend
dachschosch	brennen	istunatosch	Mitternacht
dehusch	gehen	ikiri	Schmer
		irute	Fuchs
Eggihusanade	Magen	ichtik-poi	Fischmarder (tii) (Mustela Pennan-
champe	heute		
esch	hören	ichgihse	Eule
		i inkotewe?	welche Person?
gahoste	Prairie	isakomaschosch	nächstens
guhsta	darin	iwaterusch	wünschen
		ipe	rufen
hundesch	Mutter	ig chan	lachen
mi hundesch	meine Mutter	iwagchan	ich lache
ni hundesch	deine Mutter	nidagchan	du lachst
i hundesch	seine Mutter	iigchan	er lacht
hoschunka	Bruder (mein)	igchamanka	lachend
(siehe schunka)			
hi	Zahn	kobaro	Gemahl (mein Gemahl)
hisse	Sehne	kuhns	Gemahlin
lumpe	Schuhe	mouns	meine Gemahlin
hunschi	Hosen	nouns	deine Gemahlin
hampe	Tag	ikouns	seine Gemahlin
hampenatosch	Mittag	kornikosch	mein Sohn
hapetehausch	spät	karokanarehosch	Krieger
lubatka	Mais	karasisika	Spinne
huntoch	Gras	kipsande	Schildkröte
harate	Wolf	koke	Cabri
hamparaka	Fliege	keka	Rabe
harusch	sauer	kappeke	Lenden
horake	gestern	kode	Quitte
houn (han)	ja	kode sseharutosch	Melonen
hesch	sehen	kuschta	durch, in
waheh	ich sehe	chatoch-kuschta	im Himmel
tahesch	du siehst		

mana ming-kusch-ti-kuschta	auf dem Baum [ta im Hause
manih-kuschta	am Ufer
kuhrosch	geben
makurosch	ich gebe
niakurosch	du gibst
iakurosch	er gibt
kiskirosch	tragen
kirosch	ich trage
rakirosch	du trägst
ikirosch	er trägt
karopche	einschiffen
waropchesch	ich schiffe ein
mihe	Schwester (auch Weib)
ptamihe	meine Schwester
nitamihe	deine Schwester
itamihe	seine Schwester
mahndosch	Körper
mi-mahndosch	mein Körper
ni-mahndosch	dein Körper
i-mahndosch	sein Körper
manuka	Freund
miti	Stadt
manamahe	Pfeil
mikasgesch	Streitaxt
manaitirutschuke	Lanze
mahi	Messer
mahi tschuke	Feuerstein
minake	Boot
minake chtesch	Schiff
warora minake	Dampfboot
manasche	Tabak
machogeni (umauha)	Himmel (einstiger Aufenthalt)
mapsi minake	Sonne
mapsita	Morgen
mahna	Winter
mahna machena	Jahr (ein Winter)
menih	Wasser
mennikere	Meer
monnichte	See
manahinge	Quelle
manigschukosch	Strom
mahanke	Erde
mana	Holz
manarokta	Wald (im Holz)
mana ochanthe	Ast
manachto	Klotz
mana minde	Baum
manahuta	Baumstumpf
manachageni	Tanne
mana agschugge	Gebüsch
matuntugge	Sumpf
manaitahu	Eiche
misanake	Felsen
mahe	Unkraut
mahosch	Rüben
mahskape	Fleisch
matoh	Grizzlibär
manischrute	Hund
machtike	Hase
matochka	Luchs
manigga buntike	Mink
machtop-gatsch	Maulwurf
mareksuke	Vogel
mandenika	Eis
miha	Gans
mandichoponi	Schwan [(er)
mahni-i-uaggahe	Plover (Regenpfei-
mannhsi	Truthan [drossel)
mandekanka	Robin (Wander-
mahnsi	Kriegsadler
maregse pachu hanska	Schnepfe
mi	ich
ni	du
i	er, sie
mattawe?	was?
mantke	morgen
migasch	nein
mekimikosch	nie
mampeta	unter
nikosch	Sohn
mi-nikosch	mein Sohn
ni-nikosch	dein Sohn
i-nikosch	sein Sohn
nuhanke	Tochter
nuhankosch	meine Tochter
nahe	Mutter
numankosch	Mann
numachakake	Indianer
numahagschi	Anführer
nätkan	Herz
nagpoche	Ohr
nahosch	[ke Rücken
napanach posanna-	Kehle
nobchi	Haut
nokeh	Lendentuch
nankesch	lebendig
nuh	wir [son
numa koteweorosch	was für eine Per-
nihndosch	spazieren
nasgasch	anbinden
Omahag numagschi	Gott
Omaha kichga	Teufel
oro	Fleisch
oti	Haus, Zelt
omanate	Axt
oparasche	Hügel
oparasch chtchsch	Berg
omeni catekchteg- geri	Kartoffeln
omeni asannakere	Erbsen
osedeh	Blume, Rose
okiru schuschipka	Wespe
okape	teilweise
panchu	Nase, Schnabel
pih	Leber
pitande	Herbst
phan	Kopf
phanhi	Haar

parobchi	Skalp	tate	Vater
pha igich-ga*n*hi	Kopfputz	matosch	mein Vater
passanche	Fluss	ratosch	dein Vater
pochanta gatirike	Maismehl	tabsa	Esche
ptihnde	Büffelkuh	tachta*n*chesch	grauköpfiger Adler
peroke	Büffelstier	toschga	Specht
pachuptopta	Elentier	tohe	blau
pechtake	Otter	terusch	tot
pattoche	Ente	tcherisch	töten
pattoke	Seeadler	teweo?	wer?
po	Fisch	tehansch	weit
potande	Wels, Amiurus catus (L.)	taschgoggitosch	vielleicht
pohi	Flosse		
poahe	Fischhaut (Schup-	unkeh	Hand
ponika	Roggen [pe)	unkiriheh	Finger
psih	schwarz	unkahe	Nagel, Klaue
pechti	bei	umpa	Pferd (gleicht ei-
ptehusch	springen	umpah manichse	Elk [nem Elk)
pachare	lieben	usta	ich gebe dir
pachereh waheresch	ich liebe		
pachereh tachaesch	du liebst	wachupeni chtesch	Gott (der grosse
pachereh ipache-			Geist)
deheresch	er liebt	wuaschi	Weisser
		wiratanosch	Feind [Bär]
rokottore	Hüfte	waschita matoh	Schwein (der weisse
raskeke	Sommer	wachgi ruchga	Schlange, Eidechse,
raggonande	Hagel		Wurm
rokta	in	warawit-chte	Taube
rorosch	sprechen	warappe	Biber
rotgesch	schlagen	wamenako	Hirsch
rattache	weinen	wara irnpa	Bogen
warattakosch	ich weine	wataschernpa	Flinte
nidarattakosch	pu weinst	wataschema iroke	Kugeltasche
idarattakosch	er weint	wata schoschote	Silber
rattachemanka	weinend	wata sitzere	Kupfer
(ru*t* Stamm)	essen	wata subsi	Eisen
		wata schamahe	Blei
schunka	Bruder	wata cheside	Gold
subnuma*n*kosch	Knabe	goschikeresch	
submihe	Mädchen	wuaschita cochante	Mehl
submihe waratomi-	Jungfrau	waschita gatirike	Mehl
chosch		wapabschi	Brot
subchamahe	Kind	wapparebsi	Pfeffer
supache	Knie	wahe	Schnee
schi	Fuss	warade	Feuer
schininka	Zehen	wuitka	Insel
schirusta	Ferse	wara uit	Ulme
schupa	Fussgelenk	wiratohe	grün
scheh	Wind	wamampsita	früh
ssihnde	Fett	wo-ruth	essen
schunte hanscbka	Panther (Cuguar)	wawarutosch	ich esse
schunt-schnke	Moschusratte	rutamanka	essend
scho*n*chte	Stinktier (Polecat)	(Stamm rut)	
ssih	Feder	wahinde	trinken
ssihpuschka	Fasan	hinamanka	trinkend
schotte	weiss	wagaschide	denken
sseh	rot	wanankesch	leben
ssihde	gelb	(siehe naukesch)	
ssihusch	stark	wakikananda	singen
schisch	gut	wuanaye	tanzen
schinaschosch	schön	wuwuanaye	ich tanze
schinilhusch	kalt	niwuanayesch	du tanzest
skuhosch	süss (Salz)	i wuanayesch	er tanzt

Zahlen.

machena	eins	nonpapirogne ro-qimasch	26
nompe	zwei	— roqmposch	27
nahmeni	drei	— rotetoggesch	28
tobosch	vier	— romachbesch	29
qichchun	fünf	nahmene ampirog-gosch	30
qima	sechs	— romachena	31
qupa	sieben	topachiragosch	40
tetogge	acht	qichchun ampiroggosch	50
mahchbe	neun	qima ampiroggosch	60
pirogne	zehn	kupa —	70
agemachena	elf	tetogge — —	80
agenumpe	zwölf	machbe — —	90
agenahmeni	dreizehn	issug machena	100
agetob	vierzehn	— nomposch	200
agīschum	fünfzehn	— nachmena	300
agine	sechzehn	issuggi kakuhi	1000
agmposch	siebzehn	— kakuhi	
agtetogge	achtzehn	nomposch	2000
agemachbe	neunzehn	— kakuhi	
nonpapirogne	zwanzig	piragosch	10,000
— romachena	21	— kakuhi issug	
— rononposch	22	machena	100,000
— romachnenesch	23	— kakuhi issug	
— rotopososch	24	nomposch	200,000
— roqichchum	25		

C. Sprache der Herantsa (Gens des Saules).

amanke	Dachs
appanari	Stachelschwein
— marezki	Verzierung von Stachelschwein-
apanka	Muskitos [stacheln
aruiha	Schnauzhaar des Hundes (der
apa	Nase [Tiere
agguchi	die Ohren (beide)
aapiru	Hals
aare pachu	Schultern
atti	Haus
attischie	Zelt, Erdhütte
atti mirch	Thür
atti rutiru	rafters (Sparren)
aschschu	Falle, Fischleine, Faden
andewiriru	verziertes Leder-
arepo hariwi	Bleikugel [hemd
achpa	Zündpfannen-
arawarumi	Skalp [deckel
ats cheruthi schippischa	Pulverhorn
agutoh agutsiri	gelbe Glasperlen
agutoh atappe	weisse Glasperlen
agguschi, ischi	rot
awagga	sehen
awagga	ich sehe, verstehe
chede chnecha	Schecke
chare	Regen
chirutti	Rennen

darope	Kinnbacken
diri	Schritt
diria	Galopp
enatuerch	travay
egehirisch giowits	Schusswurm
chanta!	geh weg
chanta, nanh	geh weg, willst!
garuchie	altes Weib
gahantch	Mais
hugga iri	komm her
hhun	ja!
iruka	Fleisch (grünes)
irukschitte	Fleisch (getrockne-
ittangche	Greis [tes)
iroschi	Kupferschlange
itaho	Maus
ithinuschugga	Ross
mantaschugga	mein Ross [zard]
ipchogge	Geier (turkey buz-
ista	Auge
ista uwatsa	Brillen
ichi	Stirn
ischitta	Rücken
i, mi	Mund
ite itasch	Bart
itsi	Fuss
ichi	Bauch

ikipi	Pfeife	mistappi	Augenbrauen
ikipi hupa	Pfeifenrohr	maschita	Kreuz
ittantse	Hosen	maschaggi	Faust, Hand
ichte	Pemmikan (getrocknetes und pulverisiertes Hirsch- oder Büffelfleisch)	maschaggichpu	Nägel
		maschaggi chiwatsa	Finger
		manschagge opsanke	Fingerring
icho chatake	Wermuth	mara itiru	Schenkel
ippeschangge	Gürtel	matsupa	Wade
ipuche	Kalabasch (Calabasse)	matsuki	Ferse
ikiruschke	Ladstock	mari	männliche Teile
idi	queue de billard	maschera	weibliche Teile
ittaischi	Köcher	mische	Zähne
itterocha	Pfeil	mi misch	Stein
itsi aschi	Zaum	mi riachu	Bimsstein
i iruti	Gebiss, Trense	mi ikigschi	Schleifstein
iggahi	Drücker	mi ischi pischa	Kaffeebohne
iggigschi	Feuerstahl	mantsiqua	Zucker
itanschi oratski	verzierte Robe	maetsi	Messer
itantsi orechchowi	Fransen an den Hosen	maetsi hupa	Messerheft
		maetsi ischi	Messerscheide
ituchchi orechehowi	Fransen am Kleid	maetsi gasche	Feuerstein
ischiets	schlecht	mats chchuge	Feder
ichotagi	weiss	maeggiga	Fenster, Spiegel
ittuche neschets	nackt (keine Kleizielen (der)	miraruuwa	Kamin, Feuerherd
jauwi wiowits		miratsi	Rauch
iwie	weinen	miratschipa	Pulver
		maape	Tag
kirappi	Stier	manqo	Nacht
karika	Blitz	mattaschi ⎱ maschechi ⎰	wollene Decke
lesche	Zunge		
ma-lesche	meine Zunge	mattappa	Moccassins, Schuhe
lotskope	Becken	mi iptha	Axt
		mi iptha naque	Streitkolben
marequa	Freund	mirucheha	Flinte
matsch	Mann	mirucheha archope nupa	Doppelflinte
matsch ithchchi	Männerhemd, Kleid		
mie	Weib	mirucheha archope tsua	Stutzer
mia ithechchi	Weiberkleid, Hemd		
mieggasche	Jungfrau	mirucheha autu	Gewehrkolben
mahaggarischta mie	Mädchen	mirachcha paruwi	Bogen
mahaggarischta wetse	Knabe	mirachchaaqa	Bogensehne
		ma itu	mein Lied
maaggugga ⎱ maachupa ⎰	guter Geist, Gott	miroophe	Kasten, Koffer
		maaru chappe	Bettgestell
mitteh	Büffel	mattah	Pfeil
mitteh aschi	Büffelhorn	mahi aggangi	ein Sitz und: sitzt nieder!
michtie	Kuh	mirampa	Blatt
maschugga	Hund	marezki	Verzierung
machbitsi	Bär (Grizzlibär)	ma-ageri chugge	Kamm
machpuschi	Fliege	matsitoh	Ahle
maschitia	Wildschaf (Bighorn)	matsitohqua	Nadel
manroka	Elk	ma isch gitu	Schere
manrokaischa	Elkzähne	matachpe	Strick
ma-ra	Haar	mika	Gras
ma-arikiroksutte	Haarflechten	mika thoe	grünes Gras
ma-ara	Arm (mein)	maantsutapa	Birnen
ma-pata	Brust	mankpe	Schnee
ma-antsi	Brüste	mira	Holz
ma-chuacha	Knie	miraa	Feuer
ma-schpache	Ellbogen	mira awachanti	Licht, Lichtstock
machpa	Ohr	machampe	Rehfell
mahapoggsche	Ohrring	ma itte ruschegge	Seife

mattuchi	Hemd	tschi ita	Hinterteil
matte iki	Tragband	tatsi ipa	Adlerschwanz
mattinuwatsa	Armring	tippihmiracha	Krug
ma*n*hi atogge	Pfeilspitze	taho	Donner
mitsiga	Sand, Asche	tampa?	was ist's?
machti	Boot	to, to owe	grün, blau
machti ichogge	Ruder	tsiri	gelb
machti schischi	Dampfboot		
matuereh	travay	uchi	Cabri
mata tsirachuke	Sattelkissen (Sattel ohne Bock)	uhmatsaiwaruschgi	Schlüssel
ma ittawa	Falkenschellen	uwatsa atsch chiruti	Pulverhorn (metallenes)
mattai opehi	Kugelpflaster (wadding)	uwatsa roggechi	Metallknöpfe
michagatu	Hahn	uwatsa schiri	Metallnägel
Mitsiransch	Yellowstonefluss	uwatsa iruti	Steigbügel
mamanake	schreiben	uchpagge iiaheta	Sicht (hintere Mücke)
mamananke	Maler, Schreiber	uschga	öffnen (ein Buch)
makipschic	Fallen stellen	uwitsapi	zinnoberrot
mawntiwits	essen	uggahitsi	blutrot
manriwi	Bogenspannen		
maanqiqaqa	nähen	waschi	Weisser
manwuo	husten	waschi tarachpitsi	Schwein
mihami	schlafen	wihqa	Kinn
mihami sagig	gut geschlafen	wapuka	Hut, Kopfbedeckung
mihami wits	schlafen legen	wirachcha	Kessel
meqnpa machawi	begatten	wiratschipa	Pulver
mike	kratzen	wernchehi	Eis
matta iggigschi	wetzen	witterechpi	Leder
matta wirischa	Feuer schlagen	wiri	Wasser
maruch opiwits	Skalp abreissen	wiri ihigge	Zinnbecher
mankiruschiki	waschen	wiri mahnnig	trinken
		wiggutischi	Lederband am linken Handgelenk zum Schutz gegen das Schnellen der Bogensehne
nagsiri	Kalb (rotes)		
nachpi	Schwanz		
neschets	nein, nichts		
namp	geh hinaus!		
		wigigue	ich höre
ope	Tabak	warutskope	kneipen
ope ascha	gemischter Tabak		
ope miratsi	Tabakrauch	ziitataki	Hirsch
ope ma	Tabak rauchen		
ope wakiki	ich will rauchen		*Zahlen.*
ogsi	Abend	duwatsa	eins
		nupe	zwei
quan	lachen	nameri	drei
quaschets	es ist wahr	topa	vier
qogets	genug	quahchu	fünf
		aggaawe	sechs
rutiru	Rippen	schachpu	sieben
riwuawua	Beischlaf	nupape	acht
rutsisi	Trab	numetsapi	neun
		piragga	zehn
schiggaga	Jüngling	achpirumatsa	elf
saggaka	Vogel	achpi nupe	zwölf
saggaka arukirape	Hahn	munpampiragga	zwanzig
scha*n*ka	Frosch, Kröte	nameri apiragga	dreissig
schittetappa	Hüfte	piraggiti ruwatsa	hundert
sagrits	gut		
schi ischi	Dampf		
sagi i	Geschenk		
schaggapi	Mücke (hintere Sicht)		
schipischa	schwarz		

D. Assiniboinsprache.

ate	Vater	nathe	Farbe	
niete do	dein Vater	neachguche	hören	
ampa	Sonne	neschteh	genug	
asmnjape	Melasse			
agah!	gib mir!	opeh-nado	handeln (tauschen)	
aggaheh!	geh vorwärts	ota	viel	
anahe	der andere	osnih	kalt	
akita!	sich!			
		pteh	Büffel	
dagoheh?	wer da?	pischutasape	Kaffee	
		pha	Kopf	
ennau	Holz anlegen	phaha	Haar	
epach	blasen	pheta	Feuer	
		pteschaschan	Licht	
hu	Beine			
Hoche	Assiniboin, in Sioux: Abtrünnige	schungtowetsche	Wolf	
		schungascha	Fuchs	
		schota	Rauch	
husqua	Hosen	schonscha	Maulesel	
hampa	Schuhe	sunksung	Rock	
hasga	lang	ischsunksung	dein Rock	
hoka	Dachs	schungue	Pferd	
		schungue tanga	Hund	
ischta	Augen	schunktogetsche	verlaufener Hund	
Ischtatopa	N. pr. (vier Augen)	schinah	Büffelhaut	
ih	Mund	Schajeh	Cree, Chippeway	
ista	Arm	Schajeh waschitscho	Halbindianer	
iopapte	(zinnernes) Waschbecken			
inga	Stein	schitsche	schlecht	
itschuna	Zimbecher			
juschpa	Schlüssel	tschan	Holz	
jukapte	Pfanne	tschanschascha	rote Weiden	
jupa	Seife	tschaudeh	Tabak	
iapi	reden	tschanuhopa	Tabakpfeife	
isteh	genug	tschotanga	Flinte	
isch	ein anderer	tschotana	Flintenschloss	
juschpao	Thür auf!	tschahanpe	Zucker	
jotanga	komm herein!	tuschtihn	Salz	
		tschehatuschina	Kessel	
kuna	Freund	tipi	Zelt	
kadosch	Schwager	tatanka	Stier (Büffelstier)	
kukusch	Schwein	tschintschana	Kalb	
		tachtscha	Hirsch	
Matomiko	N. pr. (verrückter Bär)	tachtintschana	Hirschkalb	
wintawitscha	meine Frau (Bär)	tandoh	Fleisch (frisches)	
mina	Messer	tschuiknaque	Hemd, Kleid	
Minahasga	N. pr. (Langmesser)	tatscheschi	Zunge	
menie	Wasser	Taschtisi	N. pr. (Grauauge)	
mantha	Eisen	tatschan	Körper	
machpia	Tag	tschante	Herz	
minni ogareske	Spiegel	tschanwammpas	rauchen	
Matoh	N. pr. (schwarzer Bär)	tini u	komm herein!	
menie atagans	trinken	ths-eno	tot	
		tiopa	Thür	
nampeh	Hand	tiobuschpa!	öffne die Thür!	
nuche	Ohr	toke	ja	
nehutscha	Pfeifenrohr	taquoh	etwas	
mangna	Brille	taquisch	nichts	
niakujape	Mehl	tschanuba	warm	
nuspeh	Axt	tukteh?	wo ist es?	
nich nitaw	Adler	tua esoh?	wer da?	

tokia?	wo?		*Farben.*
thee han	weit	wasse	rot
unkisch	wir, wir andere	manka	weiss (auch Erde)
waschitscho	Weisser	mankasape	schwarz
wuijeh (wijeh)	Weib	mankachi	gelb
witschaschta	Mann	mankato	blau
wak*an*	Geist, übernatürlich (Medecine)	meniwinthoe	grün (grünes Wasser)
watschnnitsche	Fleisch (getrock- [netes)		*Zahlen.*
waschi	Fett	wuaschihna	eins
waschnä	Unschlitt	numpa	zwei
wapha (s. pha)	Hut, Kopfbedeckung	jameni	drei
		topa	vier
wakamansa	Mais	saabtha	fünf
wakpane	Fluss	schaakbe	sechs
wahta	Boot	schakowe	sieben
wachtischne!	Lump!	schaknoch	acht
wawatinkti-no	essen	namptschi wuanka	neun
waono	verwundet	wiktscheh mena	zehn
waschtimmi	schlafen	okpawena sanwaschina	elf
waschteh	gut		
wanitsche	kein	okpawena sanknumpa	zwölf
i-a (wanitsche)	nein		
		wiktscheh mena numpa	zwanzig
	Redensarten.	wiktscheh mena topa	vierzig
setsche ependo	ich sage es		
tahendo	es ist wahr		
pemando	ich bin zufrieden	opa wah ghée	hundert

Auf dem engen Raum, der mir noch übrig bleibt, nachdem schon das bisher Mitgeteilte die ursprünglich gesteckten Grenzen weit überschritten hat, ist es mir begreiflicherweise rein unmöglich, die Fülle von Bemerkungen, die sich auch dem Nichteingeweihten bei der genauen Betrachtung dieser Wortverzeichnisse aufdrängen, noch anzubringen; ich überlasse dies dem Scharfsinn und Geschmack der geneigten Leser, und zwar sowohl der Philologen, als auch der Freunde von vergleichenden Sprachstudien überhaupt, verweise im übrigen auf die Arbeiten der Amerikanisten, besonders diejenigen unseres gelehrten Landsmanns Dr. A. S. Gatschet[1] in Washington und bemerke hier nur in aller Kürze folgendes[2]:

Die von meinem Oheim mit grösserer oder geringerer Ausführlichkeit lexikalisch behandelten Sprachen, besser Dialekte gehören sämtlich zum Dakotastamm der ganowanischen Familie. Ihre Verwandtschaft ist hinlänglich darge-

---

[1] Von den vielen Schriften Gatschets dürften hier folgende besonders in Betracht kommen:
Pueblos- und Apache-Mundarten: Tonto, Tonkawa, Digger, Utah. Wortverzeichnisse, herausgegeben, erläutert und mit einer Einleitung über Bau, Begriffsbildung und lokale Gruppierung der amerikanischen Sprachen versehen. Weimar, 1876.
Farbenbenennungen in nordamerikanischen Sprachen. Zeitschrift für Ethnologie. Berlin, 1879 (pp. 293—302).

[2] Uebrigens behalte ich mir vor, in dieser Zeitschrift oder anderswo auf den Gegenstand zurückzukommen, nachdem es mir möglich gewesen sein wird, die einschlägige Litteratur zu berücksichtigen.

than durch die Uebereinstimmung in wichtigen Wörtern, besonders auch in den Numeralia.

Höchst interessant sind u. a. die Conditionalformen im Jowä; z. B. vom Stamme *gre* gehen *reske* wenn er geht, *reta* wann er geht (zur Stammänderung resp. Abwerfung des *g* am Anfang des Wortes vgl. lat. nosco und ignosco St. gno).

Was die Verschiedenheiten zwischen den Angaben des Prinzen von Wied und denen meines Oheims betrifft, so erkläre ich mir dieselben: 1) durch etwelche Differenz der *Bezeichnung;* 2) aus dem Umstand, dass des Prinzen von Wied Gewährsmann selbst (für die Mandansprache der Bourgeois von Fort Berthold, Herr Kipp), der jedenfalls kein gründlicher, resp. wissenschaftlich gebildeter Kenner dieser Dialekte war, zu verschiedenen Zeiten unbewusst die Sprechweise verschiedener *Banden,* d. h. Stammesabteilungen, wiedergab, dass er also fast 20 Jahre später meinem Oheim andere Angaben machte, als früher dem Prinzen; 3) auch aus dem zeitlichen Unterschied, der in Anbetracht der so schwankenden Verhältnisse bei diesen Nomadenstämmen gewiss nicht unterschätzt werden darf. Im übrigen mögen hierüber, sowie über den Wert oder Unwert der Aufzeichnungen meines Onkels (von Unwert wird kaum die Rede sein können, *sprachgeschichtlich* sind diese Notizen jedenfalls von Bedeutung) die Specialforscher, also die Amerikanisten, urteilen, deren Begutachtung ich die Sache getrost überlassen kann, ohne dass ich befürchten zu müssen glaube, dass sie die vielleicht vor dem Richterstuhl der strengsten Wissenschaft nicht genügende Redaktion allzu ungünstig ansehen werden. Liegt ja doch jedenfalls der Wert der Sache unter allen Umständen wesentlich in dem gebotenen Material. Den Mangel an genauer Bekanntschaft mit den Indianeridiomen wird man, zumal bei dem fast gänzlichen Fehlen von specieller Litteratur in den hiesigen Bibliotheken, einem Philologen, der sich bis jetzt nur mit östlichen Sprachen beschäftigte, zu gute halten.

Bern, im Juni 1894.   **Der Herausgeber.**

Aus dem Tagebuch
des Malers Friedrich Kurz über seinen Aufenthalt bei den Missouri-Indianern
1848—1852.

Bearbeitet und mitgeteilt von dem Neffen des Malers
Dr. *Emil Kurz*, Professor in Bern.

Mit Abbildungen aus dem Skizzenbuch von Friedrich Kurz, jetzt im Besitz des historischen Museums in Bern.[1]

(Fortsetzung.)

Die in dem letzten Heft unseres Jahresberichts (1894, Heft I, pag. 27—82) enthaltenen Mitteilungen aus dem Tagebuch reichen bis zum 30. August 1851. Unmittelbar daran schliesst sich der Bericht über den Ritt von Fort Berthold nach Fort Union.[2]

Fort Union, den 5. September 1851.

Fort Union! Ich habe mich hieher, drei englische Meilen oberhalb der Mündung des Yellowstone *flüchten müssen*; am Ende muss ich weiter reisen, als mir lieb ist.

---

[1] Es sei gestattet an dieser Stelle Herrn stud. theol. Blumenstein, der die Liebenswürdigkeit hatte, die Originalskizzen zum Zweck der Herstellung der Clichés zu photographieren, unsern Dank auszusprechen.

[2] Bei diesem Anlass bringe ich zu den im letzten Heft (pag. 25—27) mitgeteilten biographischen Notizen, unter Verweisung auf den interessanten und gediegenen Aufsatz von Prof. Dr. theol. Ed. Müller in Bern in der Zeitschrift: Die illustrierte Schweiz, Unterhaltungsblatt für den Familientisch, IV. Jahrgang, 1874. Bern, J. Dalp (K. Schmid), S. 352—358: Der Maler Fritz Kurz, folgende Berichtigung an: In Paris studierte Friedrich Kurz von 1838—1842. Von da an bis zum Tode Fellenbergs (der am 21. November 1844 starb; vgl. darüber auch K. R. Pabst, Der Veteran von Hofwyl (Theodor Müller, einer der bedeutendsten und treuesten Mitarbeiter Fellenbergs), II. Teil, II. Abteilung, S. 233 [Aarau, Sauerländer, 1863]) war er in Hofwyl; dann begab er sich wiederum nach Paris, und von da im Herbst des Jahres 1846 nach New Orleans. Am Neujahrstag 1847 trat er schon die Reise den Mississippi aufwärts nach St. Louis an. — Prof. Müller erwähnt ausdrücklich (a. a. O. S. 353), dass Kurz sich des bedeutenden Mannes (Fellenberg) und der von ihm erhaltenen Anregungen stets dankbar erinnert habe. — Gestorben ist Fr. Kurz nicht schon im September, sondern am 16. Oktober 1871.

Letzten Sonntag (den 31. August), der sich zwar hier nicht durch Kirchenläuten und Predigten von den Werktagen unterscheidet, sondern bloss als Ruhetag für die Engagés, — letzten Sonntag nahm mich Bellangé[1] mit zum obern Kornfeld, in das überschwemmte Weidengebüsch, um Enten zu schiessen. Während sechs Stunden wateten wir angekleidet im Wasser herum, oft bis an die Brust, um die Enten zu beschleichen und zu überraschen; es gelang ihm bloss, ein Paar zu töten. Unterwegs hätte mich Bellangé beinahe erschossen. Als er nämlich unmittelbar vor mir durch dichtes Weidengebüsch drang, ging der eine Lauf seiner Doppelflinte zufällig los und mir die ganze Schrotladung am linken Ohr vorbei. Nachmittags um 2 Uhr zurückgekehrt, hörten wir schlimme Nachrichten von oben und unten. Herantsa sterben noch immer, man zählt bereits 50 Tote, was 1 auf 14 Personen trifft, 700 Seelen in 84 Hütten. Einige sollen rasend gegen mich sein, dass so viele aus ihrer Nation sterben. Zwei Bannerets[2] waren ebenfalls mit Nachrichten von den Rihs gekommen. Dort soll es noch schlimmer aussehen; die Rihs und die Mandans sollen wie die Fliegen beim ersten Froste wegsterben; die Zurückgebliebenen schwören Rache zu nehmen an allen Weissen. Dorson habe sein Fort geschlossen. Die Opposition ist ohne Furcht, weil sie die Aufstifter sind. Abends kam Bellangé zu mir, um zu melden, der «Alte» wolle uns zwei nach Fort Union hinaufsenden, mich zum Bleiben, ihn, um mein Führer zu sein und zugleich mehr Arzneimittel zu holen. Er müsse dann den Rückweg allein antreten, was er nicht besonders liebe. Die Entfernung in gerader Richtung zu Land wird auf ungefähr 170 Meilen berechnet, auf dem Flusse auf mehr als das Doppelte.

Montag den 1. September wurde daher alles in Ordnung gebracht, um abends mit so wenig Gepäck als möglich auf die Wanderschaft zu gehen. Da ich meinen Koffer mit den Waren zurücklassen musste, so fing ich an zu tauschen, zum Teil auf der Stelle, zum Teil auf Kredit. Abends stiegen wir zu Pferde und nahmen herzlichen Abschied von den Bekannten. Ich glaubte übrigens zu bemerken, dass mein Wegsenden weniger aus Sicherheitsrücksichten geschah, als um einen überzähligen Mann los zu werden, da vom Abreisen des Bourgeois nun keine Rede mehr sein kann; auch hatte sich Queue rouge verwundert, als ich Abschied nahm und ihm Tabak als letztes Andenken schenkte; ferner waren unsere Pferde die schlechtesten des Forts, womit mein Leben durchaus nicht sicher

---

[1] Ein kanadischer Angestellter in Fort Berthold.
[2] Junge Indianer.

gestellt ward. Unsere Doppelflinten quer über die Schenkel gelegt und scharf geladen, mit Pulver und Kugeln wohl versehen, ein scharfes Skalpmesser hinten im Gürtel steckend, meinen Mantel nebst einem Sacke mit Wäsche hinten am Sattel befestigt, nebst einem Hornbecher zum Trinken, das war meine Ausrüstung. Bellangé hatte anstatt der Wäsche unsern Proviant mit Kaffeekanne und eine wollene Decke. So ritten wir über die Prairie nach Westen, die Krümmungen des Missouri abschneidend. Ausser Prairiehühnern, Blackbirds (diese scheinen hier die Sperlinge und Finken zu ersetzen; Brewers Blackbird, Quiscalus Breweri Audubon) und einigen schönen Cabris[1] am ersten Abend nichts gesehen; nachts bei einer Quelle gelagert. Die Pferde an Büscheln langen Grases angebunden; Heulen der Wölfe und Singen der Muskiten, sonst Totenstille.

Dienstag Morgen vor Sonnenaufgang gesattelt und auf dem Marsche immer im kleinen Trabe geritten. Gegen 8 Uhr mein erstes Prairiefrühstück, mit Büffelmist gekocht, verzehrt. Bellangé hat das Fleisch vergessen, wir haben also bloss Biskuit und süssen Kaffee. Er tröstet mich mit seiner Flinte, die mich stets mit Fleisch versorgen werde. Ich lasse mich leicht trösten, wo ich sonst viel Freude geniesse; wenn ich fröhlich bin und auf Abenteuer aus, denk' ich wenig an den Hunger. Wären unsere Gäule bessere Läufer, meine Romantik wäre unbegrenzt gewesen; Gefahr vor versteckten Feinden, die weite Prairie, wie das Meer bloss vom Himmel begrenzt, Büffel und Bären in spe, vielleicht auch ein tüchtiger Sturm zur Abwechslung, gute Gesundheit und voll gespannter Erwartung, was wollte ich mehr? Jeder dunkle Punkt im Grünen konnte ein Indianer, ein Büffel oder Elk oder Bär (letztere Tiere bei Fort Berthold sehr selten), jeder helle Punkt ein Wolf, ein Cabri oder Hirsch sein. Meine Blicke schweiften beständig umher; was meine Augen nicht entziffern konnten, vergrösserte mir mein Fernglas. Ich hätte diese Reise nicht mit der vorgehabten nach dem Salt-Lake getauscht; dort hätte ich keine Pelztiere gesehen und von Indianern nicht soviel als im Fort Berthold; denn der nackte Indianer mit seinem schönen Ebenmasse, schlanken, aber doch nicht magern Gliedern, seinen lebhaften Augen, seinem ungezwungenen Anstand u. s. w., das ist es, was ich suche, nicht der geschmückte, mit tausend Zieraten fast überladene Indianer.

Die ersten Büffel an diesem Tage aufgejagt. Bellangé wollte noch diesen Abend den Kniferiver (Rivière aux couteaux) hinter sich wissen, um aus dem Bereiche der Gros ventres zu kommen. Wir

---

[1] Gabelantilopen.

hatten also den Big bend (grand détour) des Missouri, einen Bogen des Flusses von 50 Meilen, kaum 10 Meilen im Durchmesser, abzuschneiden. Bellangé fand endlich die Strasse, welche unsere Indianer mit ihren Zeltstangen verursacht hatten. Die Spuren eines wandernden Lagers unterscheiden sich wesentlich von derartigen Spuren der Weissen, indem jene keine Wagen besitzen; die Spur der Wagen mit dem Zugvieh bildet eine Strasse, hingegen die Spuren der Travays bilden drei tief ausgefurchte Pfade parallel nebeneinander; nämlich der mittlere Pfad wird vom Lasttier, sei es Ross oder Hund, die zwei äussern Pfade von den spitzen Enden der Tragstangen ausgefurcht. Dieser Spur folgten wir von der Prairie hinunter nach dem Fluss, diesem eine Weile entlang wieder in eine Prairie. Bei einem Cut-off[1], einem See (zur Zeit mit einer Unzahl von Pelikanen, American white Pelican, Pelecanus americanus Audubon, bedeckt, früher aber das Flussbett, das eine andere Richtung genommen), fanden wir die Skelette von Zweighütten, über welche die Herantsa bloss ihre Decken geworfen, nebst verlassenen Feuern. Diese Spur war Bellangé doch ein wenig zu frisch; ihm war Angst um seine Haut. Wir verliessen daher die Trail (die Spur) und den Fluss und trabten einer weiten Prairie zu, die von einer Reihe von Hügeln umgeben war. Mein Fuchs wollte nicht mehr traben, während le vieux Blanc[2], ein alter Reisender, beständig seinen gleichförmigen Trab lief. Um doch bei einander zu bleiben, und da wir noch eine weite Strecke zu durchreiten hatten, war ich gezwungen, die schulterlahme Mähre mit einer Haselrute nachzutreiben. Nachdem wir mittags die Coquille durchwatet hatten, lagerten wir uns ein wenig im hohen Grase, um die Gäule ausschnaufen zu lassen und unsere Beine zu strecken; ein halbes Biskuit war unser Mittagsmahl. Wir befanden uns auf den eigentlichen Jagdgründen der Herantsa. Um die sogenannten Feinde nicht unnötig uns auf den Hals zu locken, durften wir weder öfter schiessen, noch uns zu offen zeigen. Uebrigens umschleichen Feinde häufig solche Lager, um Coup zu zählen[3]; die Sioux konnten uns daher gefährlicher werden als selbst die Herantsa. Indem wir über die Prairie de la traverse ritten, den grand détour abschneidend, machte ich Bellangé auf einen zierlichen Cabribock (Pronghorned Antilope) aufmerksam, der aus einer Vertiefung auf uns zukam und uns neugierig beguckte, ohne uns zu wittern, da wir gegen den Wind gingen. Bellangé hiess mich anhalten, schlich

---

[1] Altwasser.
[2] Das Pferd Bellangés.
[3] Das heisst das Zeichen einer Heldenthat.

vom vieux Blanc herunter, nahm einen Doppelstutzer und zielte auf das fette Tier. Der Bock kam so nahe, dass man ihn mit einer ordentlichen Pistole hätte treffen können. Bellangé schoss, aber das Tier gab gar nicht acht darauf, sondern trabte ganz graziös um uns herum, ohne uns den Wind abzugewinnen; der zweite Schuss ging viel zu hoch; der Bock floh jetzt mit gewaltigen Sprüngen davon. Bellangé sagte zur Ausrede, ich hätte zu stark geladen; natürlich für diese Distanz; einem solchen trefflichen Jäger, wofür er sich ausgeben wollte, braucht man nicht zu sagen, dass man mit der gleichen Ladung fern wie nah treffen könne, je nachdem der Visierpunkt hoch oder tief genommen wird. Seine Waidmannskunst verlor bedeutend in meinen Augen. Er wird sich auch mit dem Spruche trösten, den man spöttisch in den Mund der Kanadier legt, weil sie sich und ihr Land bei Fremden übermässig herausstreichen und am Ende nichts dahinter ist: Je suis du Canada — il me faut de ça — J'ai des pommes de terre — Pour passer l'hiverre!

Abends hatten wir die Coteaux oder Hügel des Kniferiver zu erklimmen; sie waren steil und von tiefliegenden Bächen durchschnitten, so dass wir gezwungen waren, unsere Pferde zu führen. Von diesen Höhen hatte man eine herrliche Fernsicht auf die Hügelkette jenseits des Missouri, wo es wimmelte von Büffeln. Wie die Sonne unterging, wateten wir durch den Kniferiver; sahen von weitem das alte Dorf der Herantsa, welches sie bewohnten, bevor sie den jetzigen Platz bei Fort Berthold auswählten, welcher jedenfalls zur Verteidigung besser gelegen ist. Auf einem hohen steilen Ufer an einer weiten Prairie kann eine Ueberrumpelung nicht so leicht stattfinden, als hier in den vielen kleinen Thälern. Endlich erreichten wir den hohen Wald, welcher gewöhnlich sich längs den Ufern des Missouri hinzieht; scheuchten ein Rudel weissschwänziger Hirsche auf, die auf den Tritt unserer Pferde nicht acht gaben, bis sie das gefährlichste aller Tiere, den Menschen, ganz in der Nähe sahen. Wir wählten unser Lager am Ufer, erstens um Wasser zu haben und zweitens um durch den Luftzug, der fast immer gegen den Strom weht, von den Muskiten befreit zu sein. Ein mug (Zinnbecher, einen Schoppen haltend) Kaffee mit einem Cracker (Biskuit) war wieder unsere Mahlzeit. Wir löschten unser Feuer aus, um weder durch Licht noch Rauch Feinde anzuziehen. Doch wachte keiner; wir schliefen ruhig in unsere Decken eingehüllt, die Sättel als Hauptkissen, während unsere müden Gäule, an lange Stricke (Lassos) angebunden, weideten. Heute über 16 Stunden im Sattel gesessen. — Da wir uns noch immer auf gefährlichen Jagdrevieren befanden, so sassen wir wieder vor Sonnenaufgang zu Pferde. Die

Müdigkeit der Gäule benahm uns viel von unserer Fröhlichkeit. Das Reiten auf einem lahmen Klepper, den man immer mit der Gerte und den Fersen antreiben muss, zieht zu sehr die Aufmerksamkeit von der Schönheit der Umgegend ab, während man jauchzen möchte, wenn der Gaul von selbst willig läuft, wenn er rennen darf, — vor Ungeduld scharrt, wenn er stehen soll, und wiehert und schnobert. So einer war mein Bill gewesen; wenn er 60 Meilen des Tages gelaufen, hatte er immer noch Flausen im Kopfe; meine Stuten waren zwar schneller auf kürzere Distanz, weicher in den Bewegungen, aber solche Ausdauer zu langen Reisen besassen sie denn doch nicht, wie mein Bill in Savannah. Das Reiten eines trägen Gaules ist auch viel ermüdender.

Fanden ein Stück parflèche (Pergament) mit einem Pfeilenbogen [1] dabei, ein Zeichen, dass Indianer unlängst hier durchgezogen, während wir dieselben hinter uns wähnten. Lagerten uns an der Rivière blanche zum Frühstück. Nachher eine steile felsige Hügelkette überschritten, die einem Feinde tausend Gelegenheiten zu Ueberfall und Angriff oder heimtückischem Totschiessen gegeben hätte. Versteinerte Cederstämme und Aeste gesehen. Wie alt müssen die nicht sein! Als wir wieder hinuntergestiegen und am Waldsaume angekommen, fanden wir frischen Büffelmist in Menge. Also jetzt waren wir unter oder dicht hinter den Büffeln. Unsere Flinten, die allezeit bereit waren, nahmen wir vom Schosse in den linken Arm, um nach einem Büffel zu knallen, sobald er sich in Schussweite erblicken liesse. Endlich sahen wir vor uns mehrere dunkle Buckel sich bewegen, konnten aber die müden Gäule zu keinem Galopp bringen. Das Gewild entlief uns, wir konnten uns bloss über die sonderbar rollende Bewegung des Galoppes der Büffelstiere lustig machen. Jeden Augenblick kreuzten wir Büffelpfade, die von den Hügeln nach dem Missouri gingen. — Wieder eine Hügelkette überschritten, an welcher sich eine andere Eigentümlichkeit zeigte, nämlich rotgebrannte Erde; von weitem sah es aus wie Felsen aus Ziegelstein. Einer steilen und engen Schlucht nach in die Ebene gelangend, sahen wir drei Büffelstiere etwa 200 Schritte vor uns ruhig weiden. Wir sassen sogleich ab. Während ich in der Schlucht oder in dem trockenen Bache die Gäule hielt, schlich Bellangé auf dem Bauche den Büffeln zu. Er besinnt sich wieder lange, bevor er schiesst, obschon die Büffel ruhig grasen; endlich knallt es, die Kugel wirft Staub auf unter dem Bauche des nächsten Stieres; erstaunt sieht dieser sich um; es knallt wieder, die Büffel, diesmal erschreckt, heben zornig die Schwänze

---

[1] Bernismus für «Pfeilbogen».

und geben Pech; doch halten sie bald wieder an, da sie niemand verfolgt, da keiner verwundet ist. Trefflicher Schütze! Auf 100 Schritt mit einer bekannten erprobten Büchse einen ruhigen Büffelstier zu verfehlen, — diesmal war keine Ausrede anwendbar, — auch schämte sich Bellangé nicht wenig. Erster Schuss viel zu tief, zweiter viel zu hoch. Um sich doch mit etwas zu entschuldigen, sagt endlich Bellangé, dass um diese Zeit das Fleisch der brünstigen Stiere nicht essbar sei. « Aber doch die Zunge, das Herz, der Magen? » fragte ich zum Trotz. Begegneten mehreren zahlreichen Herden von Kühen, umringt von den kämpfenden Stieren, gefolgt von den Alten, Ausgestäubten, Verstossenen. Die Stiere befanden sich in der Brunst (le rû [rut]), fochten und brüllten, stampften, und scharrten die Erde, dass es weit in die Ferne ertönte. O was hätte ich für einen Ritt auf einer meiner ehemaligen Stuten, selbst der kleinen Fashion, gegeben, sie hätten mich bald neben einen solchen Brummbären gebracht. Alle diese Herden, so zahlreich sie auch sein mochten, liefen gleich davon, wenn sie uns witterten; wir konnten sie aber nicht verfolgen; durften uns auch nicht zu sehr von unserer Richtung entfernen, um uns nicht zu verirren und unsere Gäule nicht noch mehr zu ermüden. Fanden auch eine tote Kuh, welcher bloss die Zunge und einige Rippen fehlten, ein deutliches Zeichen, dass die Jäger im Ueberflusse lebten, da sie bloss die Leckerbissen herausschnitten, selbst die Haut nicht abzogen; auch schien der Kadaver noch ganz frisch; keine Raben, keine Geier, keine Wölfe zeigten sich. Ich wünschte mir ein frisches Stück Fleisch herunterzuschneiden zum Nachtessen; es war so einladend und unsere bisherige Reisekost so mager, dass es mir nicht zu verargen war, animalisches Gelüste zu empfinden. Bellangé trieb aber weiter, die Indianer seien in der Nähe, wir müssten die offene Ebene verlassen, Gebüsch oder Bäche suchen, Gewild sei hier die Menge. Fleisch könne uns nicht fehlen zum Abendessen u. s. w. Ich wollte auch nicht hungriger thun als er. So ritten wir weiter über unabsehbare Wiesen, bedeckt mit vielen Herden dunklen Viehs. So zahlreich waren die Büffel früher in Indiana, Illinois! Alle diese Herden, die wir die ersten Tage getroffen, kamen vom Missouri her, wo sie den Durst gestillt; die Prairiebäche waren trocken. Für meinen Führer war der Anblick dieser Büffel nichts Neues; sein Auge suchte Indianer, weil er diese fürchtete. Mir hingegen waren diese Herden etwas Neues; an Gefahr dachte ich in meiner Freude durchaus nicht, hatte auch keine Eile Fort Union zu erreichen, wusste nicht, was meiner dort wartete; fürchtete, vielleicht auch als ein überflüssiger Gast betrachtet zu werden. Ich wollte immer anhalten, um die Bewegungen und Manieren spielender Kälber, besorgter Kühe und in Liebe entbrannter Stiere, alter Nachzügler zu studieren; aber Bellangé eilte vorwärts, hieb beständig auf den Vieux blanc los, rief mir ärgerlich zu, nicht zurückzubleiben. Aber ich hatte nur Sinn für die Büffel in der Prairie, war ja dies doch ein Anblick, den ich mir tausendmal sehnlichst gewünscht.

Auf einmal kommt eine Herde über den Kamm eines Hügels vom Flusse gegen uns zu! Die müssen gejagt sein! Büffel gehen immer langsam vorwärts, wenn sie weiden, liegen bloss zum Wiederkauen oder Schlafen nieder, bleiben daher nie lange an einem Platze. Wie ich Bellangé nachreite, um seine Aufmerksamkeit auf die ungewöhnliche Eile der Büffel zu lenken, sahen wir beide zu gleicher Zeit mehrere Indianer zu Ross der Flanke der Herde entlang daher sprengen. Der Vorderste erblickt uns, schwenkt seinen Gaul herum, und verschwunden sind die wilden Jäger hinter dem Hügel. Die Herde rennt hinter uns vorbei. Noch ein Indianer zu Ross zeigt sich rasch auf der Hügelkante und kehrt sogleich um, nachdem er uns gesehen. «Wir sind entdeckt, verloren!» ruft Bellangé ängstlich: es sei ihm den ganzen Tag vor gewesen, ein Unglück würde uns begegnen, sein linker Ellbogen habe ihn beständig gejuckt! Ich tröstete ihn mit seiner bleiernen Kugel, die er trotz eines abergläubischen Indianers am Halse als seinen Talisman, seine «Medizin» trägt; sie sei ja von einem Pfaffen eingesegnet, um ihn vor Gefahren zu bewahren! Ich verliess mich mehr auf meinen Mut und meine Doppelflinte. Wir befanden uns auf einer offenen, ganz ebenen Prairie; man konnte uns nicht beschleichen, das Gras war zu wenig hoch; die Sonne schien noch hell und heiss; es mochte etwa 4 Uhr sein. An Gefahr dachte ich gar nicht, wenigstens nicht von den Herantsa, und wenn auch, ohne Gefahr keine Romantik. Liebe ohne Gefahr ist kein Roman. Mein Führer nahm nun mein Fernglas zur Hand, um nach verdächtigen Kennzeichen eilender oder kriechender Indianer zu sehen; besonders schlimm war das Terrain zu unserer Linken: der Missouri mit seinem Gebüsche, zwar einige Meilen entfernt. Dort konnte der Feind sich verstecken, uns den Vorsprung abgewinnen, uns aufpassen, des Nachts überraschen. Endlich näherten wir uns einigen niedrigen Hügeln, die wir längst vor uns in bläulichem Duft erblickt hatten und die von Bellangé als unser Nachtquartier auserkoren waren. In der Nähe sollte sich ein altes Haus befinden, in welchem früher Mackenzie, Clerk im Fort Union, mit den Assiniboins gehandelt. Wir befanden uns also auf dem Jagdgrunde dieser letztern; desto besser, dachte ich, die kranken und trauernden Herantsa haben wir nicht mehr zu fürchten; begegnen wir Assiniboins, die sind friedlich und Bellangé hat von seiner squaw ihre Sprache gelernt. Wir sprachen gerade davon, wie er seine Assimboinsquaw früher in Fort Union gesehen, wo er engagé war, wie er sie später den Crows als Gefangene abkaufte, weil sie bei seinem Anblick vor Freude geweint u. s. w. Unter solchen Gesprächen kamen wir unerwartet von einem steilen Abhang herab, da erblickten wir mit Erstaunen zwei Indianer jenseits eines kleinen Baches zu unsern Füssen, waren aber noch mehr erstaunt, als die beiden ihre roten Decken schwangen, zum Zeichen, wir sollten zu ihnen herüberkommen, und uns zuriefen: marequa, marequa (Freund). Bellangé antwortete aber: Oui, oui, crapauds, pas cette fois-ci. Mir rief er zu, es seien Sioux, die hier den Gros ventres aufpassten. Damit peitscht er seinen Schimmel und fort im Galopp war er im Augenblick. Meine Mähre will nach, aber ich nicht. Während ich sie mit Gewalt zurückhalte, dreht sich meine Malertasche um: Album, Farbschachtel, Schreibzeug, Tagebuch etc., alles fällt zerstreut auf den Boden. Meine Skizzen, mein Zeichnungsmaterial im Stiche lassen? Nie und nimmer. Absteigen und zusammenraffen, was das Wichtigste schien, war im Nu geschehen; meine Tasche hatte sich aber verdreht, mit einer Hand musste ich Gaul und Flinte halten; wie ich sehe, dass das Album nicht in die Tasche wolle, nahm ich es unter den Arm, werfe meinen herabgefallenen Mantel wieder über den Sattel, die Mähre springt zurück, zerreisst den Zaum, der mir in der Hand bleibt, und fort im Galopp ist das verdammte Tier. Ah, jetzt kannst du gut laufen, warte nur! Das Buch mit Farben, Pinseln, Malpapier, Kompass u. s. w. endlich in der Tasche versorgt und umgehängt, den Mantel über den linken Arm geworfen, die Flinte mit gespanntem Hahn fertig zum Anschlag in beiden Händen, erwarte ich die «Wilden», die jetzt von verschiedenen Seiten dahersprengten. Doch anstatt mit der Hand am Munde den Kriegsruf erschallen zu lassen, rief mir der Nächste wieder marequa, marequa (Freund). Alle waren bewaffnet, auf nackten Pferden. Unterdessen hatte Bellangé meine Mähre frei herumlaufen sehen und sprengte zu mir zurück, um die Gefahr mit mir zu teilen (?). Er fand mich umringt von bekannten Herantsas, ihnen die Hände schüttelnd, und über sein Davonlaufen lachend. Während er nun seinerseits den Tête de loup und Tête de bœuf begrüsste, suche ich noch einige verlorene Gegenstände auf; einige Buben ritten meinem Gaule nach und brachten ihn zurück. Die Indianer fanden unser Zusammentreffen höchst erbaulich, nicht so Bellangé. Er war erbost über mich, dass ich ihm nicht sogleich nachgefolgt; ich werde sehen, dass Tête de loup mir Unheil anrichten werde; wir müssten jetzt in ihr

Lager, bon gré mal gré. Wir ritten in Gesellschaft den Abhang hinunter, durch den Bach ins Lager, welches aus einigen Schattendächern aus Zweigen mit Decken darüber bestand, stiegen ab und setzten uns an ein Feuer in den Kreis unserer roten Freunde oder Feinde. Bellangé hiess mich die Flinte nicht aus der Hand legen, sonst sei ich verloren. Einige Kinder kamen auf mich zugesprungen und gaben mir freundlich ihre Händchen (Anmerkung: die Indianer grüssen sich weder mit Händedruck noch Glückwunsch. Entweder reden sie beim Begegnen miteinander, oder geben ein Erkennungszeichen durch Ausruf oder durch Bewegung mit der Hand. Iowäs sagen hou! was die Weissen in ihrer Nachbarschaft häufig nachahmen, anstatt die Zeit zu wünschen. Wenn daher Indianer die Hand zum Grusse reichen, geschieht es aus Nachahmung unserer Gebräuche); sie kannten mich, weil ich ihnen öfter Zucker in meinem Zimmer geschenkt. Ich legte zwar meinen Stutzer in meinen Schoss, doch ohne an Gefahr zu glauben, denn, wie die Herantsa uns erzählten, hatten sie uns schon lange betrachtet, wie wir über die Prairie daher ritten; lachten uns aus, wie wir immer herumgeguckt hätten, deuteten auf meine blecherne Wasserflasche, deren Glanz sie schon in grosser Entfernung geblendet. Hätten sie also etwas Böses vorgehabt, hätten sie uns sehr leicht und ganz unbemerkt mit einem Pfeile den Garaus machen können. Ihren frischen Büffelrennern mit unsern müden Gäulen zu entrinnen, davon konnte auch keine Rede sein. Bloss in einem kleinen dichten Gebüsche hätten wir uns verstecken und halten können, aber nicht für lange. Die Herantsa kannten unsere Bewaffnung von früher; Tête de bœuf hatte die eigentümliche Einrichtung meines Flintenschlosses oft bewundert; ein kleinerer Hahn deckte ähnlich einem Zündpfanndeckel die Zündröhrchen zu, um sie sowohl vor Feuchtigkeit als unzeitigem Losgehen zu schützen. Die Pfeife wird herumgeboten, ein jeder raucht einige Züge daraus; unterdessen erzählt Bellangé seinem Freunde Tête de bœuf, der dessen Frau immer seine Schwester nannte, als Zeichen grosser Freundschaft der Familien, dass der Zweck unserer Reise nach dem Fort Union zu gehen sei, für mich, um dort zu bleiben, für ihn, um Arzneimittel für Ikipische (für Kipp; Pierre Gareau nannten die Herantsa mi, Stein, Pierre) zu holen und damit zurückzukehren; dass er sie bitte, uns nichts zu thun, indem ich die Indianer zu sehr liebe, um sie durch Krankheit verderben zu wollen; er hätte gehört, einige unter ihnen wollten mich töten, aber von dem Bruder seiner Frau hoffe er als Freund behandelt zu werden. Tête de bœuf antwortete seinerseits, sie seien auf dem Wege zu den Crows begriffen, ihre Verwandten zu besuchen; von ihnen sei für mich durchaus keine Gefahr vorhanden, sie glaubten nicht, dass ich « böse Medizin » sei. Hierauf brachten ihre Weiber auserwählte Streifen frischen Fleisches, wovon eine Menge zum Trocknen aushing; dafür gaben wir ihnen Kaffee und Zucker zum Kochen, so dass allen ein leckeres Mahl zu teil wurde, uns durch das saftige Fleisch, ihnen durch den süssen Kaffee.

Nach dem Mahle trieb Bellangé vorwärts, obschon die zwei Männer uns einluden, bei ihnen zu übernachten und den Weg nach Fort Union mit ihnen zusammen zu reiten. Er entschuldigte sich mit Eile; es war aber nichts als Furcht, welche ihn trieb. Ich schnitt mir eine tüchtige Weidenrute, um meine Mähre mores zu lehren, denn über ihr Davonlaufen war ich sehr erbost. Die Sonne war bereits untergegangen, als wir von unsern freundlichen Wirten Abschied nahmen; sie beschenkten uns noch mit frischem Fleisch für mehrere Tage. Bellangé führte mich bis an eine schöne Quelle zwei Meilen vom Lager; hier war klares kühles Wasser und gute Weide. Nachdem die Pferde an langen Stricken angebunden worden waren, legten wir uns auch nieder, doch nicht bevor ich meinem Führer die unvorteilhafte Lage unseres Platzes bewiesen und ihn ermahnt, wenn er wirklich den Herantsa nicht traue, sollten wir uns nicht in einem kleinen Kessel begraben, umringt von Anhöhen, hinter welchen der Feind heranschleichen und uns, selbst ungesehen und ungestört, erschiessen könne. Es sei keine Gefahr mehr vorhanden, sagt er. Bellangé war voller Widersprüche mit der « Gefahr ». Nachts wurde nie gewacht; er schoss, so oft sich eine Gelegenheit darbot, obschon er es mir verbot. Der Knall seiner Büchse war ebenso hörbar, als der der meinigen. Er war furchtsam, übel gelaunt, wollte sich aber doch wichtig machen.

Der Mond schien prachtvoll am klaren Himmel und spiegelte sich selbstgefällig in der ruhigen Quelle. Fern und nahe tönte das dumpfe Brüllen und Stampfen der brünstigen und kämpfenden Stiere, ein alter Kayak [1] kam sogar brummend bei den grasenden Gäulen vorbei, seine zottige Mähne schüttelnd; wer hätte bei einem solchen Anblick schlafen mögen? Das Mondlicht schien so hell, dass ich dabei lesen konnte; ich sah in meinen Taschen nach, welche Gegenstände ich verloren: mein Briefsiegel « fier mais sensible », ein wertes Andenken von Bruder Louis (von ihm 1838 nach Paris geschickt), ein Tintenfässchen von Freund F. Studer,[2] Zündkapseln, Bleistifte, Kompositionen auf losem Papier und andere Kleinigkeiten mehr; noch

---

[1] Ein ausgestossener Stier.
[2] Dem Architekten des alten Bundesrathauses.

ein alter Bleistift blieb mir für den Rest meiner Reise, was nicht sehr tröstlich war, wenn Fort Union mit Papier und Bleistiften nicht besser versehen war als Fort Berthold.

Endlich legte ich mich auch nieder, in meinen lieben Mantel eingewickelt. Kaum war ich eingeschlafen, als meine Mähre laut wieherte; wie ich aufguckte, sagt Bellangé, er hätte schon lange sprechen hören. « Diese Kröten von Wilden (ces crapauds de sauvages) folgen uns, die Mähre ruft ihren Pferden, sie riecht sie. Ich höre gewiss Holz brechen, » sagt er. Auch wiehert die Mähre noch einmal, während der alte Schimmel ruhig füttert. Obschon ich nichts gehört hatte, war es sehr wohl möglich, da mein Gehör durch den frühern Artilleriedienst in meiner Heimat sehr geschwächt worden. Kayaks kommen beständig brüllend in unsere Nähe; endlich geht der Mond nieder, es wird dunkel. Wie im Osten der Himmel etwas heller wurde, sattelten wir unsere Gäule, sassen auf und ritten durch den Bach, welcher aus der Quelle floss, da hörten wir hinter uns wieder eine Stimme marequa rufen; ohne anzuhalten, wenden wir uns um und sehen auf einer Anhöhe Tête de bœufs und seines Bruders dunkle Gestalten. Er rief uns zu, auf sie zu warten, sie wollten mit uns reisen. Bellangé antwortet aber: adieu, barbare! Rasch ritten wir weiter, denn wir hatten das Gefühl von Kälte und Feuchtigkeit vom nächtlichen Tau.

Donnerstag. Die Sonne stieg mit Glanz auf und beschien eine weite wallende Prairie mit unzähligen Herden weidender Büffel. Mehrmals kamen wir kämpfenden Stieren ganz nahe, aber sie sahen uns nicht in ihrer Wut und liefen erst davon, als sie die Büchse knallen hörten; dann eilten sie, mit Schaum bedeckt, bestaubt, die Flanken mit dem Schwanze peitschend oder denselben senkrecht wie drohend aufgehoben, der Herde nach, um wahrscheinlich den Kampf von neuem zu beginnen. Ich hätte erwartet, dass wenigstens Stiere in diesem Zustande durch den Anblick von Menschen zur Wehr gereizt würden, aber alle liefen davon. In der Prairie fliehen sie den Menschen, sobald sie ihn wittern; bloss im Walde auf engem Pfad sucht der Stier den Menschen zu überrennen und niederzustossen. Auch wenn man einem auf der Jagd ganz nahe auf den Leib rennt, stösst er gegen den Verfolger. Ueberhaupt greift der Büffel nie an; gegen Bären verteidigt sich ein Stier tapfer, eine Kuh weniger. Sonderbar daher, dass man ihn nicht bändigt; sind doch unsere Zuchtstiere auf den Weiden viel wütender und greifen unbekannte Menschen zornig an. — Fanden einen kleinen Teich mit vielen Enten bedeckt, stiegen ab, tränkten unsere Gäule, suchten trockenen Büffelmist — denn von Baum und Strauch war weit und breit keine Spur — zündeten ein

Feuer an, um den letzten Kaffee zu kochen. Das geschenkte Fleisch war noch nicht genug getrocknet, um ungebraten genossen zu werden; der Büffelmist gab ihm keinen schlechten Beigeschmack, wenigstens assen wir dasselbe mit wahrer Begierde. Nach dem Frühstück wieder fort; sahen auch viele Cabris und Wölfe. In einem kleinen Thale schreckten wir auch einen jungen Grizzlibären von seinem Lager auf, das wir im Vorbeireiten sahen. Bellangé nannte diesen Mutz ours jaune, weil er gelb war mit einem hellen Ring um den Hals; dies ist aber nur die Farbe eines einjährigen Bären. Auch Mutz lief davon; schade, dass unsere Gäule so schlecht waren, wir hätten ihn leicht eingeholt und gepfeffert. Uebrigens würden die Gäule schlimm zugerichtet worden sein, wenn sie gute Läufer gewesen wären; denn die Gelegenheiten, ihre Schnellfüssigkeit zu benutzen, waren zu häufig, zu verführerisch. Bald darauf gab Bellangé die letzte Probe seiner Schiesskunst. Als wir nämlich langsam einen Hügel hinanritten, sahen wir den dunklen Höcker eines Büffelstieres über der Spitze sich bewegen; es war ein gewaltiger Bursche, und kaum zehn Schritte von uns entfernt; wir hielten an; ich wollte vom Pferde losknallen; des Büffels Herz bot ein nahes und sicheres Ziel, aber Bellangé sprang ab, schlich auf ihn zu, um noch näher zu kommen, à bout portant. Er schiesst; ich konnte deutlich die Wunde oben in der Schulter bemerken. Der Büffel eilt davon; ich schlage an und schiesse, um doch auch einen Schuss auf einen Büffel gethan zu haben. Sein Ausschlagen bewies, dass ich wenigstens seine Hinterbacken getroffen. Doch keine Wunde ist tödlich, die nicht das Herz trifft. Diesmal konnte ich aber die Bemerkung nicht zurückhalten, Bellangé fehle doch gar zu arg. Aus Rachsucht hatte er Bemerkungen über mein Reiten zu machen, weil ich seinem Schimmel nicht folgen konnte. Ich fragte ihn, ob darin seine Reitkunst bestünde, einen Gaul wund zu schlagen. Wie wir die Bourbeuse durchwatet hatten, gelangten wir auf eine sonderbare Prairie; sie war unfruchtbar, steinig, flach, kein Tier zeigte sich in ihrer ganzen Ausdehnung, nicht einmal ein Vogel war zu sehen, auch schien mir, sie wolle kein Ende nehmen, bis wir wieder einige ferne Hügel erblickten, hinter welchen noch eine andere Reihe liege und erst hinter denen sei Fort Union. Ich fragte also Bellangé, ob wir nicht besser gethan hätten, an der Bourbeuse zu übernachten und unsere Gäule ausruhen zu lassen; er antwortete aber, er wolle noch heute im Fort schlafen, diese Gegend sei sehr gefährlich; Blackfeet sollen oft da herumschleichen, um den Assiniboins aufzupassen, die beständig einzeln von den Forts ab und zu nach ihren verschiedenen Lagern gehen. Wir müssten uns tummeln. Ich hätte gerne noch eine Nacht im Freien geschlafen;

das Wetter war gar zu einladend klar; auch hatten wir ja Fleisch. Mein Führer aber ward furchtsam und eiliger, je näher er Fort Union kam; er hielt nicht einmal mittags an, daher steckte ich ein Stück halbgetrocknetes Fleisch in den Mund, um daran zu kauen, sowohl für den Durst als den Hunger. Mein Arm war müde vom Schlagen; noch hatten wir 25 englische Meilen bis an unser Ziel. Bellangé, immer unruhiger, steigt endlich ab, um den Gaul mit mir zu wechseln, heisst mich mit allem Gepäck auf den Schimmel sitzen; er peitscht unbarmherzig die Mähre und fort geht sie hinkend im kleinen Trabe. Er lachte mich aus; ich könne nur nicht reiten; dagegen fragt' ich ihn, ob es bei ihm der Brauch sei, mit einem Steigbügel kürzer zu reiten als mit dem andern? — er hatte dies noch nicht bemerkt: der eine Steigbügelriemen war um zwei Löcher kürzer; ich musste ganz seitwärts sitzen. Um nicht deswegen anzuhalten, liess ich halt meine Beine frei herunterhängen. Wir hatten nun einen Hügel zur Rechten, den Missouri zur Linken; die Prairien wurden kleiner und öfter von Bächen durchschnitten, die zwar ein tiefes Bett ausgegraben hatten, aber in diesem Augenblick kein Wasser enthielten. Der Abend rückte heran; mir schien es, wir könnten das Fort heute nicht mehr erreichen. Endlich gelangten wir in eine Prairie, an deren Ende Bellangé einen hellen Punkt zeigte; mit dem Fernglas unterschied ich eine helle Bastion. Das war erst das Fort William, der Opposition gehörig; fünf Meilen weiter, drei Meilen oberhalb der Mündung des Yellowstoneflusses lag erst Fort Union. Bellangé schnalzte mit der Zunge und schleckte das Maul. Er hatte nämlich auch einen Brief von Schmidt für Joe Picotte, Bourgeois von Fort William, den Neffen unseres Herrn W. Picotte, aber in der Oppositionsgesellschaft. Der Brief und meine nähere Bekanntschaft mit Joe versprachen ihm la goutte.[1] Bald kamen wir auf eine Räderspur. Beim Fort William angelangt, empfing uns Roulette, der Clerk und Dolmetscher, nahm den Brief in Empfang und dankte im Namen seines Bourgeois, der zur Zeit am Flusse fischte. Ohne abzusteigen, ritten wir auf einem gut gebahnten Wege unserm Fort zu. Die Sonne ging gerade unter und verbreitete einen goldenen Schein über die Landschaft. Bald zeigten sich die Pallisaden und weissen Bastionen nebst einer hohen Flaggenstange im Innern. Endlich ritten wir zum Thore hinein; Bellangé wurde sogleich von vielen Bekannten umringt; ich war herzlich froh, wieder auf meinen eigenen Beinen zu stehen.

---

[1] Ein gutes Tröpfchen als Trinkgeld.

*

In Fort Union fand Kurz sofort reichliche Beschäftigung als Künstler, zunächst allerdings hauptsächlich nur als Flachmaler und nachher als Clerk, daneben aber auch — bei seiner unermüdlichen Arbeitslust und Arbeitskraft und bei den zahllosen Gegenständen, die sich seinem überall und zu jeder Zeit beobachtenden Auge darboten — als Kunstmaler.

Am 15. September schreibt er:

Meine letzte Reise hierher möchte ich das glücklichste Ereignis meines bisherigen Lebens nennen. Der Aberglaube der Herantsa verhalf mir aus einer unangenehmen Lage zu einer höchst interessanten Reise und in eine Situation, in welcher ich nützlich und angenehm sein kann und nicht als das fünfte Rad am Wagen betrachtet werde.

Fort Berthold ist kein wichtiger Posten; es wird daselbst bloss mit einem Stamm gehandelt, und dieser Handel geht meistens auf Kredit, wobei öfters Verluste vorkommen. Hier hingegen handeln die Assiniboins, Crows, Crihs [1] und Halfbreads [2]; auch bildet das Fort das Depot oder Magazin der entfernteren Posten Forts Benton und Alexander, so wie Fort Berthold unter die Aufsicht von Fort Pierre gehört. Dass ein Bourgeois, als verantwortlicher Aufseher, Befehlshaber, Handelsmann, als höchste Person in einem abgeschlossenen Posten sich mehr einbilden darf mit 50 Männern unter sich, als mit bloss fünf, versteht sich von selbst; es braucht mehr Fähigkeit dazu, einen so bedeutenden Posten zu führen wie der hiesige, der im Winter noch drei bis vier verschiedene Nebenposten errichtet. Auch muss man diese Engagés kennen, um die Schwierigkeit ihrer Leitung zu verstehen, an einem Orte, wo kein Gesetz, keine Polizei herrscht. Es sind Handlanger, auf ein Jahr angestellt; meistens Leute, die in St. Louis kein Auskommen gefunden haben, Leute von allen Nationen: Kanadier, Amerikaner, Schotten, Deutsche, Schweizer, Franzosen, Italiener, Spanier, Kreolen, Mulatten, Neger und Halbindianer. Die Kanadier bilden die Mehrzahl, sind aber nicht mit den früher gerühmten Bootsleuten, den coureurs des bois, zu verwechseln, die sich bloss unter der strengen Zucht der Hudsonsbay company heranbilden, sondern man nennt sie mangeurs de lard, weil das Speckessen ihre Hauptliebhaberei bildet. Ihren Reden nach gibt es keine geschickteren Handwerker, aber wenn es zum Arbeiten kommt, sind sie weder fleissig noch geschickt. Solchen Leuten ohne Polizei, ohne fremde Hülfe zu imponieren, sie arbeiten zu machen,

---

[1] Mit Crihs sind die sonst Crees genannten Indianer bezeichnet.
[2] Halbindianer.

ist keine Kleinigkeit; es erfordert Geschicklichkeit, Mut und Takt. Die Bessern unter diesen Engagés schwingen sich gleich zu höhern Posten auf; sind es wirklich gute Handwerker, so werden sie als solche mit doppelter Löhnung, besserer Kost und Wohnung angestellt; sind sie ausserdem im Handelsfach und in Sprachen geschickt, dabei treu und klug, so steigen sie zur Stufe von Clerks, Bourgeois, Agenten empor. In diesem Lande dient ein jeder von unten auf; denn die wichtigeren Posten erfordern vieljährige Vertrautheit mit Charakter, Gebräuchen und Sprachen der Indianer. Den gemeinen Engagé kann man daher nicht viel achten; man muss beständig bei ihm sein, wenn er arbeiten soll; er läuft bei der geringsten Gefahr davon, weil er kein Interesse an der Wohlfahrt der Pelzhandelsgesellschaft nimmt. Dass daher Dennik die gemeinen Handlanger streng unter dem Daumen hält, ja halten muss, wenn sie ihn nicht übervorteilen sollen, das versteht sich von selbst; er fühlt deshalb aber doch, dass einer allein nicht ausreicht, die gleichartigen Untergebenen der untern Klasse in Ordnung zu halten; denn jeder von ihnen ist bewaffnet, und wenn schon im allgemeinen nicht mutig, doch reizbar, rachsüchtig. Zu diesem Zwecke schliesst er sich näher an seine Clerks, die ihm ohnehin in geselliger und wissenschaftlicher Bildung am nächsten stehen, auf deren moralischen, wie physischen Beistand er allein rechnen kann.

Dabei verschafft er seinen Arbeitern ebenso willig eine allgemeine Belustigung, wenn sie eine Arbeit zu seiner Zufriedenheit beendigt haben, als er sie zu schmaler Kost zwingt, wenn sie faulenzen. So ist letzte Woche unter Morgans Leitung ein Vorrat Heu für nächsten Winter neun Meilen von hier zugerüstet und in stacks (konischen Haufen) aufgeschichtet, bei 15,000 Pfund getrocknetes Fleisch in einem Assiniboinlager durch Carafel eingehandelt worden und beide Clerks sind erst vor kurzem mit ihrer Mannschaft und dem Vieh zurückgekehrt. Heute mussten sie wieder an eine lange und schwere Arbeit, nämlich das Fällen und Zurüsten des Holzes für Pallisaden des Forts. Dennik gab daher letzten Samstag einen Ball, wozu er auch Joe Picotte, den Chef von Fort William, mit Familie und Angestellten freundlichst einlud. Den Saal schmückten wir so brillant als möglich mit Spiegeln, Lüstern, kostbarem Pelzwerk und indianischen Verzierungen aus. Er selbst, als der einzige Geiger, hatte die härteste Arbeit und ruhte nicht, bis alle sich müde getanzt hatten. Da Squaws und Männer nach europäischer Mode gekleidet waren, verlor der Ball in meinen Augen viel von seinem Charakter und malerischen Interesse, das man sonst unter diesen Umständen und in dieser Gegend hätte erwarten können. Bloss die Zuschauer waren indianisch gekleidet; bloss durch sie wusste man, in welchem Lande dieser Tanz stattfand. Der Cotillon war der Haupttanz; die Squaws tanzten denselben mit viel Grazie und weit richtiger, als ich erwartet hätte; aber Squaws haben dieselbe Vorliebe für den Tanz wie unsere Weiber und die meisten der Tänzerinnen waren schon lange durch ihre weissen Ehemänner darauf eingeübt. Ueberhaupt stellen die Figuren des Cotillons wenigstens etwas vor, was mir an dem Tanze gefiel; das Walzen scheint mir Unsinn, dem Zwecke der Tanzkunst, Entfaltung der Grazie, der Geschmeidigkeit, des Anstandes, gar nicht entsprechend. Was mich betrifft, so schlug ich, da ich kein Tänzer bin, den Takt mit der Trommel.

Sonderbar, aber bezeichnend ist es, dass gerade diese Engagés, die Clerks, selbst die Bourgeois, oft sich bei ihrer Rückkehr nach den Staaten oder bei ihren Besuchen daselbst nicht genug als mountaineers hervorthun können, in den verzierten Lederkleidern sich auszuzeichnen suchen, in den groceries (Spezereiläden) indianisch tanzen und schreien, damit man sie als die mutigen, allen Gefahren trotzenden lustigen mountaineers, auch als solche berühmte Jäger, ausgezeichnete Krieger und schlaue kühne Trappers betrachte, wie sie in Büchern geschildert werden. Während dieselben so unter ihren weissen Brüdern als «Wilde» sich geltend machen wollen, suchen sie hier dem roten Bruder als Weisse zu imponieren; sie wissen, dass sie, wenigstens die gewöhnlichen Engagés, es mit nichts anderem zu erreichen im stande sind, als mit ihrer Kleidung, welche der arme Indianer nicht erwerben kann, während dieser in Wirklichkeit die Eigenschaften eines wahren mountaineers im höchsten Grade besitzt und jene nicht.

Hier muss ich noch bemerken, dass, seit die Biberfelle so sehr im Preise gefallen sind, die berühmte Klasse der Trappers beinahe nicht mehr existiert. In diesem ganzen Revier der Blackfeet, Crows, Assiniboins, Crees, Chippewäs, Herantsa, Ricaras, Dacotahs gibt es gar keine solchen mehr. Biberfelle waren ihr Haupterwerbszweig, die andern Felle, wie Hermelin, Fuchs, Moschusratte, Otter und Schneehase, sind entweder zu selten oder nicht einträglich genug, um den vielen Gefahren zu trotzen. Diese Gefahren, Entbehrungen und Abenteuer der Trappers oder Fallensteller sind genugsam durch treffliche Schriftsteller beschrieben worden. Diese verfallen aber fast allgemein in den gleichen Fehler: sie behandeln die Indianer, die rechtmässigen Eigentümer dieser Länder, deren einzige Nahrung alle darin enthaltenen Jagdtiere sind, als Räuber, Mörder, wenn sie ihr Eigentum gegen unberechtigte Jäger verteidigen. Woher nehmen nun die Tausende von weissen Jägern und Jagdliebhabern das Recht, auf indianischem Boden zu jagen, den Indianern ihre einzige Nahrung und Kleidung zu rauben? Fragen sie erst um Erlaubnis? O nein! Wenn aber die Indianer Repressalien mit List oder Gewalt üben, dann ist ein Geschrei ohne Mass und ohne Recht. So kommt es auch, dass solche Schriftsteller bald die eine, bald die andere Nation als die grössten Schelme, als die niederträchtigsten Räuber behandeln, wie es mit den Pawnees, den Crows oft geschehen ist. Ist das billig? Das gleiche, wie von den Trappers, kann man auch von den Emigranten sagen. In vielen Fällen könnte die Not sie noch entschuldigen, aber die Mehrzahl der Tiere wird von ihnen aus blosser Jagdlust getötet, ohne Notwendigkeit. Wenn nun aber doch das Recht (?) des stärkern gelten soll, so gönne man dieses Recht auch den Indianern; man messe mit gleicher Elle. Die Indianer verteidigen ihr Land, das mit genauen Grenzen unter die Nationen verteilt ist; sie verteidigen ihre Nahrung, ihre Existenz, so gut sie können. Sind nicht in allen civilisierten Staaten die Früchte von Baum und Feld, das weidende Vieh, selbst die Jagdtiere durch Gesetze geschützt? Und darf nicht in vielen christlichen Staaten der Landwirt auf den Frevler schiessen?

Um für Herrn Denniks freundliche Einladung Gegenrecht zu halten, lud uns Joe Picotte für den nächsten Tag (gestern) nach seinem Fort ein. Ich versprach mir wenig Vergnügen, da ich weder Tänzer noch Musikus und gerade mit andern Ideen beschäftigt bin, als Liebesabenteuer aufzusuchen. Den Sonntag hätte ich lieber dazu benutzt, unsern jungen Bären zu studieren, als schon um 10 Uhr morgens in Gesellschaft zu gehen. Aber Joe Picotte schien so erfreut zu sein, mich hier wieder zu sehen, dass ich nicht weniger höflich thun durfte; denn obschon früher in St. Joe [1] mit ihm gut bekannt, hatte ich bereits auf dem Fort Campbell bemerkt, dass er mich nicht gern bei der Opposition sah. Erst um 11 Uhr nachts kehrten wir vom Balle zurück, so fröhlich, als man ohne Spiritus und Amor bei einem Balle werden kann. Der Ritt nach Hause beim hellen Mondschein war hingegen eine Pracht und eine wahre Lust. Morgan auf dem Pacer voran mit seinen drei Hunden, mit Pistolen knallend; Mackenzie auf John, dem trefflichen Renner, galoppierend und renversierend, seine Squaw hinter ihm, ängstlich ihn umfassend ob den gewaltigen Sprüngen des mutigen Gaules; Denniks jüngere Squaw mit derjenigen von Smith auf einem Pony, folgten mit mir, der ich auf dem Pony von Denniks älterer Squaw sass, die jetzt fahren wollte; die beiden Weiber wollten immer mit mir wettrennen, blieben einen Augenblick

---

[1] St. Joseph.

zurück, riefen mir dann: aggaheh, aggaheh!¹ (vorwärts!) zu, peitschten ihren Pony, und fort ging's zusammen, wer den Vortrab zuerst erreiche. Hinter uns kam der zweirädrige Karren, gezogen von zwei Maultieren, mit dem Bourgeois, seiner Familie und den Instrumenten. Pattneau auf dem Cendré bildete den Nachtrab. Heute kam nun Joe Picotte, um nachzusehen, wie wir geschlafen; da ich gerade keine Arbeit angefangen, sagte Mr Dennik, ich könnte jetzt Joe Picottes Porträt in Aquarell malen, was ich sogleich that.

16. September. Den ganzen Tag Regen in Strömen, deswegen keine Arbeit draussen; benutzte die freie Zeit, den Kopfputz eines Crihhäuptlings zu zeichnen, welchen Blackfeet erbeutet. Dieser Crihpartisan ist mit acht seiner Krieger durch eine Uebermacht von Blackfeet angegriffen worden; da jene sich in offener Prairie überfallen sahen, gruben sie schnell auf einer kleinen Anhöhe mit den Messern und Händen Erde aus, um sich wenigstens etwas zu decken; alle starben mutig und kämpften bis zum letzten Atemzug. (Anmerkung: Lieutenant Pike gibt eine nähere Beschreibung einer solchen Ausgrabung in seiner «Reise nach den Quellen des Mississippi»: Mr. Frazer zeigte mir in der Prairie Löcher, die von den Sioux ausgegraben waren, um sich bei Angriffen mit ihren Weibern und Kindern darin zu verbergen. Diese Löcher sind gewöhnlich rund und haben etwa 10 Fuss Durchmesser; aber einige sind halbmondförmig und waren mit einem Parapet versehen. Wenn die Indianer von der Annäherung eines Feindes unterrichtet sind, graben sie diese unterirdischen Verschanzungen mit Messern, Tomahawks und hölzernen Schaufeln aus. Sie gewinnen auf diese Weise äusserst schnell einen Graben, gross genug, um sich und ihre Familien vor den feindlichen Kugeln und Pfeilen zu schützen. Sie haben keine Idee von der Möglichkeit, ein solches Erdwerk mit Sturm zu nehmen; sie würden jedenfalls bei einem solchen Angriffe viele Leute verlieren und sich selbst nicht mit einem Siege entschädigt betrachten, da sie ein solches Unternehmen für unsinnig hielten.) — Der Kopfputz wird von den Indianern einem Packgaul gleich geschätzt; ich bin daher nicht im stande, denselben zu kaufen und begnüge mich mit einer treuen Kopie.

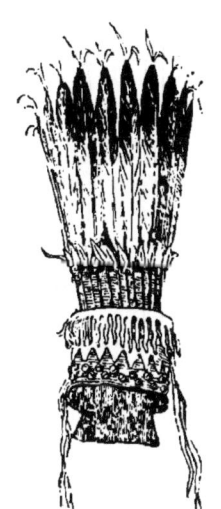

(Fig. 9). Kopfschmuck.
(Skizzenbuch S. 166.)

---

¹ Siehe das Wörterbuch der Assiniboinsprache im Juliheft 1894, S. 101.

Den 17. September. Herr Dennik kam in demselben Jahre den Fluss hinauf, wie der Baron von Barnsburg, alias Prinz von Wied [1]; er und Herr Culbertson kamen damals zum erstenmal in diese Gegenden. Bei der Erwähnung dieses Faktums habe ich einige Anekdoten vom Prinzen und meinem Freunde Bodmer erhalten; auch über Catlin. Diesen letztern Maler betrachtet man hier als Humbug; er soll die damaligen Herren von Fort Pierre sehr kompromittiert haben mit einem Buch, Erzählungen mit ihren Namen enthaltend. Catlin ist bloss mit dem Dampfboot bis hieher gefahren und mit demselben zurück nach Fort Pierre, hat sich daselbst drei Monate aufgehalten und Indianer gemalt; er habe nie malen können, ohne Staffelei, Stuhl und alle möglichen Bequemlichkeiten bei sich zu haben. Während der drei Monate in Fort Pierre bat er den Bourgeois und die Clerks, ihm in ein Buch aus ihrem hiesigen Leben interessante Momente zu notieren, unterzeichnet mit ihren Namen. Viele schrieben ihm darauf ihre Abenteuer auf indianischem Gebiete nieder. Später gab er nun, wie es scheint, dieses Buch mit den Namen heraus, aber die Erzählungen hatte er entstellt, um Effekt zu machen und die Phantasie der Leser aufs höchste zu spannen. Schon Herr Kipp beklagte sich sehr über Catlin. Dieser soll auch Vorlesungen über die Siouxsprache in New York gehalten haben, während er kaum einige Worte derselben kannte! Yankee-Humbug! Gewisse indianische Gemälde soll er der Vereinigten Staaten-Regierung verkauft haben mit der Zusicherung, keine Kopie davon zu machen; er hielt aber sein Wort nicht, sondern kopierte sie vor der Abgabe im geheimen und stellte sie später in London aus. Herr Murray, gewesener englischer Gesandter in Bern, Verfasser des interessanten Romans Prairiebird und von dessen Wiederholung in anderm Gewand The trappers bride, sagte mir, er hätte Catlin in St. Louis die Mittel verschafft, den Missouri hinaufzufahren. (Auch um meine indianischen Zeichnungen interessiert sich Herr Murray sehr.) Das Buch von Catlin habe ich seither gelesen. Der Text enthält sehr viel Wahres, einige blagues abgerechnet, hingegen sind die meisten Zeichnungen abgeschmackt, im höchsten Grade unrichtig, besonders die der Büffel. Die Indianer jagen zum Beispiel nie im Kriegsschmuck. Die Scene der Wölfe um den verendenden Stier ist eine dumme Komödie; so auch der Sprung des Indianers auf den einzelnen Stier; dies mag höchstens in einer dichten Herde vorkommen, wenn der Jäger von beiden Seiten eingeklemmt ist. Ferner bestehen seine Büffelherden aus lauter Stieren, keinen Kühen und Kälbern; in diesen Fehler verfällt auch Bodmer.

---

[1] Also im Jahre 1832.

Was das Auffallendste an Catlins Zeichnung, besonders im englischen Original ist, das sind die fratzenhaften Gesichter, ja selbst die Figuren der nämlichen Indianer, die er doch im Text wegen ihrer antiken Schönheit mit Recht beständig rühmt.[1]

23. September. Heute einen herrlichen Tag verlebt! Den ersten Büffel gerannt und geschossen, den ersten Büffel nach der Natur gezeichnet!

Nach dem Frühstück brachte der alte Spagnole, unser Viehhüter (sieht nicht aus wie ein Alpenhirt) die Nachricht, die Jäger der Opposition (Dobies von uns genannt, von adoba [Lehm], weil ihr Fort aus Lehm, der an der Sonne gebacken wurde, errichtet ist) jagten in der untern Prairie Büffel. Mr. Dennik bot mir sogleich mit grosser Bereitwilligkeit den Pacer an, damit ich mit Owen Mackenzie Büffel rennen und studieren könne. Mac (Mackenzie) ritt den Cendré; wir waren also vortrefflich beritten, hatten übrigens keine Ordre, Fleisch hereinzubringen, sondern sollten bloss unserm Vergnügen nachgehen. Mac hatte den Auftrag, mir ein schönes Exemplar totzuschiessen, um mir Gelegenheit zum Zeichnen zu geben. Mein Skizzenbuch in der Tasche umgehängt, die Flinte über die Schenkel gelegt, das Jagdmesser hinten im Gürtel eingesteckt neben dem Pulverhorn, vorn die Kugeltasche unter dem Gürtel — das war meine Ausrüstung. Mac ist erst diesen Morgen von einer mehrtägigen Büffeljagd in einer andern Gegend zum Frühstück zurückgekommen; es ist daher eine grosse Freundlichkeit von ihm, ohne auszuruhen wieder mit mir zu reiten. Welcher Unterschied, auf feurigen Rennern zu sitzen, die sich immer überbieten wollen, die man beständig halten muss, damit sie nicht von ihrem Uebermut, ihrer Fröhlichkeit dahingerissen werden, als müde träge Klepper zu reiten, bei denen man sich abarbeitet mit Schlagen und Stüpfen[2] ohne sie weiter zu bringen. Welcher Unterschied im Gemüte! Das

---

[1] Diese Bemerkungen über Catlin sind gewiss vollkommen richtig und die Entrüstung des Malers über Catlins Leistungen in künstlerischer Hinsicht begreiflich (die Nachbildungen im Smithsonian Report 1885 sind wohl durchaus sorgfältig und fordern zu keinem andern Urteil heraus). Dies darf uns aber doch nicht hindern, die Verdienste Catlins für die damalige Zeit anzuerkennen. In seinen mündlichen und schriftlichen Darstellungen mag allerdings mancher «Ulk» untergelaufen sein. Vgl. aber über Catlins ganze Persönlichkeit und sein Wirken eben den citierten Smithsonian Report 1885, part V: The George Catlin Indian Gallery in the U. S. National Museum (Smithsonian Institution), By Thomas Donaldson. Schade, dass daneben nicht auch die schriftstellerischen und künstlerischen Leistungen des bescheidenen bernischen Malers schon früher zur Geltung gekommen sind! (Anm. des Herausgebers.)

[2] Berndeutsch für Stupfen.

Blut fliesst rascher, das Herz lacht und hüpft und die Natur scheint so schön! Das Wetter hätten wir auch nicht besser auswählen können; Luft und Himmel war rein und die Sonne warm, und der Horizont weit, weit entfernt, im blauen Duft verschwimmend, die Erde trocken, weder staubig noch sumpfig! Fünf Meilen weit mussten wir scharf reiten, bis wir die gejagte Herde erreichten; glaubten schon, die Dobies hätten uns die Jagd verdorben, als wir endlich bei der sogenannten Butte de Mackenzie (vom Vater meines Jagdgefährten so genannt) unerwartet auf eine kleine Herde alter und ganz junger Stiere stiessen. Einige lagen am obern Ende einer Coulée an der Quelle im Grase, andere fütterten gemütlich um sie herum. Sogleich änderten wir unsere Richtung, ritten um den Hügel herum, dem Gebüsche von Kirschen und Pflaumen der Coulée entlang, um die Büffel zu überraschen. Diese hatten aber schon den Tritt unserer Renner gehört, die Liegenden waren bereits aufgesprungen und hatten gemistet, und fort ging's mit zornig gehobenem Schweife. Sogleich setzten wir über den Bach und folgten dicht hintereinander im schnellsten Galopp der fliehenden Bande nach. Unsere Gäule kamen selbst in Eifer und suchten sich zu überbieten, doch liess ich Mac voran, um ihn zu beobachten. Schon hat er sein Opfer mit Kennerauge ausgewählt, nähert sich ihm auf zwei Schritte, knallt — und der Stier liegt schon tot am Boden, wie ich vorbeigaloppiere, so richtig hatte er dessen Herz getroffen. Mit Recht konnte man sagen: mit Knall und Fall war er zu Boden. Er schlug noch mit den Hufen im Todeskrampfe die Erde, stöhnte und rollte auf die Seite. Der Schuss war so genau ins Herz, dass ich wirklich zuerst glaubte, er sei bloss aus Schreck gefallen. Wir waren aber längst weiter: ich wünschte auch einen Schuss auf einen Büffel zu thun. Mac hiess mich folgen; wir sprengten der Herde wieder nach; er sonderte mir einen von der Herde ab (wofür der Jägerausdruck single out), indem er denselben von seinen Kameraden abtrieb. Ich verfolgte ihn sogleich über die rollende Prairie; die umgehängte Tasche mit Album und Zeichnungsmaterial war mir aber sehr hinderlich, da ich sie mit dem linken Arm festhalten, diesen aber wieder zum Schiessen ausstrecken musste. Ich ritt so nahe an den schwarzen Büffel, dass ich nicht fehlen konnte. Doch traf der erste Schuss etwas über dem Herzen; der Büffel drehte sich von mir weg, so dass der zweite Schuss nur sein rechtes Knie traf. Mac ritt mir nun vor und sandte dem alten Burschen eine Kugel im Vorbeirennen ins Herz. Wir luden unsere Flinten in vollem Jagen immer neben dem fliehenden Büffel einher; die Kugeln liessen wir ohne weiteres auf das blosse Pulver laufen. Mac lachte dabei den Verwundeten aus, dass er noch laufen möge mit einer Kugel im Herzen: Bist ja tot! Wirklich konnte er nicht mehr weiter; er stund auf einmal bockstill, sah uns zornig an, während er aus der Nase blutete. Ich hielt nun meinen Pacer an und drehte ihn gegen den sterbenden Büffel, auf dessen Auge ich zielte, um ihn niederzubringen. Mein Gaul aber, noch erst im hitzigsten Galopp, konnte nicht ruhig stehen; er war im Feuer, scharrte, schnaubte, stampfte, dass es eine Freude war; dabei traf ich jedoch bloss das Auge des Ungetüms trotz der Nähe; der Büffel schüttelte kaum das Haupt, fing aber doch endlich an zu wanken, stellte erst die Beine auseinander, um das Gleichgewicht zu erhalten; es half aber alles nichts, er musste nieder, erst auf die Vorderbeine, dann auf die Seite. Er war jedoch leider zu mager, um mir als Modell eines schönen Büffels zu dienen; wir liessen ihn daher liegen und ritten zu dem zuerst Getroffenen, stiegen ab, fesselten die Füsse unserer treuen Gäule, liessen sie ausschnaufen und grasen, während ich den Toten von verschiedenen Seiten so genau wie möglich zeichnete. Sobald ich befriedigt war, schnitt Mac die Zunge und die Steine heraus, um sie als Leckerbissen seiner Squaw zu bringen; dann ging es in kurzem Galopp wieder nach Hause zurück. Reiten und Zeichnen, welch Glück! — Da der zweite Büffel nicht auf meinen Schuss gefallen, so nahm ich keine Trophäe mit.[1]

Am 24. September ergeht sich nun der Maler in Betrachtungen und interessanten Mitteilungen über die Indianer:

Bei einem indianischen Gefecht ist das grösste Gedränge, der hitzigste Kampf um einen Toten oder Verwundeten, wie im trojanischen Kriege. Als Krieger sich auszuzeichnen, ist des Indianers höchster Ruhm; daher kämpfen die verschiedenen Stämme seit so langer Zeit gegeneinander, dass sie gewöhnlich die erste Veranlassung zum Streit gar nicht mehr kennen. Es ist also oft weniger ein Vertilgungskrieg, als eine Gelegenheit sich auszuzeichnen. Einen Feind dabei von weitem totzuschiessen, dazu braucht es keinen Mut, es ist also keine Heldenthat, zählt nicht «Coup»; hingegen einen Feind im Handgemenge zu erlegen, dazu gehört Kraft, Gewandtheit, Schlauheit. Da nun ein Beweis von dem Anrühren seines überwältigten Feindes erfordert wird, wenn keine Zeugen dabei sind, so ziehen sie den Skalp, die Kopfhaut samt den Haaren, oder auch nur einen Teil davon, dem erlegten, oft nur betäubten Feinde ab. Das erfordert Zeit und Mut, so lange dem feindlichen Feuer oder der Rache sich

---

[1] Das Skizzenbuch enthält glänzende Beweise von dem künstlerischen Erfolg dieser Jagdpartie. (S. Nr. 159 und 161.)

blosszustellen. In einem Gefechte, wo Zeugen dabei sind, wird der Skalp nicht gefordert, um Coup zählen zu können; man muss aber den Feind mit der Hand oder seiner Waffe berührt haben; deshalb das Gedränge um einen gefallenen Feind. Es ist ja auch die grösste Schande einer Partei, besonders des Anführers, wenn der Feind den Körper eines der Ihrigen erbeutet, mit ihm Hohn treibt, Glieder abschneidet, damit sie den Weibern zum Siegestanz, den Hunden zur Speise vorgeworfen werden. Deshalb die wütenden Angriffe und die heftige Verteidigung um eines Gefallenen willen.

Gleich starke Parteien greifen sich selten an (d. h. wenn der Krieg nicht aus förmlichem Hass geführt wird); sich einem Verlust ohne sichern Gewinn auszusetzen, ist nicht smart, wie der Amerikaner sich ausdrücken würde, d h. nicht schlau, klug. Denn Klugheit sei der bessere Teil der Tapferkeit. Wird eine kleine Schar von einer Uebermacht angegriffen, so kämpft sie mit Löwenmut bis auf den letzten Mann, sucht nicht zu entrinnen.

Einander durch Hohn zu reizen, herausfordern, ist bei den Indianern sehr üblich; es gibt Gelegenheit, sich vor den Seinigen auszuzeichnen — auch ganz griechisch-trojanisch. Ueberhaupt waren die homerischen Helden nichts als Indianer.

Die Assiniboins (Dacotah, auch Nacotah; von ihren Verwandten, den Sioux, Hoche, die Abtrünnigen, genannt — Sioux ist der Ausdruck für Assiniboins im allgemeinen) machen selten Gefangene; sie töten alles, was ihnen unter das Messer kommt, Greise, Weiber, Knaben und Mädchen; alle sind Feinde, haben Feinde erzeugt oder werden solche erzeugen.

Mädchen aus guter Familie werden bei den Indianern streng bewacht; sie müssen sich des Nachts dicht einwickeln, da es den Bucks, den jungen Burschen, erlaubt ist, ihr Glück zu versuchen, wo sie wollen, wenn sie sich Schlägen und Stichen aussetzen mögen. Gerade weil es gefährlich ist, reizt es die Mutigen und sie betrachten es als Vorübungen zu spätern ernstlichen Kriegsthaten. Als Krieger lässt sich ein Indianer nicht mehr zu solchen Streichen herab; er ist ein Mann, ehrt sich als solchen und handelt darnach Da er Weiber ad libitum haben kann, so viele er zu ernähren vermag, so kauft, heiratet er jedes Mädchen, das ihm gefällt. Vor einiger Zeit soll sich ein Mädchen des Ours fou, des Chefs der Assiniboins (derzeit mit Herrn Culbertson nach Fort Laramie[1]) aus Verdruss erhängt haben, weil es einem jungen Burschen gelungen war, trotz der Be-

---

[1] Zu der grossen Zusammenkunft der Indianerstämme mit Abgeordneten der Vereinigten Staaten.

wachung und Einwicklung ihre verborgenen Schätze mit seiner Hand zu berühren. Er rühmte sich dessen und sie erhängte sich, ob wegen jenes taktlosen Rühmens oder der verwegenen Berührung, davon schweigt die Geschichte. Wegen ihres Todes musste sich der Bursche für ein Jahr in die Fremde (zu einer andern Bande) begeben und seine Verwandten hatten Pferde und andere Geschenke als Sühne zu bezahlen.

Durch Zufall einen Bekannten zu verwunden oder zu töten, wird nicht entschuldigt; die gleiche Strafe oder Sühne wird gefordert, wie wenn der Tod oder die Verwundung absichtlich geschehen; als Entschuldigung gilt bloss die Vermummung des Getroffenen, wenn er sich zum Anlocken der Hirsche oder Antilopen mit Tierfellen bedeckt hat. Denn auf der Jagd muss man schnell schiessen, so wie man das kleinste Merkmal sieht. Ferner kann auch ein Feind als Spion unter dieser Vermummung stecken.

Assiniboins, Crihs, Crows, Blakfeet, Flatheads haben noch keinen Begriff von der Grösse der weissen Bevölkerung, nicht einmal von der Macht der Vereinigten Staaten. Die wenigen weissen Pelzhändler mit ihren Leuten halten sie für arme Leute, die zu Hause ihren Unterhalt nicht finden. Geht auch etwa einmal einer der Chefs nach den Vereinigten Staaten, um sich zu unterrichten, so glaubt ihm doch niemand zu Hause, das viele Wunderbare können sie nicht fassen. Ein Schwager des Bourgeois wurde deshalb getötet, weil er sich nicht einen Lügner wollte schelten lassen und daher gleich den Beleidiger niederschoss, worauf er dann von einem rächenden Verwandten desselben ebenfalls tödlich getroffen wurde. — Diese Notizen beim Porträtmalen von Herrn Dennik aufgepickt.

Den 25. September. Das Bild fertig; der Alte, voller Freude, dass er ein neues Wunder für die Indianer besitzt, frägt Squaws und Kinder: wer ist das? kennst du ihn? Da ihn jedermann erkennt, ist er sehr zufrieden. Indianer begreifen nicht, wie ein Bild eines Menschen einem bestimmten bekannten Individuum ähnlich gemalt werden könne; das könne nicht mit rechten Dingen zugehen; da müssten auch wohl die Brillen[1] helfen, da keiner der andern Weissen zu malen im stande sei, noch weniger Brillen trage. Dass man eine menschliche Figur darstellen kann, mit besonderen Kennzeichen der Kleidung, begreifen sie wohl; denn sie haben selbst Uebung in solchen Hieroglyphen; bei ihnen unterscheidet sich die Zeichnung eines Mannes durch nackte Beine, die des Weibes durch einen langen Rock oder keine Beine. Aber ein Gesicht zu malen,

---

[1] Kurz trug eine Brille.

das ein jedes Kind für Minnehasga (langes Messer, indianischer Name des Bourgeois als eines Amerikaners) hält, das ist merkwürdig. Schon Matoh, die Dogge, war ein Wunder, aber jetzt gar ein Mann! Was Herrn Dennik besonders gefällt, ist die Bemerkung seiner Squaws, sie mögen im Zimmer stehen oder gehen, wohin sie wollen, sein Bild sehe ihnen immer nach: ehe wakau! Wie übernatürlich!

Seit dies Porträt so gelungen, nimmt Herr Dennik viel mehr Anteil an meiner Idee einer indianischen Galerie; er glaubt jetzt, dass ich dieselbe auch gehörig auszuführen im stande sei. Mein Plan gefiel ihm sehr, sechs Landschaften (Wald, Prairie, Fluss, Coulée, Fernsicht, Fels), sechs Tierstücke (Büffel, Bär, Elk, Hirsch, Cabri, Pferde), sechs Scenen aus dem indianischen Leben (Tanz, Spiel, Gefecht, Familie, Jagd, Beratungsscene) zu malen. Nur gross, sehr gross! kleine Bilder machen keinen Effekt, sagt er.[1]

Den 26. September. Sogenannte Parks oder Einzäunungen, um Büffel herdenweise zu töten, werden oft von den Assiniboins und andern Stämmen errichtet, um Lager auf lange Zeit mit Fleisch zu versehen. Es ist die grossartigste Hetzjagd, die man sich denken kann; viel Geschrei und Lärm dabei. Die Assiniboins werfen zu diesem Zweck zur Winterszeit in der Nähe ihres Lagers einen weiten kreisförmigen Wall von dicken Stämmen und Gesträuch auf, wozu sie einen geeigneten Boden auswählen; in diesem Walle lassen sie eine schmale Oeffnung. Sobald sich nun eine Herde in der Nähe unter dem Winde zeigt, geht ein einzelner Jäger als Büffel vermummt derselben entgegen, sucht durch allerlei Bewegungen die Aufmerksamkeit der nächsten Tiere auf sich zu ziehen, schreit, brüllt, schüttelt seine Büffelhaut und nähert sich allmählich der Oeffnung des Parks, von welcher aus zwei divergierende Reihen Pfähle von Distanz zu Distanz in einer so langen Reihe gesteckt werden, bis sie eine Weite haben, dass eine Herde dazwischen durchgehen kann. Sind die Büffel einmal im Gange, dem vermummten Jäger als ihrem Leithammel sich zu nähern, und ist die Neugierde der vordersten Büffel geweckt, so folgen die andern von selbst; die Masse folgt stets ihrem Leiter, wird zusammengehalten durch die Furchtsamkeit der Kühe, ihre Sorgfalt für die Kälber, die Eifersucht der Stiere. Der schlaue Jäger geht nun langsam voran, übereilt sich nicht; eine einzige ungeschickte Bewegung kann ihn verraten, die Tiere stutzig, scheu machen, die Jagd verderben, ihn dem Gespött der Weiber und

---

[1] Ein Abglanz dieser Galerie hat sich auf dem von dem Künstler meisterhaft gemalten Pfeifenrohr erhalten, das jetzt im Besitz des historischen Museums in Bern ist.

Kinder aussetzen, ihn um seinen Ruf als ausgezeichneter Jäger bringen; denn nicht einem jeden kann man diesen schwierigen Posten anvertrauen; es bedarf genauer Kenntnis der Büffelmanieren, grosser Geschicklichkeit, dieselben nachzuahmen, bedeutender Kaltblütigkeit und grossen Muts, sich den Hufen und Hörnern derselben auszusetzen. Sobald dann die Vordersten sich gehörig der schmalen Parköffnung genähert, so dass die ganze Herde sich zwischen den zwei Pfahlreihen bewegt, zeigen sich auch im Rücken der Herde Reiter und schnelle Läufer, die den Rückzug abschneiden und durch ihre Gegenwart sie vorwärts treiben. Aber dann erst fängt das raschere Treiben an, wenn der einzelne Jäger den Medezinpole (Medizinpfahl) in der Mitte des freien Raums erreicht, seine Büffelhaut dort als Opfer dargebracht und neben den übrigen Verzierungen und Malereien befestigt hat. Dann flüchtet er sich; denn jetzt wird die Herde, deren Leiter bereits zum Thore hereinkommen, mit wildem Geschrei in den leeren Raum getrieben. Sobald dieser mit Büffeln angefüllt ist, so wird die Oeffnung verrammelt. Sind dann die Büffel eingepfercht, so wird nicht mehr geschrieen, da sie sonst leicht durchbrechen würden. Von der Umzäunung herunter werden nun die gefangenen Büffel mit Pfeilen, Kugeln und Lanzen erlegt, bis sich keiner mehr rührt. Dann kommen die Weiber mit den Messern und baden und schwelgen im warmen Blute der vielen Opfer, wühlen in deren dampfendem Leibe, schneiden behende die noch zuckenden Glieder vom Rumpfe ab, trinken begierig das warme Blut, essen roh die Steine des Stiers, das Magennetz der jungen Kuh, selbst die Leber, wenn der Hunger gross ist.

Bei einem mikawuá, cerne, einer allgemeinen Jagd, schiessen die Jäger in vollem Lauf und zählen bloss die fehlenden Pfeile oder Kugeln. Die Weiber folgen dicht hintendrein, stürzen über das erste gefallene Opfer her und ziehen sorgfältig die Haut ab, welche der Jäger allein fordert; das Fleisch gehört denen, die es abschneiden, auf Hund- und Rosstravays ins Lager schleppen.[1]

Die Indianer beiderlei Geschlechts sind leidenschaftliche Spieler, besonders die noch in ihrer alten Freiheit lebenden. Ihrer gesellschaftlichen Unterhaltung fehlen die wichtigen Fragen über politische und pekuniäre Existenz, über ihre eigene Geschichte, die vergangene und gegenwärtige, wie die der verschiedenartigsten, auch der entferntesten Völker, über Religion u. s. w. Ihr abgeschlossenes einsames Leben im Zelt oder Lager bietet ihnen wenig Stoff zur Unterhaltung; Jagd und Krieg sind ihnen alltäglich, die wenigen Aben-

---

[1] Siehe die Abbildung im Juliheft 1894, S. 57.

teuer schon zu oft wiederholt; zu feinen Witzen bieten ihre ungelenkigen Sprachen sich nicht dar. Sie suchen daher durch Spiel ihrem Stillleben einen Reiz zu verschaffen. Sie spielen immer um irgend einen Gegenstand, wenn er auch noch so geringfügig ist; werden dabei eifrig, leidenschaftlich, was gerade gesucht wird; aber von Streit habe ich nie gehört, nie etwas gesehen; sie haben keine Spiele, wo betrogen werden kann. Die Iowäs spielen schon mit Karten (poker — wer in der Hand die meisten gleichartigen hält, gewinnt). Junge Leute sah ich mehrmals sich gegen einander auf den Boden setzen, ihre Mokassins ausziehen und alle vier zwischen sich in eine Reihe stellen. Einer der Spielenden schiebt nun seine Hand in jeden der Schuhe; in dem einen lässt er seinen Fingerring oder einen sonstigen kleinen Gegenstand zurück. Sein Gegenpart muss nun erraten, in welchem Schuh der Gegenstand liegt; er darf nur einmal raten, hat dann verloren oder gewonnen.

Bei den Omahaws sah ich leichte Lanzen durch einen rollenden Ring in vollem Sprunge werfen; wer durch den Ring schiesst, hat gewonnen. Es ist dies sehr schwierig, aber eine treffliche Leibesübung, da sie, so lange sie spielen, beständig die Bahn auf und abrennen, um sich im Werfen der Lanze nach einem beweglichen, im Fluge befindlichen Ziel zu üben.

Die Herantsa haben das sogenannte Billardspiel; es ist dasselbe um ihr Dorf herum in beständiger Uebung, wenn es die Witterung zulässt. Ihre Billardqueue werfen sie in vollem Lauf einem auf der Erde rollenden Ringe nach; sie ist mit Leder markiert und hat am Ende einen Bausch von Lederstreifen, Tuchlappen oder gar nur Gras. Der Stab ist mit vier Marken von Leder bezeichnet; je nachdem nun eine dieser Marken dem steinernen Ring zunächst zu liegen kommt, zählt der Spieler. Der Gewinner wirft den Ring; beide rennen nach und werfen demselben ihre Stäbe nach. Der Bausch am Ende des Stabes, welchen die Herantsa idi nennen, soll denselben verhindern, zu weit über die glatte Bahn hinzuschiessen. Der Boden ist zwar nicht glatt, wird aber doch so rein von Steinchen oder andern Unreinlichkeiten, Unebenheiten gehalten, dass er einem Stubenboden gleicht. Die Stäbe werden oft so dicht übereinander oder so gleichförmig an den Ring geworfen, dass die Spielenden selbst nicht entscheiden können; ohne Worte zu verlieren oder gar zu streiten, werden dann sogleich ältere Zuschauer herbeigerufen; ihr Ausspruch ist entscheidend. Es wird oft sehr hoch gespielt, obschon immer mit einem kleinen Gegenstand angefangen wird; man setzt aber immer höher, Bogen, Pfeile, Messer, Schuhe, Büffelhäute, verzierte leggins (mitasses, Hosen), verzierte Lederhemden, Tabakpfeifen, Flinten,

Pferde, Zelte, selbst die ältern Weiber. Einige leben ganz vom Spiel, gehen nie auf die Jagd.

Ueber die Spiele der Crows und Assiniboins erzählt mir der Boss (Meister, Schütz, Bourgeois) vieles. Die Crows sollen grosse Betrüger sein; die letztern von Natur freigebiger, gutmütiger(?). Sie nehmen ein flaches Becken von Holz, legen darauf einige Bohnen oder Samenkörner, auf einer Seite schwarz gebrannt, nebst Rabenklauen, wovon sich eine durch eine weisse Linie von der Wurzel bis zur Spitze auszeichnet, ferner einige Köpfe von Messingnägeln, wenn sie solche besitzen. Das Becken wird nun mit dem Inhalt aufwärts geschnellt; wie die schwarzen oder hellen Seiten der Körner oben zu liegen kommen, besonders aber, wenn die weisse Spitze der Rabenklaue aufsteht, darnach wird gezählt. Das Spiel dauert oft mehrere Tage ununterbrochen fort, je nachdem der Verlierende hartnäckig oder seine Mittel bedeutend sind. So lange einer noch etwas zu verlieren hat, schämt er sich aufzugeben. Dabei wird folgende Regel beobachtet, um dem Verlierenden wieder zu seiner Sache zu verhelfen und den Spass zu verlängern: der Gewinner setzt von den gewonnenen Gegenständen das Doppelte an Wert gegen den Einsatz des Verlierenden. Im höchsten Eifer werden oft auch die Lederzelte, die Weiber, ja das eigene Leben eingesetzt — wenn einer alles verspielt hat, keine Wohnung, keine Familie mehr besitzt, darf er sich

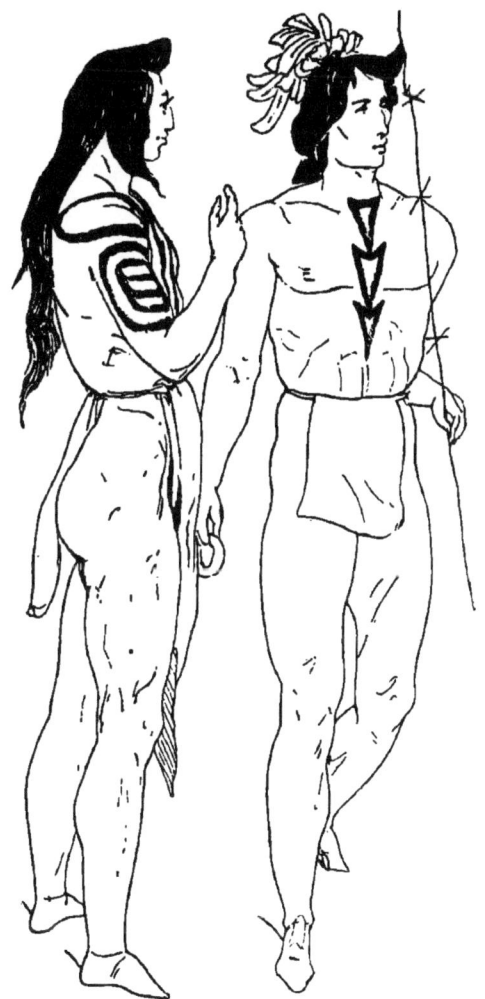

(Fig. 10). Billardspieler.
(Skizzenbuch S. 133.)

wohl schämen, ferner zu leben. Doch wird das Leben eines Verlierenden nie genommen, sondern er muss dem Gewinner dienen, d. h. für ihn jagen. Im Werte stehen zwei Messer gleich einem Paar Hosen; zwei Messer und Hosen gleich einem Blanket; zwei Messer, Hosen und ein Blanket gleich einer Flinte; zwei Messer, Hosen, ein Blanket und eine Flinte gleich einem Pferd; diese Gegenstände zusammen gleich einem Lederzelt; diese endlich alle zusammen gleich einer Squaw!

Es wird auch aus einem Bündel zwei Fuss langer geschabter Stäbe eine Handvoll rasch weggenommen; während sie vom Spieler in seine andere Hand geworfen werden, muss der Gegenpart die Anzahl der aufgehobenen schnell erraten. (Anmerkung: Die Italiener haben ein ähnliches Rätselspiel mit den Fingern, Morra genannt.)

Herr Dennik behauptet, die Indianer sehen jetzt viel schmucker aus, als in frühern Zeiten. Wie er sie zuerst kennen gelernt (dabei spricht er immer von *unsern*, den hiesigen Indianern), seien sie nackt oder bloss in schmutzige, schäbige Lederfetzen gekleidet, nur sehr selten bei ganz besondern Gelegenheiten aufgeputzt gewesen. Jetzt seien sie reinlicher; schmücken sich mit Glasperlen, wollenen Decken, besitzen jetzt auch Pferde, verfertigen hübsche praktische Sättel nach eigener Phantasie und eigenem Bedürfnis. Durch die Pelzhändler erhalten die Indianer sehr viel Nützliches, aber auch viel Ueberflüssiges.

Alle Indianer, welche längs Flüssen oder Seen wohnen, sind sehr reinlich, da sie leidenschaftliche Schwimmer sind, sowohl Männer, wie Weiber und Kinder. Die Herantsa und Rihs[1] baden sich täglich eher zweimal als gar nicht; selbst während der Influenza führten sie einander trotz des Fiebers, der Schwäche und des Hustens in das Wasser. Die Mutter wäscht sich und ihr Kind gleich nach dessen Geburt im kalten Wasser, so lange es nicht gefroren ist. Den Prairieindianern fehlt diese Gelegenheit, sie können also nicht so reinlich sein; es ist aber bloss dieser Umstand an ihrem Schmutz schuld. Sie sind keine Liebhaber desselben. Schmutz passt schon nicht zu ihrem Hang zum Putze, zu ihrer Gefallsucht.

Am 27. September berichtet der Maler, dass eine Bande Crihs aus einem benachbarten Lager ins Fort gekommen sei.

Am 28. September fährt er folgendermassen fort: Crihs beinahe alle fort, sie sind noch fast ganz in ihrer alten ursprünglichen Tracht: Lederkleider und Büffelhaut. Herrn Denniks Papagei war eine grosse Merkwürdigkeit für diese Leute; sie konnten sich kaum trennen von

---

[1] Rihs ist die kürzere Bezeichnung für Ricaras, Aricaras.

ihm. Er machte alt und jung, vornehm und gering beständig lachen. Obschon sie sein englisches: how do you do, putty[1] Polly? nicht verstanden, so wussten sie doch, dass es gesprochen war. Ein Vogel, der spricht, muss ein Wundervogel, grosse *Medizin* sein. Sein Lachen, Weinen, Husten, Klagen riss sie erst recht hin. Keiner konnte sich des Lachens enthalten. Ueberhaupt ist es ein irriger Begriff von einem Indianer, wenn man glaubt, er sei beständig stoisch; ja, unter Umständen, z. B. bei Martern, ferner bei Versammlungen; keine Unterbrechung des Redners wird da geduldet; aber im geselligen Leben lachen und schwatzen sie wie wir. Dass sich ein angesehener Krieger hochachtet, sich hütet, seinem Ansehen durch bubenhaftes Betragen, wie vorlautes Schwatzen und Neugierde, kindisches Lachen und Klagen zu schaden, finde ich ganz am Platze; das ist weder Stoicismus noch Amtsmiene, sondern Achtung seines eigenen Werts, angeborne Würde, edler Stolz.

Crihs sollen die mutigsten Krieger, die besten Schützen mit der Flinte, aber die schlauesten, hartnäckigsten Händler sein. Assiniboins schiessen am besten mit dem Bogen, erhalten aber auch weniger gute Flinten von den Amerikanern, als jene von den Engländern.

Unsere Indianer halten sehr wenig auf uns Weisse, sagt der Bourgeois; sie behaupten, wir thäten alles, um Büffelhäute zu erhalten: lügen, betrügen, im Kot arbeiten, wie ihre Squaws. Wir seien arme Leute, könnten ohne sie nicht leben, müssten Roben kaufen oder erfrieren. Daher sei unserseits das beste Mittel, um ihnen zu imponieren, dass man thue, wie wenn man sie nicht beachte, wortkarg sei, sie weder in Kleidung noch in Manieren nachahme. Sobald man sie aufsuche, familiär, freigebig sei, würden sie nur glauben, man buhle um ihre Freundschaft oder ihren Schutz, was das Gefühl ihrer Wichtigkeit noch erhöhen und unsere Hülflosigkeit ihnen noch deutlicher beweisen würde. In diesem Falle müsste man ihre Freundschaft, ihren sogenannten Schutz teuer bezahlen; sie hätten kein Mass im Fordern. Unter sich schätzen sie die Freigebigkeit, largesse, als eine hohe Tugend, so dass selbst ein jedes Geschenk so gut wie ein coup auf die Büffelhaut markiert wird. Einen Weissen betrachten sie aber nicht wie einen der Ihrigen, selbst nicht als einen anerkannten Freund. Des Weissen Freigebigkeit beweist seine Schwäche: er sucht Schutz. Dies Land gehört dem Weissen nicht; er muss die Erlaubnis, ein Fort zu gründen, mit den Eingebornen zu handeln, beständig bezahlen, förmlichen Tribut dafür entrichten. Mit Freigebigkeit gewinnt kein Weisser die Freundschaft,

---

[1] Wahrscheinlich papageiisch oder sonst verdorben aus pretty.

die Achtung des Indianers. Wenn man einen Indianer jeden Tag des Jahres beschenkte, heute mit einem Ross, morgen mit einer Flinte, übermorgen mit einer Decke, dann einem Messer, und so fort bis zum letzten Tage, und man vergässe oder verweigerte am 365. Tage ein Geschenk zu geben, desto ärger würde sein Zorn. Das gleiche sei mit einer Squaw der Fall, je mehr man ihr schenke, um ihr zu gefallen, desto mehr glaube sie den Geber in ihrer Gewalt, achte ihn durchaus nicht, noch weniger liebe sie ihn, zeige bloss ein freundliches Gesicht um der Gaben willen. Eine Squaw müsse ihren Mann fürchten, dann schätze sie in ihm die Männlichkeit; sie will einen stolzen Krieger, keinen gutmütigen Schuh. Einige tüchtige Streiche, oder eine derbe, schreckliche Zurechtweisung sei daher von Zeit zu Zeit nötig, um ihre Achtung und Liebe wieder aufzufrischen. Ohnehin liebe eine Squaw einen weissen Gemahl bloss um seiner Habseligkeiten willen, weil sie weniger arbeiten müsse, besser essen, sich schmucker kleiden könne; aber von Liebe keine Rede! Erst mit dem dritten oder vierten Kinde, wenn sie zu alt für ihre indianischen Dandies werden, fangen sie an, ihre ganze Anhänglichkeit dem Vater ihrer Kinder zu widmen. Laufe eine Squaw fort, so solle man derselben gar keine Aufmerksamkeit mehr schenken; ihr nachzulaufen, sie gar zu bitten, zurückzukommen, sei unter der Würde eines Kriegers, von ihnen nicht geschätzt. Die Sioux besonders suchen darin eine grosse Ehre, so viel Weiber oder Geliebte wegzuwerfen als möglich (j'ai jeté tant de femelles), mit andern Worten: zu hintergehen. Ich denke auch, dass, da dies eine uralte Sitte ist, die «Weibchen» dies ihrerseits auch nicht sehr zu Herzen nehmen und Freude an der Veränderung haben. Ein Krieger betrachtet seine Frau als eine gekaufte Ware, die er wegwerfen kann, sobald es ihm beliebt, deren er so viele halten kann, als er zu kaufen im stande ist, indem er sie mit seiner Jagd ernährt. Je besser ein Jäger, desto mehr Wild tötet er, um so mehr Häute bringt er ein. Diese Häute bilden gegerbt seinen Reichtum, wofür er alle andern Bedürfnisse eintauscht. Die Weiber sind es, welche die Häute mit grosser Geschicklichkeit und Schnelligkeit zurichten. Je trefflicher der Jäger, desto mehr Weiber hat er also nötig; auch bekommt er das Fleisch, um sie zu ernähren. Dabei ist nicht gesagt dass er bloss auf junge Weiber oder bloss auf schöne sehe; er wird zwar danach trachten, immer ein apartiges Bisschen für sein Privatvergnügen zu besitzen; die andern sind mehr Arbeitsweiber, alte Mädchen oder Weiber, die oft froh sind, einer Familie anzugehören; denn bei ihren beständigen Kriegen geschicht es nur zu häufig, dass Kinder ihre Väter, Weiber ihre Gatten verlieren. Die Vielweiberei ist bei den Indianern kein

Zeichen von Sinnlichkeit, sondern von Arbeitsamkeit. Ich habe viele Indianer gekannt, die nie mehr als eine, und nie eine andere Frau gehabt haben.

Heiratet ein Mann die älteste Tochter einer Familie, so hat er auch die ersten Ansprüche auf die jüngern Schwestern; sobald er einer jüngern eine Decke oder sonst ein grösseres Geschenk gibt, so hält sie sich an ihren Schwager gebunden, sie ist sein. Er kann sie einem andern abtreten, aber sie kann keinem andern Mann ohne seine Einwilligung gehören; doch schenkt er ihr nichts, wenn sie heiratsfähig wird, so bleibt sie frei.[1]

Die Ehen mit mehreren Schwestern sollen die angenehmsten sein, weil sie unter sich keine Eifersucht kennen, sich nicht bekriegen.[4]

Die Chefs von Handelsposten heiraten gerne in grosse angesehene Familien, wenn sie es vermögen; ihr Anhang, ihre Kundschaft wird dadurch vergrössert, somit auch ihr Profit. Ihre indianischen Verwandten bleiben ihnen treu und vertauschen ihr Pelzwerk nicht einer andern Gesellschaft. Ferner wird der betreffende Chef durch dieselben beständig von allem unterrichtet, was seinen Handel fördern kann; wo in einem Lager, in einem Zelte Büffelhäute vorrätig sind, vernimmt er sogleich; Geschenke ziehen sie herein. Einem Clerk ist eine vornehme Squaw zu kostspielig und bringt ihm keinen Nutzen, da er seinen fixen Gehalt, aber keine Prozente bezieht. Schulden zu machen bindet ihn an die Gesellschaft.

Sah heute eine Crihsquaw am Oberleib ganz nackt unter der Büffelhaut gehen; dies soll ein Zeichen der Trauer sein, weil sie ein Kind verloren hat. Tracht der Crihsquaws wie bei den Sauteuses[5]:

---

[1] Dauxion Lavaysse in seinem Buche: Voyage à Trinidad, etc., pag. 344, sagt auch von den Karaïben: « Ces Califournans[2] (so nennen sich die Karaïben) sont polygames, comme la plupart des Indiens, et ils ont ceci de particulier, que lorsqu'un d'eux a épousé l'aînée d'une famille, il a le droit d'épouser les sœurs cadettes, à mesure qu'elles viennent à l'âge de puberté. » Nachträgliche Anmerkung des Malers.[3]

[2] Nicht etwa Kaliforniens; nachher wird ausdrücklich bemerkt, dass die Karaïben sich selbst Califournans nennen und aus einem weit, weit entlegenen Lande herstammen wollen, weshalb Lavaysse sie von den Azteken ableitete.

[3] Vgl. darüber die vollkommen übereinstimmende Darstellung in dem interessanten Buche von Lewis H. Morgan, Die Urgesellschaft. Untersuchungen über den Fortschritt der Menschheit aus der Wildheit durch die Barbarei zur Civilisation. Aus dem Englischen von W. Eichhoff und Karl Kautsky. Stuttgart 1891, S. 135. Hier wird dies als Sitte bei den Crows, sowie in mindestens vierzig andern Indianerstämmen, und als «Ueberlebsel» der alten Sitte der Punalua» bezeichnet.

[4] ! ? Anmerkung des Herausgebers.

[5] Siehe die schöne Abbildung im Juliheft 1894, p. 67.

nämlich Schultern und Arme nackt, der Rock durch einen bis zwei Träger gehalten; wird es kalt, so ziehen sie Aermel an, die hinten im Nacken und vorn auf der Brust zusammengeknüpft werden. Assiniboinsquaws gehen sehr häufig bloss mit einem Aermel und lassen den arbeitenden Arm frei; auch sind ihre hemdartigen Röcke ohne besondere Träger; dafür gehen sie über der einen Schulter zusammen.

Den 30. September. Die Indianer halten die Cedern und Tannen für die gescheitesten Bäume, weil sie ihre Blätter für den Winter beibehalten. Nicht übel! Das hat bis jetzt in unserer Blumensprache gefehlt, in welcher nur Gefühle, aber keine intellektuellen Gaben vertreten sind. Ein kluger Hausvater würde danach mit einem grünen Tannenreis ausgedrückt.

Herr Dennik fragte mich unter anderm, ob ich es delikater gehandelt finde, wenn ein Indianer alle Andenken an einen toten Verwandten oder Freund vernichte, von ihm nie mehr mit seinem Namen rede, nur von «dem, den du kennst», als wie bei uns Andenken ewig aufzubewahren, den Gram beständig zu unterhalten, zu nähren, sich darin zu gefallen, dabei so viel köstliche Zeit zu verheulen, die besser angewendet werden sollte. Ich fand schon die Beispiele nicht richtig gewählt; denn die Indianer heulen nicht nur lange beim Grab eines werten Toten, sondern tragen auch bekanntlich selbst von seinen Knochen als Andenken mit; ferner verheulen nur solche bei uns mit Wehklagen ihre Zeit, die nichts Besseres, Notwendigeres zu thun haben. Noch weniger fand ich Zartgefühl im Verstecken Neuvermählter vor ihren Schwiegereltern. Wenn nämlich ein Tochtermann zu seinen Schwiegereltern sprechen wolle, müsse es immer durch die Thüre oder durch eine dritte Person geschehen; er dürfe ihnen nie ins Angesicht blicken, müsse im Vorbeigehen sich das Gesicht mit den Händen oder der Decke verhüllen; komme er unbewusst in ihre Gegenwart, so werde er sogleich daran erinnert. Dies gelte in gewissem Grade auch von der Schwiegertochter, müsse aber von den Betreffenden nur vor ihren Schwiegereltern beobachtet werden; vor seinen eigenen habe man sich nicht zu verhüllen; es gilt auch nur für so lange, als die Tochter noch nicht beständig bei den Schwiegereltern oder im Zelte ihres Mannes wohnt; ein Mädchen verlässt selten die Wohnung ihrer Eltern in der ersten Zeit nach ihrer Heirat; auch wohnen oft die Schwiegersöhne bei ihren Schwiegereltern, jagen für sie, erhalten sie.

In jener Verhüllung finde ich nichts als falsche Scham. Es würde mehr Zartgefühl zeigen, wenn man aus dem Verkehr Neuvermählter gar nichts Besonderes machte, sich keine Anspielung erlaubte, die Sache als etwas Natürliches betrachtete. Und noch bei Indianern solche Umstände!![1]

1. Oktober. Indianer glauben an Geister, obschon noch keiner einen solchen gesehen; sie sprechen aber zu ihnen und beraten sich mit ihnen. Nach ihrer Meinung gehen die Geister nicht auf dem Boden, sondern etwa zwei Fuss darüber.

4. Oktober. Blackfeet diesseits der Rocky mountains werden auf 1500 Zelte mit ungefähr 4000 Kriegern berechnet, Crows auf 440 Zelte mit 1200 Kriegern, Assiniboins in unserer Nachbarschaft auf 420 Zelte zu 1050 Kriegern und 2—300 Zelte weiter nördlich am Winnipegsee, Creeks oder Knistenaux, welche hier handeln, auf 150 Zelte, der ganze Stamm soll aber 800 Zelte betragen. Ricaras 600 Krieger in 300 Zelten, Chippeways 3000 Zelte, Sioux 4000. Pawnees und Aricaras sind von demselben Stamme, ebenso die Assiniboins und Sioux, Crows und Herantsa, Chippeways, Crihs, Pottowatomies und Musquakees; Mandans 16 Zelte (lodges, loges) oberhalb Fort Clarke, wovon bloss 7 bewohnt; mit denen, die mit dem Grand Mandan bei den Herantsa wohnen, zählten sie vor der letzten Cholera 45 Mann.

5. Oktober. Die Indianer geben auch hier und da ein «Essen» (gluttonfeast), das man füglicher «Fressen» nennen könnte, indem jeder Eingeladene eine ungewöhnlich starke Portion Fleisch zu essen bekommt; die Trommel darf auch hier nicht fehlen. Wer zuerst seinen Anteil verschlungen, ist Sieger; wer stecken bleibt, muss mit einem Geschenke vom Rest sich loskaufen.

Aus Uebermut oder aus Hass beissen die Indianer auch in das Fleisch toter Feinde, aber bloss in der ersten Wut nach dem Kampfe; so weit treiben sie es nicht, wie die Azteken, welche ihre Opfer verspeisten.

7. Oktober. Einen Augenblick verursachten die Weiber und Kinder einen ungewöhnlichen Lärm an der hintern Pforte. In der Erwartung, Herr Culbertson sei in der Nähe, lief alles nach dem Ufer. Es war bloss ein Indianer, der sich mit seinem Weibe anschickte mit zwei Pferden über den Missouri zu schwimmen. Einer unserer Assiniboins schwamm auf die Sandbank, um ihn anzurufen, wer er sei. Ein Herantsa, nicht Apsaroka, wie wir vermutet. Mit Hülfe meines Fernglases konnte ich ihren interessanten Vorbereitungen zusehen. Der Uebergang über den Fluss fand auf ähnliche Weise statt, wie ich früher den Papillon durchschwommen. Vermittelst einer

---

[1] Diese Abschnitte (S. 107 bis S. 140) wurden bereits publiziert in der Schweizerischen Rundschau (August und September 1894), deren Verleger, Herr Alb. Müller in Zürich, die Erlaubnis zum Wiederabdruck in unserer Zeitschrift erteilte.

Parflèche oder Pergamenthaut bildeten sie ein Boot, worin sie Sättel und Habseligkeiten legten und das sie zuschnürten. Die lange Schnur benutzte der Mann, um das Pack über den Fluss zu ziehen. Während er das Pergamentboot ins Wasser trug und seinen Gaul nachführte, zog sich sein Weib auch nackt hinter ihrem Gaule aus und jagte denselben vor sich her, übergab dem Manne die Kleider, welche er unter das Gepäck stiess. Dann griff er mächtig aus, den Strick des Bootes und das lederne Cabret seines Gaules zwischen den Zähnen haltend, hintenher die Frau mit ihrem Gaule nachschwimmend. So erreichten sie das diesseitige Ufer ohne Ungemach.

8. Oktober. Die Indianer schätzen die Zeit nicht; bei ihnen ist Zeit nicht gleichbedeutend mit Geld. Ihre Arbeiten rechnen sie deswegen um nichts höher an, ob sie mehr oder weniger Zeit gebraucht. Etwas müssen sie ohnehin thun, wenn sie sich nicht gar zu sehr langweilen wollen, daher sie die Zeit eher zu töten suchen, als davon Nutzen zu ziehen. Im allgemeinen ohne Lebenszweck, in den Tag hineinlebend, haben sie auch wirklich die Zeit nicht als ein Kapital zu betrachten; oft eher als eine Bürde.

Langsam geht es mit meinem Bilde vorwärts; ich habe keine Eile; je leichter ich zu malen scheine, desto weniger wird die Arbeit geschätzt. Was nichts kostet, hat wenig Wert. Letzthin z. B. kam ein Assiniboin, um Arznei gegen sein Augenübel zu holen; er erwartete nichts anderes, als einige Büffelhäute oder gar ein Ross schwitzen zu müssen, wie es von ihren Jongleurs oder Doktoren gefordert wird. Wie er sie aber geschenkt erhielt, so dankte er nicht, wandte sie auch nicht an, hatte kein Zutrauen mehr.

Fort Union, ohne Schutz gegen irgend einen Wind, er mag wehen, von welchem Striche des Kompasses er will, in der offenen Prairie, auf dem steilen Ufer des Stromes, soll der kälteste Posten sein von allen, so kalt wie die an der Hudsonsbay.

9. Oktober. Indianische Worte für Freund: taro (Iowa), digahau (Omahaw), kondah (Sioux); nach Carver in Sioux: kitchiwa, Chippewa: niconnis (pag. 351 der Hamburger Ausgabe), kuna (Assiniboin), marequah (Crow und Herantsa), nitschuwa (Crih), sihnan (Aricara), manuka (Mandan); koki heisst in Pawnee nein, gaggi bei den Rihs schlecht.

10. Oktober. Aufgeräumt; der Bourgeois besitzt jetzt alles, was er von mir als Maler wünscht. Herr Culbertson soll bei seiner Ankunft über mich entscheiden, ob ich mit ihm gehen, hier bleiben, was überhaupt in Zukunft meine Beschäftigung sein soll. — Um mir ein Beispiel zu geben, wie leicht Indianer oft coup zählen, berichtete mir Herr Dennik, wie zur Zeit, als die Sioux und Assiniboins einander

bekriegten, eine Schar von 60 Siouxkriegern zum Thor hereinmarsch'erten, bevor er dasselbe schliessen konnte. Zum Glück befand sich ausser den verheirateten Squaws bloss ein Assiniboinbube hier; diesen schloss er schnell in der Kammer über meinem Zimmer ein. Das Geheimnis blieb nicht lange verborgen: eine Squaw plauderte es bald einem der Krieger aus, welcher auch sogleich zu Herrn Dennik kam, um ihm seine Flinte nebst verzierter Robe anzubieten, wenn er dem Knaben die Hand schütteln dürfe; er wolle durchaus keine Waffen mitnehmen und wünsche selbst seine Gegenwart. Aber Herr Dennik willigte nicht ein, sagte ihm, wenn er coup zählen wolle, solle er dafür fechten.

Herr Dennik brachte seine ersten Jahre in diesem Geschäfte im Fort Pierre unter Herrn Ludlow als Clerk zu. Eines Sommers musste er mit einigen Sioux in die Prairie, um für Fleisch zu jagen. Sobald sie in die Nähe von Büffeln kamen, wurde das Lager aufgeschlagen, er im Zelte mit seiner Squaw, in einem Zelte ihre Verwandten, in einem dritten die übrigen. Alle Männer ausser ihm verliessen die Zelte, um sogleich zusammen Büffel zu jagen. Da sie länger ausblieben als man hätte erwarten sollen, spazierte er herum, um nachzusehen, wo die Jäger stecken geblieben. Bald entdeckte er mehrere Stiere, die gerade auf die Zelte losrannten. Er eilte in sein Zelt, seine Büchse zu holen. Unterdessen war seine Schwiegermutter hineingegangen und stand ihm zunächst, als er ins Zelt schlüpfte und hastig nach seiner Büchse rief; die Alte überreichte ihm dieselbe; er schoss bald zwei Stiere tot. Nachher war er der Gegenstand des Witzes für mehrere Wochen, weil er direkt zu seiner Schwiegermutter gesprochen. Er hätte ausserhalb des Zeltes ihr zurufen sollen! Er war aber in solcher Eile, dass er nicht einmal wusste, dass es nicht seine Frau war. — Witze sind selten bei den Indianern; desto länger bleibt ein solcher im Gange; beständige Wiederholung schadet ihm hier nicht.

Die Pelzhändler der gleichen Gesellschaft kommen oft in sonderbare Verwicklungen. Die Indianer betrachten den Pelzhändler, der bei ihnen Handel treibt, einen stehenden Posten hat, als einen der Ihrigen; einen Pelzhändler von der gleichen Gesellschaft, aber bei Feinden etabliert, mehr oder weniger als einen Feind. Selbst die Intelligentesten unter ihnen, wie der Vierbär (Quatre ours), können nicht begreifen, warum die Weissen, die z. B. von hier zu den Rihs oder zu den Blackfeet, den Feinden der Assiniboins gehen, von jenen nicht als Feinde betrachtet werden und warum z. B. Charbonneau Unrecht hatte, bei Fort Berthold auf die gleichen Sioux zu feuern, welche von Fort Pierre kamen, warum man hier nicht auf

Blackfeet feuern dürfe, bloss weil dieselben mit den Weissen eines anderen Forts Handel treiben, während sie doch auch die Weissen, die einzeln von diesem Fort kämen, bestehlen? — Die Pelzhändler sind bloss geduldet, weil sie notwendige Bedürfnisse austauschen, nicht beliebt; ein jeder Stamm, der einem Pelzhändler das Recht und den Platz einräumt, ein Fort zu errichten, fordert von ihm auch Hülfe und Schutz (doch bloss innerhalb des Forts) gegen seinen Feind; der Pelzhändler sollte die Feinde seiner Indianer auch als seine Feinde betrachten. Dies wäre bloss möglich, wenn ein jeder für sich Handel triebe, nicht für eine ausgedehnte Gesellschaft, und dann dürfte der unabhängige Pelzhändler bloss mit seinem Stamm und dessen Freunden Handel treiben. Es ist übrigens begreiflich, dass kein Stamm es gern sieht, wenn die gleiche Gesellschaft Waffen und Munition auch ihren Feinden verkauft.

Wenn zwei Indianer, die sich nicht feindlich sind, auf ihren Wanderungen sich begegnen, halten sie gewöhnlich einige Schritte von einander an und fragen einander, woher sie seien, welche Neuigkeiten sie wissen, ob etwas Auffallendes auf dem Pfade bemerkt oder angetroffen worden. Sind die Neuigkeiten von Bedeutung, so sitzen sie zusammen nieder und rauchen womöglich eine Pfeife Tabak. Gewöhnlich soll der jüngere dem ältern die Pfeife anbieten, lässt sich auch zuerst ausfragen; da ein jeder denselben Weg vor sich hat, welchen der andere zurückgelegt, so ist jede Spur, jedes Zeichen von Wichtigkeit; ist Gefahr vorhanden, so wird man gewarnt, ist keine zu befürchten, so geht man um so unbesorgter. Indianer grüssen sich nie mit Händedrücken oder Zuwinken oder indem sie die Zeit wünschen; sind sie einander gut bekannt, haben aber doch nichts weiter zu sagen, so geben sie das Erkennungszeichen „hou". Ein Fremder, der sich einem indianischen Lager oder Dorfe nähert, wo Fremde selten sind, hat nicht lange zu warten, ehe er weiss, wohin sich wenden, da er nie in ein Lager kommen kann, ohne vorher von geschäftigen oder müssigen Bewohnern oder von den wachsamen entdeckt worden zu sein; es ist gleich ein *Soldat* bei der Hand, um ihn zu empfangen und ihn in die Soldaten- oder Versammlungshütte (soldiers lodge) zu geleiten. Diese Hütte ist die grösste des Lagers, bildet den Beratungsort, die Wachtstube der Krieger. In dieselbe dürfen keine Weiber treten; hier werden alle wichtigen Neuigkeiten verhandelt, über Jagd, Krieg und Wanderung beschlossen. Daher wird ein Fremder hier bewirtet, dann nach seinem Vorhaben, seinen Neuigkeiten gefragt. Ein *Soldat* ist in jedem Fall ein Krieger, der sich bereits ausgezeichnet, mehrere Coups zählt; er ist immer mehr oder weniger tätowiert, d. h. mit Nadeln sind ihm Figuren, Linien oder

Punkte in die Haut gestochen und mit Pulver oder Kohlenstaub eingerieben worden, so dass die Farbe der Tätowierung blauschwarz ist. Die hiesigen Indianer sind nicht über den ganzen Leib tätowiert, gewöhnlich über Gurgel und Brustbein, oder über die ganze Brust und die Schultern, dann wieder an Schultern und Armen, auch bloss am Vorderarm, dann wieder an den Schenkeln, doch bloss mit grossen Punkten oder Hufspuren, Lanzenspitzen. Der Rücken nie, denn der Krieger zeigt ja nicht mit seinem Hinterteile, dass er ein Tapferer ist. Bei Frauen und Mädchen kommen auch Tätowierungen vor, an welcher auch ihre Nation erkannt werden kann. Z. B. haben viele Iowamädchen einen grossen Punkt zwischen den Augenbrauen, oft zwei übereinander wie Witthae; ein Punkt soll andeuten, dass die Betreffende 10, zwei Punkte, dass sie 20 Pferde weggeschenkt. (Und früher, als sie noch keine Pferde besassen? Gewiss rührt das Punktieren oder Tätowieren von uralter Zeit her. Für das Tätowieren wird dem Künstler viel bezahlt, selbst ein Gaul.) Dies mag die ursprüngliche Sitte gewesen sein; aber viele der punktierten Mädchen wären froh gewesen, in ihrem Leben einmal einen ganzen Gaul besessen zu haben. *Hauwepimme* war das einzige mir bekannte Iowamädchen, welches auf der Brust tätowiert war; vom Halsgrübchen gegen die Herzgrube lief ein Trapez. Dann wieder zeichneten sich die Sauteuseweiber (dies ist auch den Cribs als ihren Verwandten eigen) durch 1, 2, 3 Linien, die aus den Mundwinkeln nach dem Kinn divergieren. (Das Tätowieren ist des Urmenschen erste Verzierung und Auszeichnung; bekleideten Leuten kann die Tätowierung wenig nützen.) Die Soldaten sind vorerst durch ihre Tätowierung, dann auch durch ihre Haltung, ihr würdevolles Benehmen, die besondere Art, ihre Büffelhaut oder Decke zu tragen, erkennbar; sie hängen diese nämlich so um ihren Leib, dass rechte Schulter, Brust und Arm frei bleiben; sie halten mit der linken Hand den Teil der Hülle unter dem rechten Arm fest angezogen, welcher die rechte Schulter decken sollte. Dadurch bilden sie einen ganz ungesuchten, aber doch grossartigen, leichten Faltenwurf. Ueberhaupt ist die wollene Decke die schönste Draperie des menschlichen Körpers, die ich kenne; und die Indianer, ohnehin putzsüchtig, wissen der Decke mit ihren kleinen Händen einen graziösen Schwung zu geben; sie ist ihnen beständig in den Fingern, Uebung bildet auch hier den Meister, sie geben sich keine Mühe damit zu gefallen, selten ordnen sie dieselbe aus einem andern Grunde als aus Bequemlichkeit, bloss ihre verzierten Roben tragen sie zur Schau. Die Decke ist nie plump, sie mag frei über die Schultern hängen, über den Kopf weggezogen, um den Leib befestigt sein, oder am Boden nachschleppen, immer ist sie plastisch.

Die Soldaten bilden die Polizei, den Rat eines Lagers; alle geprüften Krieger sind Soldaten. Ihre Lagerregeln zur Handhabung der Ordnung werden streng beobachtet; sie achten ihr eigen Gesetz, haben auch die Mittel den Widerspenstigen zu züchtigen, mit Schlägen, selbst mit Tod zu strafen. Ihre Beschlüsse werden durch einen Schreier öffentlich ausgerufen. Z. B. es werden Büffel in der Nähe entdeckt; ginge nun sogleich ein einzelner auf die Jagd, so würde er sie den anderen vertreiben, ihnen ihre Existenz schmälern. Eine Herde Wild darf daher kein einzelner Indianer aus einem Lager oder Dorf jagen, wohl aber einzelne Tiere. Auf die Nachricht von nahem Gewild versammeln sich sogleich die Soldaten (oft sind die meisten auf einem Kriegszuge, doch bleiben immer einige alte zurück, je nach Grösse des Lagers) zur Beratung, wann und wie gejagt werden soll. Nach der öffentlichen Bekanntmachung richtet sich jeder Jäger ein, der angesehenste wie der ärmste. Ist nun eine Umringung beschlossen, wehe dem, der vorlaut aus dem Ring bricht, den Plan stört; sein Gaul wird ihm unter dem Sitz totgeschossen, oder seine Waffen zerbrochen.

Jeder Pelzhändler wählt sich einige der angesehensten Soldaten zu seinem besondern Schutz aus, für sich und seine Waren, gibt reichliche Geschenke dafür und wohnt gewöhnlich im Lager in dem Zelte eines seiner Soldaten. Wie wir mit dem St. Ange bei Fort Pierre anhielten, traf es sich zufällig, dass ein Lager Teton-Sioux neben dem Fort errichtet war. Ein Dutzend Soldaten im grössten Schmuck gaben uns erst eine Salve, kamen auf das Boot, ihre Bekannten zu bewillkommen, hielten dann Wache bei den ausgeladenen Waren, wo sie mir eine willkommene Beute wurden; einem Hunde wurde sogleich ein Pfeil durchs Herz geschossen, weil er sein Bein gegen die Waren aufheben wollte; und die neugierigen Weiber und Kinder blieben in fernem Kreise stehen, die fremden Weissen musternd. Ueberhaupt wird jedes Jahr bei der Ankunft des Dampfbootes dasselbe durch diejenigen Soldaten im Ornate bewillkommt, welche die Kundsame derselben Gesellschaft sind. Die Yanktonans erwarteten uns auf einem Felsen, wo sie die U. S. Flagge (the star spangled banner) aufgezogen hatten. Die Landung war schwierig, musste aber doch aus Höflichkeit geschehen. Diese geschmückten Yanktonans bildeten die originellste Gruppe, die ich je gesehen. Der Chef stand mit einer Tabakspfeife auf einer ausgewaschenen Felsenkante wie auf einem hohen Piedestal; um ihn herum standen die Krieger am Rande des Flusses in verschiedenen Stellungen. Die Weiber durften erst auf das Boot herunterkommen, nachdem die Bewillkommnungsscene der Krieger vorüber war.

Ein Soldat hat natürlich Familie, er ist das Oberhaupt derselben; er liebt seine Kinder ausserordentlich, schlägt sie nie; sein mahnendes Wort muss genügen; er gibt seinen Söhnen ein gutes Beispiel, wie sich ein zukünftiger Krieger betragen soll: seinen Mädchen prägt er Bescheidenheit, Sittsamkeit ein, doch wacht mehr die Mutter über das Mädchen. Der Soldat kommt oft in den Fall seine streitenden Weiber zu prügeln, um des lieben Friedens, der Ordnung willen. In seinem Zelte weist er jedem Familiengliede seinen Platz an, zum Schlafen und am Feuer, so auch seinen Besuchern, seinen Gästen. Als Haupt einer Familie darf er keine Possen in seinem Zelte treiben, höchstens mit seinen kleinen Kindern. Dazu ist aber die Soldatenhütte auserwählt, wo keine Kinder und Weiber hinkommen; da ist sein Erholungsort, hier lacht, singt, spielt, raucht, tanzt, belustigt er sich nach Noten, so lange keine Beratung vor sich geht; dann wird wieder decorum gefordert.

Die Pflichten und Freuden der Indianerinnen sind deutlich bezeichnet. Nachdem der Mann, der Vater oder Bruder, das Wild getötet und hereingebracht, hat er seine Pflicht als solcher gethan; das Abhäuten, Trocknen und Kochen, das Feuer, die Pflege der Kinder, die Verfertigung der Kleider, das Zubereiten der Häute sind Pflichten der Weiber. Im Rat hat kein Weib eine Stimme; selbst wenn sich eines im Kriege ausgezeichnet, was bei Ueberfällen von Lagern häufig vorkommen kann, wird nicht auf ihren Rat gehorcht. Kinderbesuche, Schwatzen, Singen, Tanzen, Liebschaften, Kleider und Putz bilden ihre Erholungen; von ihren gegerbten Häuten (wenn man *gerben* auch das Zubereiten von Häuten ohne Lohe, Rinde, nennen darf) hat sie einen Anteil, tauscht sich Kleider, Schmuck oder Naschereien ein. Liebhaber schenken ihren Mädchen Leckerbissen von ihrer Jagd, ihre Felle. Schwestern haben Anspruch auf alles, was ein Bruder, Schwager besitzt. Reitet ein Indianer z. B. ins Lager, begegnet einer Schwester (Schwager und Schwägerin wird wie Bruder und Schwester gehalten, sowie Oheim und Muhme, wie Vater und Mutter) und sie wünscht sein Reitpferd, so springt er sogleich ab, übergibt ihr die Halfter (Cabret, lasso), und wenn es sein bester Renner wäre; dabei wird aber Gegenrecht gehalten. Mädchen ziehen hauptsächlich Schecken allen andern Farben bei Gäulen vor, weil sie am meisten in die Augen scheinen und sich leicht vor andern auszeichnen. Der Indianer verfertigt bloss seine Waffen, seinen Haarschmuck, besorgt die Pferde, jagt und kriegt. Dass er durch die Pelzhändler sein Los verbessert, beweisen folgende Daten: Für eine Büffelhaut erhält er 60 Ladungen Pulver mit Kugeln; für 6—10 Roben eine mehr oder weniger gute Flinte, doch immer eine brauchbare.

Für eine Robe erhält er also so viel Schüsse, dass er wenigstens 50 grössere oder kleinere Pelztiere erlegen kann. Eine einzelne Pfeilspitze zu schleifen nimmt mehr Zeit, als eine squaw zum Zurichten einer Büffelhaut braucht, nämlich 3 Tage. Der Pfeil hat den Vorteil, dass er beim Abschiessen keinen Lärm macht und schneller abgeschossen und oft gebraucht werden kann; über 150 Schritte trifft er aber nicht mehr mit Gewissheit ein kleines Ziel. Bei den obern Missouriindianern sah ich das Lederband um das linke Handgelenk zum Schutze gegen die anprallende Bogensehne nicht, wie es bei Iowäs, Foxes und Omahaws gebräuchlich ist. Die obern Missouriindianer sind aber auch durchgehends mit Flinten versehen, da sie reicher sind.

Hr. Dennik behauptet, das Trinken von Whisky sei den Indianern keineswegs schädlich; es sei zwar richtig, dass Prügeleien und Mordthaten infolge des Betrinkens öfter vorkommen als sonst, aber die wilden Indianer kümmere das nichts; hingegen seien sie zuverlässiger, arbeitsamer, besser gekleidet gewesen zur Zeit, als Whisky von Uncle Sam erlaubt war zu tauschen, denn jetzt; aus der einfachen, aber auf der ganzen Erde wahren Ursache, dass die Menschen eifriger für ihre Vergnügungen arbeiten, als für ihr Notwendiges. Der Whisky sei dem Indianer ein scharfer Sporn zur Thätigkeit gewesen; um ihn zu geniessen, habe der Mann öfter gejagt, die Frau mehr Häute zubereitet. Die Zahl der eingetauschten Häute habe sich seither bedeutend vermindert, nicht sowohl weil es weniger Büffel gebe, als weil ein Indianer keinen Schritt für Kaffee und Brot thue, solang er Fleisch habe. Fleisch ist ihm seine liebste Nahrung; für Whisky hungert, friert und springt er tagelang. Dies ist zwar alles sehr wahr, aber auch nur die schöne Seite des Bildes. Der Hauptgrund, warum die Pelzhändler den Whisky als Ware für die Indianer trotz der grossen Lebensgefahr für sich selbst zurückwünschen, ist der ungeheure Gewinn, den sie aus dem Getränke ziehen konnten; jener Gewinn steht in keinem Vergleich mit dem jetzigen; der frühere Gewinn war 200—400 %, heute *bloss* 80 %. Der Pelzhändler urteilt und handelt als solcher. Civilisierung des Indianers ist ihm ein Greuel, denn damit hört der Pelzhandel auf. Mit der Kultur des Bodens wird der Indianer unabhängig; die Jagd hört auf seine Hauptbeschäftigung, die Felle hören auf seine Barschaft zu bilden. Verfolgt man die Geschichte der vertriebenen Indianer, so findet man immer Pelzhändler unter ihnen, welche sie vor den Weissen, ihren eigenen Landsleuten, zwar warnen, aber auch gegen sie aufstiften. Was hat die Hudsonsbay Company je für die Indianer gethan, seit sie das Privilegium des englischen Pelzhandels in Nordamerika besitzt?

Nichts! Wo sind hier die englischen Menschenfreunde? Die englischen Philantropen thun gewaltig gross — wo ihr Handel nicht dabei leidet! So sind die amerikanischen Pelzhändler Gentlemen in allem, was ihren Geldbeutel nicht berührt Die Moral des Indianers, seine Civilisierung kümmert ihn nichts; sie verdrängt seinen Handel, schmälert sein Einkommen. So lange es noch Büffel zu töten gibt, wird der Pelzhändler gegen die Civilisierung des Indianers auftreten, zwar nicht öffentlich, aber geheim. Dieser grossartige Handel darf in den Augen des Amerikaners einstweilen nicht zu Gunsten der Rothäute verdorben werden. Selbst Missionen gedeihen nicht neben Pelzhändlern, wogegen ich übrigens nichts habe, so lange die Missionare nicht mit der Kultur des Bodens als ihrer Grundlage anfangen. Wilde, herumschweifende Jäger zu taufen, macht noch keine Christen; Anhänglichkeit an seine Scholle bildet die Grundlage zur christlichen Gemeinde, wie der Bauer überhaupt den Kern des Staates bildet. Wer kein Erdreich besitzt in geordneten Staaten, hängt doch an seiner Verwandtschaft, im weitern Sinne an seinem Vaterland. Der unstäte Jäger kennt keine Bande, die ihn irgend einen Augenblick an die Scholle oder an seine Gesellschaft festhalten. (Folgen Betrachtungen über das Christentum.)

Die Missionare verschiedenen Glaubens stimmen überein, dass es unmöglich ist Indianerstämme zu bekehren, welche im Besitze von Whisky sind. Gegen die Macht dieses geistigen Getränks vermag ihr Glauben, Predigen, Beten nichts. Es gibt aber einige Stämme, die ohne Zuthun von Missionaren durchaus keinen Whisky unter sich dulden; die Erfahrung hat sie klug gemacht, z. B. die Crihs.

Das warme Kaminfeuer macht mich heute ungemein schreibselig, es erwärmt Leib und Seele. Von einem Tag zum andern kann ich wieder von hier weg (müssen oder können?). Was mir daher des Notierens wert im Kopfe herum fährt, ist besser auf Papier aufbewahrt; neue Eindrücke verwischen zu leicht die alten. Also: Ein indianischer Redner vor einer Versammlung spricht sie mit einer Anrede an, wie sie das Verhältnis erfordert, in welchem der Redner zu den Zuhörern steht; z. B. mein Volk, meine Freunde, Verwandte, Kameraden. Hat der Redner einen Dolmetscher nötig, so teilt er seine Rede in mehrere Teile, hält an bei jedem Abschnitt, lässt den Dolmetscher übersetzen, zählt an seinen Fingern nach und fährt so fort, bis er alle Abschnitte oder Punkte vorgebracht und übersetzt weiss.

Assiniboins sind wie alle grösseren Stämme in einzelne Banden abgeteilt, von welchen eine jede ihr eigenes Oberhaupt oder ihren Anführer hat. Je grösser eines Chefs Anhang, desto höher sein Rang; er wird nach der Zahl der Krieger geschätzt, die er stellen kann.

Der beste, tapferste, klügste Krieger kann ein Chef werden ohne Anhang, ohne Verwandtschaft. Es gibt eine Bande des Gaucher (Linkhändigen), eine Bande der Mädchen, der Kanots, der Felsen, von Norden; dies sind die Namen der fünf Assiniboinbanden, über denen kein einzelnes Oberhaupt steht.[1] Der Gaucher war früher der mächtigste, berühmteste Chef; er scheint auch wie der berüchtigte Omahawchef Blackbird (Washinga-Schaba) seine gefährlichsten Nebenbuhler mit Arsenik auf die Seite geschafft zu haben. Damals waren die Assiniboins mit aller Welt im Krieg, mit den Blackfeet, Crows, Ribs, Herantsa und selbst den Sioux; aber viele Hunde sind des Hasen Tod; sie waren endlich gezwungen, mit den Sioux, Herantsa und Apsharokas Frieden zu schliessen.

Die Erziehung der Indianer, sagt Herr Dennik, ist die einzige, welche aus Buben Männer und aus Mädchen Weiber bildet. Was ihre Erziehung bezweckt, wird geleistet; der Bub wird zum guten Jäger, tapfern Krieger, klugen Vater, das Mädchen zur arbeitsamen, treuen, bescheidenen Mutter herangebildet. Mehr bezweckt ihre Erziehung nicht. Dabei leistet das gute Beispiel mehr als Lehren, hochtrabende Phrasen, nie erfüllte Grundsätze.

Nicht nur sind die indianischen Banden in kleinere Lager zu leichterer Bewegung und Ernährung geteilt, sondern auch diese wieder in besondere Banden, von welchen eine jede einen besondern Rang beansprucht. Junge Männer, Krieger, Mädchen und Weiber haben ihre eigenen Banden, kaufen sich mit der Zeit in höhere ein, wenn sie die Fähigkeit dazu besitzen. Jede dieser Banden hat ihren eigenen Namen, Schmuck und Tanz. Sie haben keinen andern Zweck, als Geselligkeit, Abwechslung in den Belustigungen. Die höchste Bande besteht aus den vornehmsten Kriegern, la bande qui ne se sauve point. Sonst tragen sie Namen beliebter Jagdtiere, doch nie die der sogenannten Medizintiere, deren Fleisch sie nicht essen, deren Felle sie nicht gerben; das ist von Stamm zu Stamm verschieden. Namen wie Adler, Bären, Biber und Wölfe sind daher ausgeschlossen, dafür Büffel, tolle Hunde, Füchse, Fasanen, Schildkröten, Elks u. s. w. erlaubt. Die Verschnittenen tragen bei ihrem Tanze gar keine Kleidung ausser den Schuhen, sind sonst nackt, selbst ohne Schamtuch; an ihrem Gliede befestigen sie eine Adlerfeder. Die Adlerfedern sind wegen ihrer Seltenheit so hoch geschätzt; man nimmt zur Bezeichnung eines

---

[1] Vergleiche Lewis Morgan, die Urgesellschaft, p. 135, Gentes der Crows 1. Prairiehund, 2. Schlechte Gamaschen, 3. Stinktier, 4. Trügerische Hütten, 5. Verlorene Hütten, 6. Schlechte Ehrenbezeugungen, 7. Schlächter, 8. Bewegliche Hütten, 9. Bärentatzenberg, 10. Schwarzfusshütten, 11. Fischfänger, 12. Antilope, 13. Rabe. (Pet-chale-ruhh-pa-ka.)   (Anm. des Herausgebers.)

coup bloss die Schwanzfedern, deren bei einem Adler 12 sind. (Wir besitzen hier einen lebenden Adler in einem Käfig eingeschlossen. Alle Wochen erhält er nur einmal ein tüchtiges Stück Fleisch; so lange er hier ist, hat er noch nie getrunken.) Der Schwanz eines Adlers kostet hier ein Ross oder sechs Büffelhäute. Die Indianer geben sich viele Mühe, den Kriegsadler einzufangen; geschossen wird er höchst selten, wenn überhaupt. Zwei Indianer graben zum Zwecke des Fangs in wilder Gegend eine Grube in die Erde, tief genug, um einen von ihnen zu verbergen. Einer legt sich hinein, wird mit Reisern so überdeckt, dass er noch sehen und atmen kann; er muss auch mit Speise versorgt werden. Ueber die Reiser legt der andere Indianer ein Aas und entfernt sich. Stürzt nun ein Adler auf die Beize herunter, so packt ihn der verborgene Jäger bei den Beinen und zieht dieselben rasch zwischen den Reisern herunter, sticht dem Tiere das Messer ins Herz. Wehe ihm, wenn der Adler mit Schnabel oder Krallen ihn erreicht! Die Wunden sind scheusslich; in den scharfen, spitzen Klauen besitzt er mehr Kraft, als der Bär in seiner Tatze; mit seinem gekrümmten Schnabel hackt er tiefe Höhlen ins Gesicht. Oft muss der Jäger mehrere Tage in seinem Loch zubringen, ist noch froh, wenn er etwas ausrichtet, nicht gar ein Bär über ihn herfällt.

Erkundigte mich heute, ob die Friedenspfeife je missbraucht, mit verräterischem Herzen zu einem Ueberfall angeboten wird, um einen Feind zu überlisten, oder ob sie immer heilig gehalten wird. Bei den Apsharokas und Herantsa wird die Heiligkeit der Friedenspfeife unverbrüchlich geachtet; bei den übrigen Stämmen weniger; wenn sie nur einen Feind töten können, seien alle Mittel gut. So wollten zur Zeit, als die Crows und Assiniboins einander noch bekriegten, aber doch anfingen, des Krieges überdrüssig zu werden und sich zu fragen, ob eigentlich ein Grund ihrer Fehde vorhanden oder dieselbe bloss ein Erbe ihrer Vorfahren sei, also kein eigentlicher Hass mehr zur Fortsetzung der Feindseligkeiten antrieb, vier Apsharokas mit ihren Familien trotz dem Abmahnen der Weissen in diesem Fort zu ihren Verwandten, den Herantsa, um Korn einzutauschen oder zu erbetteln. Die Crows begegneten auch wirklich einem Assiniboinlager. Das *Messer*, das *gefleckte Horn*, *Celui qui suit le chemin*, Pfadfinder, und andere bieten ihnen in einem Zelte die Pfeife an. Die Crows, ohne Ahnung, legen ihre Waffen bei Seite und rauchen. Die Assiniboins stürzen über sie her und ermorden sie. Es war ihnen mehr um die guten Pferde der Crows, als um ihre Skalps zu thun; denn sie sandten die Weiber und Kinder zu Fuss zurück. Beim Verteilen der vierbeinigen Beute kam das *gefleckte Horn* mit dem Sohn des Pfadfinders in Streit, wobei ersterer, ein heftiger, entschlossener *Feger*, dem letztern sogleich einen Pfeil in den Rücken schoss und ihn tötete. Dafür verlor er aber seinen Anteil und musste noch mehr Bussgeschenke schwitzen.

Ein andermal wurden 28 Herantsakrieger bei einem solchen Friedensantrage von den Yanktonans gemordet. Später schlossen die Yanktonans wirklich Frieden, aber nur um desto sicherer die Herantsa zu betrügen, zu überfallen. Da diese im Brauch haben, im Winter ihr Dorf beim Fort Berthold zu verlassen und der Jagd wegen zum Kniferiver hinaufzuziehen, glaubten die Yanktonans im verlassenen Dorfe eine gute Beute von Mais zu finden. Ein Teil derselben schlich sich herauf. Zum Glück hatten aber die Herantsa Wind von dieser Schelmerei erhalten, legten ihren Feinden einen Hinterhalt in Rücken und Front; kein einziger entging ihnen, alle wurden umgebracht.

Die Crows sind bekannt für ihre gute Ordnung in ihren Lagern, doch betrifft sie mehr die Männer als die Weiber und Kinder, da sich diese selbst in Versammlungen Einreden erlauben, was sonst bei keinem Stamme vorkommt. Und doch zeichnen sich ihre Weiber mehr durch Fleiss und geschickte Arbeiten als hübsche Gesichter aus. Die jungen «Krähen» sind wild und unbändig wie Wölfe.

Wenn Vorposten den Feind entdecken, geben sie ihren Leuten folgendes Zeichen rückwärts: sie galoppieren auf und ab und kreuzen sich über die Linie; entdecken sie Büffel, so gehen sie langsam auf und ab in gerader Linie und werfen oft Staub in die Luft.

14. Oktober. Ein altes Weib trippelt jetzt hier am Stocke herum, welches in einem Zelte vor den Thoren vier Generationen besitzt; sie ist die Witwe des berühmten Chefs der Assiniboins l'Armure de fer, seither mehr als le gros Français bekannt; er war jener Anführer der Gens des roches, welchen Lewis und Clarke auf ihren bekannten Reisen angetroffen. Sie muss über hundert Jahre alt sein, geht ganz gekrümmt. — Alte Leute haben kein gutes Leben bei den Indianern, sobald sie zu nichts mehr gut sind; sie müssen gefüttert werden, wenn auch oft Mangel ist, getragen werden, wenn man eilt. Daher begegnet es nur zu oft, dass solche alte Leute auf schnellen Wanderungen elendiglich im Stiche gelassen werden, ohne Hülfe, ohne Nahrung, bloss mit einem Stocke, um die pomme blanche auszugraben. So lebte letzten Winter ein altes Weib lange Zeit ausserhalb des Forts, gefüttert von Herrn D. Sie hatte sich einen Haufen Reiser zusammengethan, um darunter zu wohnen; der Schnee hielt sie warm. Zwei von ihrer Bande berieten sich, was mit ihr zu thun sei, ob man ihr eine bequemere Hütte machen oder sie umbringen

solle. Sie beschlossen das letztere, da sie zu viel Umstände mache, zu nichts mehr nütze. Sie schlugen sie mit Knüppeln tot. Den nächsten Morgen, als der alte Spanier ihr die Ueberreste der Tafel bringen wollte, fand er sie mit gespaltenem Kopfe. Neben ihr sassen die beiden Indianer, welche ihm lachend sagten, es sei besser für sie, tot als lebendig zu sein. — Ich verschweige mit Fleiss solche Grausamkeiten nicht, da ich trotz meiner Sympathie und Freundschaft für die Indianer ihre Fehler recht gut einsehe. Ich behaupte aber kühn, dass bei diesen sogenannten Wilden im Verhältnis zu ihrer Erziehung viel weniger Rohheiten und Grausamkeiten vorkommen, als bei den sogenannten christlichen Nationen. Es vergeht weder in den Vereinigten Staaten, noch in Europa ein Tag, wo man nicht in den Zeitungen die haarsträubendsten schändlichsten Unthaten liest. Die Grausamkeit der Indianer während der Vertilgungskriege finde ich ganz natürlich; ihre Wut war mit Recht aufs äusserste gestiegen. Waren die Borderers weniger grausam? skalpierten sie nicht mit gleicher Lust? Oh! könnten die Indianer nur Bücher schreiben!

Weiber werden gewöhnlich älter, als die Männer, weil sie weniger rauchen; das Einatmen des Tabakrauches und das Herausblasen aus der Nase, wie es bei den Indianern der Brauch ist, greift Brust und Gehirn bedeutend an; Lungenschwindsucht ist daher häufig bei Männern, obschon ihr gemischter Tabak mild und wohlriechend ist. Den fabrizierten amerikanischen Tabak können sie nur mit ihren getrockneten Blättern oder mit Bastrinde vermischt gebrauchen. Ich habe es mir jetzt auch angewöhnt, das indianische mélée zu rauchen (doch nicht durch die Nase), obschon ich sonst nie geraucht. Der Geruch ist sehr angenehm. Es gehört auch zur indianischen Höflichkeit, einem Besucher eine gefüllte Pfeife anzubieten; für mich besonders ist es notwendig, da ich die Sprache noch nicht verstehe.

15. Oktober. Abends zwei alte Bekannte von Fort Berthold hier angelangt: le Nez d'Ours und l'Estomac de Corbeau, der kräftigste, stolzeste Krieger des Dorfes. Sie sind auf dem Wege zu den Apsharokas und haben ihre Kameraden in der Opposition zurückgelassen. Dreihundert Rihs sollen an der Cholera gestorben sein. Die Rihs haben von den Weissen bloss einen alten Mann, der vom Zimmerplatze (chantier) kam, getötet; die ganze Geschichte von Dorsons Kanonenfeuer ist eine Erfindung, um etwas zu erzählen und Nahrung zu bekommen. Herantsa haben 20 Krieger, worunter 6 Mandans, verloren. Weiber und Kinder wurden nicht gezählt. Es ist keine Spur von Krankheit mehr; beim letzten Neumond sind sie ins Dorf zurückgekehrt. Herr Kipp soll 14 Krieger gekleidet haben, d. h. mit europäischen Kleidern,

ein Zeichen seiner Furcht. Bellangé, glücklich zurückgekommen, machte sich gross, wie er trefflich geschossen habe! — Die Mehrzahl der Herantsa ist gut gegen mich gestimmt; bloss einige Kunden der Opposition redeten heftig gegen mich. Jefferson Smith soll sie, weniger aus Hass, als aus Interesse gegen mich aufgestiftet haben. Le Nez d'Ours erzählte, wie sie ein Lager von 30 Assiniboinzelten von der bande des filles angetroffen; alles habe dort bei ihrem Anblicke geheult, weil durch den Frieden viele Assiniboinskalps ungerächt geblieben. Vier Herantsa erhielten Flinten, um heulen zu helfen und die erbeuteten Skalps nicht mehr zu zeigen. Ihr Partisan ist le Loup courte queue, der einige Zeit in meinem Zimmer gewohnt hat. — Eines der alten Weiber im Lager rief ihrem Hunde Kadosch, Kadosch! Da sie sonst die Hunde mit suk, suk! locken, fragte ich Herrn D., ob die Indianer ihren Hunden auch Namen geben. «Sonst nicht, *Kadosch* bedeutet Schwiegersohn!» Nun, da werden ja die Hunde wie Verwandte behandelt. Leider ist auch oft vielen Leuten kein treuerer Lebensgefährte geworden, als ein vierbeiniger.

Aus dem Tagebuch
des Malers Friedrich Kurz über seinen Aufenthalt bei den Missouri-Indianern
1848—1852.

Bearbeitet und mitgeteilt von dem Neffen des Malers
Dr. *Emil Kurz*, Professor in Bern.

Mit Abbildungen aus dem Skizzenbuch von Friedrich Kurz, jetzt im Besitz des historischen Museums in Bern.

(Fortsetzung.[1])

16. Oktober. Gegen 10 Uhr sandte mich Herr Dennik zu Joe Picotte, um zu vernehmen, wann er seine Winterquartiere an der untern Bourbeuse beziehen werde. Sie sind nämlich übereingekommen, einander im Handel nicht zu überbieten, da es doch keinen Nutzen bringe, indem es nur die (notwendigen) Geschenke vermehre, das gegenseitige gute Einvernehmen störe. Unterwegs begegnete ich den im Dobyfort zurückgebliebenen Herantsa, welche zu Fuss und Ross ihre Kameraden bei uns aufsuchten. Zuerst sah mich eine Squaw, die mit ihrem pomme blanche Stocke voranmarschierte; sie rief gleich überlaut: Ista uwatse, ista uwatse (eiserne Augen = Brillen), d. h. den Namen, welchen ich bei diesen Indianern sogleich erhalten, da dies ein auffallendes Merkmal ist. Iowä nannten mich Ista mantugra, was dasselbe bedeutet; die Assiniboins nennen mich Ista topa, Vier Augen. (Sonderbar, dass Ista in so vielen Sprachen *Auge* bedeutet![2]) Allen musste ich die Hände drücken; le Loup courte queue war besonders freundlich, fragte mich, ob ich bald nach Fort Union zurückkomme; er wolle mir beim Nez d'Ours warten. Er wollte durchaus meine Brillen; glaubte, er könne durch dieselben so gut sehen, wie durch ein Fernglas; um ihn von dem Gegenteil zu überzeugen, setzte ich sie ihm auf die Nase. Natürlich sah er mit seinen

---

[1] Siehe vorigen Jahresbericht S. 23 bis 154.
[2] Es ist dies ein Beweis der Sprachverwandtschaft dieser Stämme.
Anm. d. Herausgeb.

scharfen Indianeraugen nichts durch dieselben; desto wunderbarer schienen sie ihm. Da es mein einziges Paar ist, welches ich hier besitze, konnte ich ihm diesen unästhetischen, aber für mich leider notwendigen «Schmuck» nicht abtreten. Was gäbe ich nicht für ein Paar Indianeraugen! Und doch — vielleicht ist es doch besser, mein Gesicht befähige mich nicht zur Jagd: ich würde mit meiner Ross- und Wanderwut, meinem Hange zu romantischen Abenteuern selbst ein Indianer werden.

Was doch diese Indianer für Schlauköpfe sind, wie sie die Schule der Pelzhändler wohl zu benützen wissen! Le Loup courte queue gehört zu den Kunden unserer Gesellschaft; warum schläft er denn zwei Nächte in der Opposition und lässt sich gut bewirten? Er erzählt Joe P., die Rihs hätten Dorsons Fort zerstört, seines hingegen nicht, weil man die Opposition lieber habe, als die grosse Compagnie, welche niemandem etwas gönne, und dergleichen Artigkeiten mehr. Und uns hier sagt er, die Rihs hätten die Waren beider Posten geplündert ohne Unterschied. Wozu dies? Um von beiden Parteien bewirtet zu werden! Man kann sich also auf diese Erzählungen nicht verlassen; doch traue ich dem Nez d'Ours und besonders dem Estomac de Corbeau solche Lügen nicht zu; sie sind zu stolze Krieger, sind auch sogleich hieher gekommen, und haben sich in der Opposition nicht sehen lassen, wie es treuen Kunden geziemt.

L'Estomac de Corbeau war sehr *herablassend* gegen mich; er sass gestern und heute fast beständig bei mir am Kaminfeuer, rauchte, schwatzte hie und da, sah mir neugierig zu, wenn ich schrieb oder malte. Die Absicht der Herantsa beim Besuche der Crows ist, Pferde zu bekommen und sie einzuladen, von ihrem Mais zu holen, da der in solcher Menge dieses Jahr geraten, dass sie nicht wissen, wohin damit.

Solches Gelächter, Geschwätz und solche Possen hab' ich noch bei keinen Indianern gesehen, als wie es diese Herantsa an Packinauds Krankenlager verführten. Ob ihre Geselligkeit durch nahes Zusammenwohnen gewonnen, ob die Herumstreichenden wilder, roher, gedankenloser sind? Packinaud wohnte 9 Jahre bei den Herantsa, ist durch seine Squaw mit vielen verwandt, spricht ihre Sprache gut, singt und heult mit ihnen um die Wette; er ist erst kürzlich mit dem St. Ange hieher gekommen, um als Jäger oder Crowdolmetscher zu dienen. Grosse Freude des Wiedersehens.

Herr Dennik glaubte, den Herantsa grosses Vergnügen zu verursachen, wenn er ihnen sage, wie hoch er ihren Chef, den *Vierbär*, achte. Sie fanden, diese Schmeichelei sei nicht zu ihren Gunsten, denn ein jeder Soldat hält sich so hoch als ein Chef. Le Loup courte queue antwortete, sowohl er als das *Rabenherz* bringen weit mehr Roben zum Handeln als der Chef. Die Ursache, warum sie weniger bekannt und beliebt wären, sei, dass sie altmodische Leute, heftig, von wenig Worten seien, keinen Spass verstünden, und wenn ein junger Bursche gegen sie aufstünde, einen solchen gleich niederschlügen. Worauf Herr Dennik erwiderte, er wisse wohl, dass sie alle wackere Männer seien, aber ihr Chef sei denn doch weniger abergläubisch, habe mehr Verstand, mehr Einsicht in der Leitung einer Nation. Wart, bemerkte er zu mir, ich will jetzt doch sehen, was sie zu den Portraits sagen.

Wie sie in das Office traten, erkannten sie gleich Herrn Denniks Portrait, schritten auf dasselbe zu und boten ihm die Hand, und als dasselbe sich nicht bewegte, waren sie ausserordentlich verwundert, legten die Hand auf den Mund zum Zeichen ihres Staunens. Es war keine lebende Person, kein Spiegel; das war doch zu stark für sie. Den gemalten Hund erkannten sie auch sogleich, konnten aber nicht begreifen, dass man einem Hund diese Ehre erweise. Der Papagei war für sie nichts Neues, wie den Crihs; sie hatten denselben schon auf dem St. Ange gesehen. Polly kam zu gleicher Zeit mit mir von St. Louis. Nachdem sie noch die *weisse Frau* im Salon von allen Seiten beschaut, selbst von unten herauf, fragte sie Herr Dennik, ob sie jetzt glauben, er oder sein Hund müssten jetzt sterben. Sie schwiegen, zogen ihre Decken über ihre Köpfe und gingen hinaus! Nachher wollten sie auch mein Zimmer sehen. Da fanden sie aber so viel zu betteln, dass ich bald genug von ihnen hatte; Messer, Tabak, Pfeife, Zündhölzer, Kamm, Spiegel, selbst die Kleider am Leibe wollte der eine oder der andere. Da ich aber nicht mehr unter ihnen wohne, lehnte ich alles ab; für ihren guten Willen gebe ich nichts mehr. Würde ich ihnen Geschenke geben, so würden sie vielleicht gar glauben, ich fürchte sie. Bloss der Estomac de Corbeau bettelte nicht; er schien seine lärmenden, schnatternden Brüder zu verachten, die Ruhe in meinem Zimmer vorzuziehen.

17. Oktober. Letzte Nacht wenig geschlafen. Erst sangen die Herantsa ihren Kriegsgesang. Wie ich zu Bette ging, fingen sie im Zimmer der Dolmetscher einen andern Gesang mit Trommelbegleitung an; da ich nicht einschlafen konnte, mich immer von einer Seite auf die andere warf, wurde ich endlich ungeduldig, warf meinen Mantel um und sah nach, was für ein Spektakel getrieben wurde. Das Zimmer fand ich gedrängt voll Spieler und Zuschauer von rotem, weissem und gemischtem Blute, spärlich durch ein Feuer und eine Kerze erleuchtet. In einem Kreise sassen auf dem Boden wie gewöhnlich acht Herantsa sieben Assiniboins gegenüber, um einen Haufen Bogen, Köcher, Messer, Kaliko u. s. w. Sie spielten. Zwei Assiniboins

bewegten ihre Fäuste oder Hände rasch nach allen Seiten, wie ein altmodischer Telegraph, liessen dabei eine kleine Kugel von einer Hand in die andere gleiten, während die andern ihrer Partei e, e, e, eh — e, e, e, e, ahe! sangen und mit Stöcken auf Waschbecken, Kesseldeckeln den Takt dazu schlugen. Die Sänger und Spieler bewegten ihren Leib in leidenschaftlicher Erwartung und Aufregung beständig auf den Schenkeln. Einer der Herantsa, welcher gegen die zwei Assiniboins eingesetzt hatte, musste erraten, wo die Kugel sich befinde, in welcher Faust der zwei Gegner. Wie er glaubte, er sei seiner Sache gewiss, streckte er seinen linken Arm nach der vermeintlichen Faust aus, schlug sich mit der rechten Hand heftig auf die Brust und bezeichnete die Hand, in welcher er die Kugel wähnte, mit einem Rufe. Da er nicht die rechte Hand bezeichnete, schrien die Gewinner vor Freude und strichen den Gewinnst ein. Man ruhte aus, rauchte abwechselnd aus der gleichen Pfeife, um gute Freundschaft zu erhalten. Dann fingen wieder andere das gleiche Spiel von neuem an. Einer der Herantsa wollte sich besonders auszeichnen. Er sass dem Kaminfeuer am nächsten, schürte alle Asche vor sich hin, versteckte die Kugel darin oder wollte es seinen Gegner glauben machen, bewegte seine Fäuste in der Asche, wie wenn ein Büffel durch den Kot sich arbeitet oder im Staub sich wälzt, brummte und brüllte wie ein zorniger Stier, warf Asche über sich, um sich, stampfte und stöhnte wie besessen. Die Nachahmung war unübertrefflich; überhaupt sind die Jäger besonders geschickte Spötter und Nachahmer der Bewegungen und Töne der Jagdtiere, sie haben Gelegenheit genug, dieselben zu studieren, benützen sie bei ihren Tänzen und Belustigungen. Nachdem einer der Assiniboins den Herantsa fast alles abgewonnen, was sie zu setzen hatten, hörte das Spiel auf.

18. Oktober. Die indianischen Wörter, die man hier beständig gebraucht, kommen la Bombarde[1] zufolge alle aus der Chippewa oder der ihr verwandten Crihsprache. Mocassin, Schuh; isqua, Frau; musqua, meine Frau; wigwam, Zelt; agischimo, Satteldecke; mikawue, Bivouac eines Jagdtrupps; papuhs, Kind; mitass, Hosen; wuasch, Senkloch; pimmiti, Pemmikan.

Des Morgens galoppierten vier Crihs von der Gartenschlucht ins Fort, um das Annähern einer Bande zu verkündigen und den Tabak des Willkomms in Empfang zu nehmen. Sie sagten, sie hätten drei fremde Indianer in jener Schlucht bemerkt, wie sie sich im Gebüsch versteckten. Dieselben wurden für Feinde gehalten. Sobald ihnen der Tabak gereicht worden, eilten die vier Crihs ihren Bekannten

---

[1] Einem Angestellten des Forts.

entgegen, um sie hereinzubringen. Joe Picotte hatte ihnen bereits 45 Stäbe (plugs) Tabak und 6 Pfund Vermillion entgegengesandt, um uns diese Kunden wegzulocken. Er gewann bloss zwei derselben auf seine Seite. Es ist nämlich das Interesse der Indianer, die Opposition zu unterstützen, weil sie ohne dieselbe die Waren doppelt so teuer bezahlen müssten. Die zwei untreuen Crihs besassen aber nicht so viel trockenes Fleisch zum Tausch, als Joes Geschenk wert war. Joe schimpfte sie aus, da die zwei Familien das ganze Geschenk besassen und natürlich ihr weniges Fleisch noch besonders bezahlt haben und dabei noch bewirtet sein wollten. Rassade au cou und Bras cassé, die zwei Anführer dieser Crihbande, erzählten nun, sie hätten mit ihren Kriegern jene drei verdächtigen Indianer aus ihren Verstecken aufgejagt, mit ihnen gesprochen, aber ihre Sprache nicht verstanden. Sie gingen zu Fuss, hätten Stricke (cabrets, lassos) um den Leib gebunden, wären also Pferdediebe. Weil nun aber alle Indianer die gleiche Zeichensprache besitzen, können sie sich immer darüber verständigen, wer sie sind und wohin sie gehen; deshalb vermutet Herr Dennik, dass es Crihs von einer andern Bande waren, welche also nicht verraten werden sollten.

19. Oktober. Le Tout piqué brachte diesen Morgen eine neue Schar Crihs mit Weibern und Kindern herein. Vor einiger Zeit hatte ich ein flaches Pfeifenrohr weiss und hellblau bemalt, mit Büffel, Wolf, Eule und Bären in den

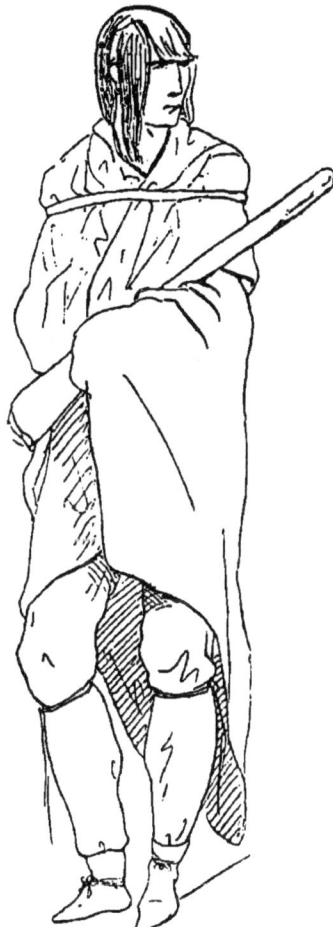

(Fig. 11). Crih.
(Skizzenbuch S. 168.)

vier weisen Feldern. Dieses Rohr wurde Piqué («ganz tättowiert») geschenkt. Es sollte mit grosser Feierlichkeit im Office eingeweiht werden, d. h. mit einer Rede des Tout piqué und dem Anrauchen von allen Kriegern und dem Bourgeois. Herr Dennik hatte die Güte mich einzuladen, der Versammlung beizuwohnen. Dafür durfte Herr Dennik sich als den Maler des Pfeifenrohrs ausgeben; er bat mich, bei der Scene ja nicht zu lachen, wenn mir auch das Ganze dumm genug vorkommen werde. Aber bloss seine ernsthafte Amtsmiene unter der Büffelhaut hätte ich lächerlich finden können. Ich fand Battiste als Dolmetscher in der Mitte des Zimmers sitzend, neben ihm lag eine schöne Büffelhaut am Boden. Längs den Wänden sassen die Krieger beider Banden in dichten Reihen am Boden. Rassade au cou, Bras cassé und ein anderer auf dem Kanapee; vor ihnen, gegen Herrn Dennik gerichtet, stand der Tout Piqué. Wie ich hereinkam und mich bescheiden in einen Winkel setzte, fragte Piqué Herrn Dennik durch den Dolmetscher, wer ich sei. «Ein trader von unten herauf!» Ich musste mich hinter Herrn Dennik setzen; ein gemeiner engagé wäre nicht beachtet worden, das sind ja keine Krieger. Piqué trat nun mit Anstand vor, legte die schöne Büffelhaut als Geschenk Herrn Dennik um die Schultern, die neue Friedenspfeife in seine Rechte; gab uns seine Linke zum Grusse, da er mit der Rechten seine Robe festhielt; trat zwei Schritte zurück und fing nun seine Rede an. Er sagte, er sei für dieses Fort auferzogen worden, hange ihm treu an, bringe nie ein Fell nach der Opposition; 50 Zelte seiner Bande seien noch zurückgeblieben und warten auf Nachricht, ob sie hier gut behandelt und empfangen würden? Battiste übersetzte nach jedem Abschnitte des Chefs Rede; englisch sprach er gar nicht und französisch nur mittelmässig; er wiederholte auch immer seine Worte, was sehr ungeschickt für die ernste Ceremonie war. Herr Dennik antwortete, Freundschaft und gute Preise versprechend. Hierauf zündete ein angesehener Krieger die Pfeife an und hielt sie mit Würde dem Bourgeois hin. Jeder von uns zog einigemal ernsthaft daraus, worauf der Krieger die Pfeife seinem Chef anbot. Dieser nahm sie in die Hände, immer noch aufrecht an der alten Stelle stehend, hob sie hoch empor, senkte sie mit der Mundspitze gegen die Erde, Sonnnenauf- und Niedergang, rauchte einigemal und gab sie dem Ceremonienmeister zurück. Zum Glück hatte dieser von uns dreien zuletzt geraucht, die Ceremonie kennend tüchtig angezogen, damit das Feuer nicht schnell erlösche; denn wäre die Pfeife erloschen, während Piqué sie dem Himmel (dem guten Geist), der Erde und der Sonne anbot, so wäre das als ein schlimmes Zeichen angesehen worden. Der Pfeifenträger bot dann die Pfeife den versammelten Kriegern je nach ihrem Range an; ein kitzliches Geschäft. Darauf wurde das Festin aus gekochtem Fleische und süssem Kaffee hereingebracht. Die Verteilung überlässt man den Indianern selbst, damit keiner glaubt, er werde durch einen Weissen zurückgesetzt.

Jedesmal, wenn eine Bande Indianer Herrn Dennik mit Betteln belästigt, flüchtet er sich zu mir, erleichtert sein Herz mit Schimpfen über dieselben, rühmt dann immer andere Indianer, die nicht da sind, welche aber auch wieder gelegentlich ihren Teil bekommen. Am besten ist er für die Indianer gestimmt, wenn keine da sind, er sich nach denselben sehnt, um zu handeln; dann zieht er sie allen andern Leuten vor, seine eigenen Landsleute nicht ausgenommen. Heute stehen nun die hiesigen Indianer sehr tief in seiner Achtung: alle Höflichkeiten, die ihm erwiesen wurden, zielten auf Geschenke, Betteleien. Nun sind sie nichts mehr wert, sind nicht würdig, den östlichen Indianern den Schuhriemen zu lösen, würden lieber ihre roten Feinde zu Grunde gehen sehen, als gegen die Weissen zusammenhalten, sind abergläubischer, dümmer, weniger tapfer, hätten seines Wissens nirgends einen ordentlichen Anführer u. s. w. Man muss aber bedenken, dass ein vieljähriger Krieg die östlichen Stämme ausgebildet, beständiger Umgang mit Weissen sie belehrt hat, dass sie durch ewige Verluste klüger geworden. Und wie oft haben die sonst entzweiten Rothäute im Osten gegen den gemeinsamen Feind zusammengehalten? und wie lange? Wie mancher ausgezeichnete Führer und Ratgeber hat sich in der Zeit eines Jahrhunderts emporgeschwungen? Pontiac, Logan, Tecumthe. Die Weissen im Verhältnis zu ihren Vorkenntnissen weniger.

Mir sagte er, ich solle froh sein, dass mein kurzes Gesicht mich davon abgehalten habe, ein vollständiger Indianer zu werden; ohne Reichtum werde ein Weisser von den Wilden bloss ausgelacht, wenn er nackt herumginge, mit langen Haaren bis auf den Hintern, wie es solche im Fort Alexander am Yellowstone gebe. Die Indianer schätzen einen Weissen nur, wenn er Talente zeigt, die sie selbst nicht besitzen; als Jäger oder Krieger würden sie ihn nie höher achten, als sich selbst. Er z. B. würde bloss unter den Indianern wohnen wollen, wenn er sowohl durch grossen Reichtum, viele Heiraten sich einen Anhang verschaffen, als auch mit Chemie, Medizin, Taschenspielerkünsten ihre Ehrfurcht gewinnen könnte. Dass Neldrum, Bourgeois beim Crowposten (Fort Alexander), ein angesehener Krieger sei, beweise gerade, was er gesagt; seine Skalps, seine Jagdtrophäen hätten ihm keinen Einfluss unter den Apsahrokas verschafft, sondern seine verschwenderische Freigebigkeit, wobei er anstatt zu Vermögen zu kommen in Schulden geraten sei. Neldrum soll ein tüchtiger Büchsenschmied, aber kein besonderer Handelsmann sein. Gerade sein Ehrgeiz oder seine Eitelkeit, an der Spitze einer Verwandtschaft zu stehen, errege den Neid vieler angesehener Crows, die denn auch entweder zur Opposition übergehen oder hieher zum Austausch ihrer Büffelhäute kommen.

22. Oktober. Gestern den ersten Schnee hier gehabt, musste bei einem beissend kalten Westwind nach Fort William einen Brief tragen. — Nach dem Mittagessen geholfen, zwei Papooses zu beerdigen, welche von einigen Assiniboins hereingebracht wurden. Ein alter Leidtragender hielt uns am Grabe eine Dankrede, welche sehr verständig gewesen sein soll. — Abends langten die zwei Jäger Smith und Cadotte mit einigen Pferden von den Blackfeet an. Ihre Squaws haben lange genug auf sie geharrt. Die Assiniboins stahlen ihnen unterwegs 10 Pferde, worunter einige vorzügliche Renner; da sie von den Assiniboins als unsern Freunden keine solchen Diebereien erwarteten, bewachten sie ihre Herde nicht. Sie brachten auch Nachrichten von 7 jungen Assiniboins, welche vor 3 Monaten auf den Kriegspfad gegen die Blackfeet ausgezogen waren, um sich auszuzeichnen. Alle kamen um, wie zu erwarten war. Doch hatten sie bereits 8 Blackfeetskalps erbeutet und in der Nähe eines Lagers noch einige 20 Feinde verwundet, bis einer der Chefs endlich seine Leute zusammenrief, ihnen die Schande vorhielt, von so wenigen Feinden solchen Schaden so nahe beim Lager zu dulden. Mit 200 Reitern überrannte er die verborgenen Feinde und brachte alle auf einen Schlag um.

Herr Dennik reiste einmal mit dem Trucker (Tauschhändler) Dorion, welcher ihm als Dolmetsch diente, über die Prairien von Fort Pierre aus; sie wanderten in Gesellschaft von Sioux brulés. Dorion besass einen starken, aber bösartigen Packgaul, welcher mit der ganzen Herde getrieben wurde. Einst schlug dieser Gaul einen indianischen Buben auf die Stirn, dass man ihn längere Zeit für tot hielt. Dorion, selbst von Iowablut, wusste sogleich, was er zu thun hatte, um sich aus dem Pech zu ziehen: er fasst sofort den Gaul beim Cabret und schenkt ihn dem Vater des Knaben. Solche Unfälle werden nicht entschuldigt bei den Indianern, so wenig wie unabsichtliches Töten eines Bekannten. Dorion trug hier keine Schuld, aber er war gewiss, dass der Vater im Falle langen Leidens oder des Todes seines Knaben, vor allem aus den Gaul töten und je nach Umständen seinen Groll auch gegen den Eigentümer äussern würde. Um nun solchen Unannehmlichkeiten vorzubeugen, schenkte er dem Vater das ohnehin verlorene Ross und beschwichtigte allen gegenwärtigen und zukünftigen Zorn. Ein Weisser würde in diesem Falle wegen des Vaters Rache sich gezankt, wo nicht geschlagen haben; Dorion schickte sich in die Gebräuche des Volkes, bei welchen er lebte.

Dass indianische Mütter hie und da ihre Kinder zu früh mit Gewalt abtreiben, bestätigt auch Herr Dennik. Sie benutzen dazu entweder starke Getränke, oder ihren Stock, womit sie die pomme blanche ausgraben; derselbe ist unten zugespitzt, oben hat er einen Knauf, um mit dem Gewichte des Körpers auf denselben die Spitze ohne Kraftaufwand unter die Wurzel zu treiben. Entweder töten sie nun ihr Kind unter dem Herzen mit der Spitze durch den Muttermund oder sie drängen es mit Gewalt durch Pressen des Unterleibes gegen den Knauf des Stockes zum Leibe hinaus. Auch werfen sie neugeborne Kinder öfters in die Flüsse, um sie zu ertränken. Und warum? Lieben sie denn die Kinder nicht? Im Gegenteil sehr, aber bloss, wenn sie dadurch die Liebe ihres «Männchens» nicht verlieren. Einem Indianer widersteht seine schwangere Frau, er braucht eine andere; dies ärgert die liebende Frau auch wieder, denn der Mann geht ihr immer über das zukünftige Kind. Sie sucht die Schwangerschaft abzukürzen, um wieder geliebt zu werden. Kinder, die wir uneheliche Kinder nennen würden, haben oft dieses Schicksal als Zeugen verlorener Unschuld, einer frühern Liebe ihrer Mutter. (Tout comme chez nous.) Verlassene Mütter töten auch hie und da ihre kleinen Mädchen in der Bitterkeit ihres Herzens; besser, ihre Tochter komme ins Jenseits, als dass sie solche herbe Erfahrungen mache! Aus dem gleichen Grunde, der Abneigung der Männer gegen schwangere Frauen. säugen die Mütter ihre Kinder 4 bis 5 Jahre; es kam mir immer so drollig vor, wenn Buben mit Bogen und Pfeil in der Hand an der Brust ihrer Mutter sogen.

24. Oktober. Wieder ein Assiniboinkind begraben. Wie nachher Herr Dennik mit den trauernden Verwandten rauchen wollte, fand er nirgends etwas von den kleinen Blättern, welche die hiesigen Indianer zum gemeinen amerikanischen Tabak mischen. Sandte mich in das nahe Gehölz, um rote Weidenruten zu schneiden und mich zu lehren, welcher Tabak (melée) bei den Sioux gebräuchlich ist. Mit meinem Skalpmesser eilte ich hinaus, schnitt einen Arm voll junger, fingerdicker Stämmchen über der Wurzel ab und brachte sie zurück. Erst wurde mit dem Messer die äussere rote Rinde sorgfältig abgeschabt und weggeworfen, dann der Bast weggeschält, am Feuer getrocknet, fein geschnitten und mit amerikanischem Tabak vermischt. Dieser Weidenbasttabak soll weniger auströcknen, als der früher gebrauchte; der Geruch ist aber nicht so aromatisch. Morgan und ich wurden mittags mit einem herrlichen kalten Frühstück regaliert. Herr Dennik tischte uns Butter, Pickles, Sardinen, Käse mit feinem Schiffszwieback auf, wahre Luxusartikel in dieser Gegend. Nachher wieder eine Last Weidenruten geschnitten, hereingeschleppt. geschabt und getrocknet. Da das Rauchen eine Hauptforderung indianischer Höflichkeit und Ceremonie ist, so ist ein Vorrat melée so notwendig als Lebensmittel. Wieder etwas Neues gelernt!

25. Oktober. Den ersten Wolf bei den Ueberresten des Bichon (falbes Ross) in der Falle gefangen. Für die Falle wird eine 3 Zoll tiefe Grube ausgegraben, damit sie ebener Erde liegt, wenn sie mit Erde, Gras, Mist u. s. w. zugedeckt wird. Wölfe und Füchse, vom Aase angezogen, treten dann unerwartet darauf, und klink! ihr Bein ist gepackt; damit sie aber nicht mit der Falle davon laufen, wird sie vermittelst einer daranhängenden Kette an einem schweren Holzklotz oder Baumstamm befestigt. Solche gefangene Tiere werden nie geschossen, sondern mit Knüttelstreichen auf den Kopf totgeschlagen, um das Fell nicht unnützer Weise zu durchlöchern.

Beinahe den ganzen Abend mit Herrn Dennik über Religion disputiert. Obschon beide Protestanten, stimmten wir darin überein, dass die katholische Religion, um barbarische Völker zu civilisieren, geeigneter sei als die protestantische. Der Verstand unkultivierter Menschen ist nicht imstande, eine reine, abstrakte Lehre zu fassen, welche durchaus keinen Eindruck auf die Sinne macht. Dem Wilden muss man erst durch äussere mystische Zeichen imponieren, auf sein

(Fig. 12). Assiniboin.
(Skizzenbuch S. 165.)

Gemüt wirken; unsere Religion setzt bedeutende Kenntnisse von Geschichte, Geographie u. s. w. voraus, um sie bloss *verstehen* zu können, was man bei Wilden nicht erwarten kann.

Wie wir wieder nach unsern Fallen sahen, fanden wir das Aas von den Wölfen weit weggeschleppt. Der spanische Rosshüter sagte in seinem spanisch-französisch-englischen Kauderwelsch: damne wolfe dragge de carcasse way from de trappe. No seene una pareille chose. Ni now putte horses snoute on de pikette, de wolfe no more carry away. — Diese Nachtscenen sind gewiss malerisch. Mit einer Laterne und unsern Büchsen und Jagdmessern wohl bewaffnet, streichen wir über die dunkle, endlose, mit dem bloss durch spärliche Sterne erkennbaren Himmel verschwimmende Prairie; das Sträuben und Knirschen der gefangenen Tiere, das Töten, aus der Fallenehmen, die Falle wieder einrichten, die konzentrierte Beleuchtung, die originelle Tracht, der dunkle Hintergrund — das alles gibt ein belebtes, schauerliches Bild.

26. Oktober. Bei Tagesanbruch zwei graue Füchse in den Fallen gefunden. Malte den einen. Wasserfarben sind nicht vorteilhaft, um haarige Tiere zu studieren oder vielmehr die spitzen Pinsel weniger tauglich, Haarwirbel wiederzugeben, wie breite Oelpinsel. Mit *einer* geschickten Wendung mit diesen letztern ist vollbracht, wozu man mit einem spitzen Pinsel Haar für Haar zeichnen muss.

Gegen Abend, als ich in Alisons Essays las, kam Herr Dennik herein, verwundert fragend, warum ich nicht längst am Flussufer sei. Herantsa seien drüben und Morgan mit dem Boote schon hinüber, sie zu holen; zwei Assiniboins, welche mit der Berdache (Zwitter kommen häufig vor) zu den Crows wollten, seien von den Blackfeet umgebracht, «und Sie ruhig am Kaminfeuer, während wir alle vor Neugierde zappeln. Aber Mann, Sie bleiben hinter dem Zeitalter zurück!» Sogleich mit dem Fernglas hinaus, konnte aber keine Herantsa erkennen, auch waren zu viel Weiber dabei. Auch Weisse, welche ihre Gäule von den andern absonderten; eine Assiniboinsquaw kam heulend auf die Sandbank, schlug dreimal ihre Büffelhaut auf den Boden, zum Zeichen, dass sie drei Verwandte verloren habe. — Die übrigen Indianer waren keine geringern, als *Rottentail,* der bedeutendste Chef der Apsahrokas diesseits der Berge (jenseits Big Robert) nebst seinen fürnehmsten Kriegern. Weil Packinaud unser einziger Dolmetscher für die Apsahrokas war, da er einen Dialekt, die Herantsasprache, geläufig sprach, so mussten die Magnaten in sein Zimmer geführt werden. Rottentails Aehnlichkeit mit Louis Philipp seligen Andenkens fiel mir sogleich auf; derselbe behäbige Ausdruck eines Citoyen, derselbe schlaue Kaufmannsblick, dieselbe Amtsmiene. Leider war er nicht indianisch, sondern amerikanisch gekleidet und trug ein blaues Blankett, graue Hosen, kein Hemd, keine Weste, kein Halstuch, keinen Hut.

Sobald die weiblichen *Krähen* ihre schweren Bündel hereingebracht hatten und die Ruhe hergestellt war, holte Rottentail eine prachtvolle Kriegerhaube hervor und setzte sie dem Bourgeois auf den Kopf, hängte ihm eine schöne Büffelhaut um die Schultern. So komisch er aussah, durfte man doch nicht lachen. Die Pfeife wurde angezündet, von Packinaud dem Chef angeboten, der Reihe nach geraucht. Rottentail erzählte, wie die Herantsa (Loup courte queue et comp.) ihn abzuhalten suchten, hieher zu kommen, wir hätten gefährliche Krankheiten, ihm und allen seinen Leuten würde das Licht ausgeblasen. Aber sein Herz sei stark, seine Freundschaft für Herrn Dennik unerschütterlich. Die Herantsa wissen, dass sie mit zweideutiger Zunge gesprochen, sie schlugen einen anderen Rückweg ein (die Schlingel wurden doch gut bewirtet). Während seiner Rede entging mir mein Name Ista uwatse nicht, ebensowenig sein deuten auf mich. Packinaud aber übersetzte nichts davon, nur was ihm gut schien, nicht Wort für Wort. Herr Dennik liess ihm für seine Freundschaft, seinen guten Glauben danken und sagen, er werde sich bald selbst überzeugen, dass kein Mensch bei uns krank sei. Während die Apsahrokas im Office mit süssem Thee, Fleisch und Crackers bewirtet wurden, salbte ich des kranken Packinauds Schienbein. Ich fragte ihn nun, was über mich gesagt worden sei. Nichts. Ich kannte aber die indianische Zeichensprache zu gut; Rottentail bezeichnete mich zweimal mit dem Finger, machte dann das Zeichen des Schreibens oder Zeichnens auf der Hand, dann das des Krankwerdens und Sterbens. Wie ich aber mit dem Rosshüter nach den Fallen sah, sagte mir dieser: Crows telle me Gros Ventres say you bringue de Cholera up and make all you painte die heape die! — So, das sind verd..... Lügner; und falsch ...

27. Oktober. Einen Wolf gefangen, brachte ihn zum Malen herein. Es gibt hier grosse Wölfe und Prairiewölfe; letztere sind bedeutend kleiner, scheinen halb Fuchs, halb Wolf. Von den grossen gibt es solche von sehr verschiedenen Farben, je nach dem Alter, der Jahreszeit; schwarz, braungelb, grau, gemischt, schneeweiss. — Mehr als zwei Fallen bei einem Aas zu stellen, ist überflüssig, da der Lärm, den die Gefangenen machen, die andern vertreibt. Da der Bichon aufgezehrt ist, muss man über die verborgene Falle und weit herum kleine Stücke Fleisch streuen, um die Tiere zu locken.

Bearshead, Chef der Soldaten, ein hoher gewaltiger Krieger, erzählte Packinaud lange von ihren Reisen, Gefahren, Jagden, Hunger und Gefechten seit letztem Winter. Um Pferde von den Flatheads einzuhandeln, müssen sie sehr weit über öde Prairien und wilde Berge (rocky mountains) wandern, leiden daher jedesmal schrecklichen Hunger. Da Bearshead ebenso deutlich mit Zeichen sprach, als durch Worte, verstand ich gleich alles; er freute sich über meine Aufmerksamkeit. — Die Portraits gefallen ihnen zwar sehr gut, sie schüttelten aber doch den Kopf dazu. Als sie erst den Papagei *husten* hörten, sagte einer gleich, Polly hätte dieselbe Krankheit, welche sie selbst letzten Winter gehabt, sie würden also die Influenza wieder erhalten. Rottentail erhielt letzten Winter vom Bourgeois ein bemaltes Tuch, sehr gross und durchscheinend. Letzten Winter wurde dann Herr Dennik als Ursache der Krankheit beschuldigt, wie ich jetzt. Doch erzählte Rottentail mit sichtlichem Vergnügen, wie er jenes Gemälde immer als Kopfkissen beim Schlafen benützt habe, wobei ihm Herr Dennik immer im Traum erschienen sei. Die gute Skalpernte (32), die er und seine Krieger von den Blackfeet erbeutet, schreibt er dem Gemälde zu. Glücklicherweise — sonst würde Herr Dennik nicht nur alles Ansehen verloren haben, sondern auch die Kundschaft verlieren und sonst noch geschädigt werden. — Das *Bärenhaupt* wünscht sehr den gemalten Adler zu besitzen.

Nachmittags langte die berühmte Kriegerin der Apsahrokas an. Herr Dennik rief mich in sein Office, damit ich Gelegenheit habe, sie zu sehen; sie sah weder wild noch kriegerisch aus; im Gegenteil, wie ich ins Office trat, hatte sie ihre Hände im Schos zufällig wie zum Gebet gefaltet. Sie ist etwa 45 Jahre alt, sah eher bescheiden, gutmütig, als streitsüchtig aus.

(Fig. 13). Bearshead.
(Skizzenbuch S. 165.)

Sie schenkte Herrn Dennik einen vollständigen Blackfeetskalp, den sie selbst erbeutet hat. Wie verwundert und erfreut war ich aber, als Herr Dennik den langen, schwarzen Skalp mir nachher schenkte. Ein Skalp ist eine indianische Seltenheit von sehr grossem Werte, da ein Krieger sich äusserst selten von dieser Trophäe trennt. Mein früherer Schwiegervater Kirutsche brachte mir einst nach langem Bitten und Versprechen ein Stück Leder mit kurzen, schwarzen Haaren und wollte mich glauben machen, es sei ein Stück menschlicher Kopfhaut, ich hielt es aber für ein Stück von einem schwarzen Bären. Unsere Kopfhaut ist zwar sehr dick, schwer von einer Tierhaut zu unterscheiden, aber die dicken kurzen Haare lassen sich nicht verwechseln.

Die Verwandten der drei erschlagenen Assiniboins haben eine Stange aufgepflanzt und die Ledertaschen der Verstorbenen daran befestigt; sie schrien lange vor denselben, schnitten sich die Haut der Arme, Wangen, Stirne, Beine auf, um Blut zu opfern. Der eine Tote ist jener Assiniboin, der von den Herantsa so viel im Spiele gewann; er ist der Sohn des Assiniboinchefs l'Ours fou, des tollen Bären; der andere heisst L'homme du Nord, derselbe, der kürzlich von Augenschmerzen geheilt, zum Dank Herrn Dennik noch mit unverschämtem Betteln ärgerte; der dritte war Good tobacco, ein Weib. Sie wurden in ihrem Zelte im Schlaf überrumpelt. Der Garçon de l'Ours fou wurde zuerst angegriffen, er erhielt beim ersten Anfall gleich acht Wunden, seine Hüfte wurde gebrochen, er starb aber erst einige Tage nachher im Lager der Crows; er wurde auch nicht skalpiert. Einige Buben, die nicht im Zelte, sondern wahrscheinlich mit der Berdache nach dem Crowlager gegangen waren, kamen natürlich mit heiler Haut davon. Die Apsahrokas hörten das Feuern in der Nähe, setzten sich sogleich zu Ross und vertrieben die Blackfeet; sie verfolgten sie lange; wie sie endlich den Feind zu Gesicht bekamen, fanden sie ihn auf einem Hügel in einem künstlichen Loche verschanzt. Die Crows wagten es nicht, die Feinde aus dieser Höhle zu räuchern. In der Nacht konnten die Blackfeet entrinnen.

28. Oktober. Die Apsahrokas noch immer hier, gehen trotz ihrer Versprechungen von Treue von einem Fort ins andere, lassen sich bewirten, beschenken. suchen, wo sie den besten Handel machen können. Sie sind äusserst schlaue Handelsleute, unsern Tradern gewachsen. Als Rottentail von der Opposition zurückkam, sagte er, Joe Picotte selbst, nicht Bonpart, sein Crowdolmetsch, sondern der Höchste im Fort hätte ihm wiederholt versichert, ich brächte mit meiner Malerei die ansteckende tödliche Krankheit; ich hätte die Herantsa getötet und diese mich aus ihrem Dorfe vertrieben; wenn er, Rottentail, mit seinen Leuten in unserer Nähe verweile, dann würden alle von der Erde geblasen. Wenn dies den Handelsneid nicht weit treiben heisst, so verstehe ich nichts davon. Der Elende! Mein Leben will er wegen einiger Büffelhäute aufs Spiel setzen! Natürlich, was hat ein solcher Betrüger ein anderes Interesse als sein eigenes! Gegen mich selbst hegt er keinen Groll, ich wüsste nicht, warum: oder weil er mich in St. Joseph betrogen hat? Es ist nichts als Neid gegen die grosse Gesellschaft; ferner hat er die Waren für diese Crows nach Fort Alexander gesandt; kommen dieselben nun hieher, so besitzt er hier nicht Waren genug, um Assiniboins, Crihs und Crows gehörig zu versehen. Joe möchte sie nun nach Hause schicken, dazu soll ich ihm als Vogelscheuche dienen. Die Crows

glauben zwar nicht, dass ich sie mit Malereien töten werde, aber möglicherweise durch andere Mittel. Sie werden zu sehr von unsern Konkurrenten bearbeitet, sind zu wenig frei von Aberglauben, als dass nicht am Ende etwas hängen bliebe. Mir ist es hauptsächlich deswegen ärgerlich, weil ich am Ende der Compagnie, die mich bis jetzt so freundschaftlich behandelt, schaden könnte. Wenn es so fort geht, kann ich auch hier nicht bleiben, ohne das Malen aufzugeben, wozu ich mich nie entschliessen würde; jetzt, wo ich mein Ziel beinahe vollständig erreicht habe, wenigstens was das Studium (nicht die Ausführung) betrifft, jetzt sollte ich mein Ideal aufgeben!

Obschon die Crows keine Erfahrungen gemacht haben, wie die Mandans, Rihs und Herantsa, so haben sie doch davon gehört. Das Zusammentreffen der ersten Maler mit dem ersten Erscheinen der Blattern, der Cholera, ist gewiss ohne Zusammenhang; aber wie will man dies den Indianern aus dem Kopfe raisonnieren? Es ist jetzt das dritte Mal, dass es zutrifft. Ist dies nicht Beweis genug für abergläubische Leute? Es waren jedesmal, wenn Krankheiten ausbrachen, Figurenmaler da; die Landschaften-, Tiermaler (Audubon) brachten keine Krankheiten. Der Kuckuck hol' es!

Und was sagten die Crows letzten Winter, als die Influenza so heftig unter ihnen herrschte, so viele Opfer forderte? Herr Dennik hätte ihnen dieses Stechen auf der Brust, Husten, Bersten des Gehirns, schnelles Sterben angethan aus Rache, weil sie ihm 10 Gäule gestohlen hatten. Denn während man in ihrem Lager bereits 150 Tote zählte, darunter von den Angesehensten, war im nahen Assiniboinlager kein Mensch krank! Die Assiniboins lachten, die Crows schworen Rache, kamen hieher und sagten es Herrn Dennik ins Gesicht. Er war betrübt, aber furchtlos, obschon er sich wirklich für verloren hielt. Doch brachten sie nun die gestohlenen Gäule zurück, damit die Krankheit aufhöre. Herr Dennik hielt ihnen eine eindringliche Rede, wie er ihr Freund sei, wie er wegen einiger Gäule nicht solche Rache an ihnen nehmen würde; er sei ja hier, um Roben einzutauschen: wenn er nun so viele Crows töten würde, wäre dies ein Gewinn an Roben? Ein Crow war aber gar zu zornig, zu wütend über den Verlust seiner liebsten Verwandten. Herr Dennik sah gerade, wie er auf ihn anlegte, er geht auf denselben zu, sieht ihm zornig, aber ruhig ins Gesicht, und ruft ihm zu: „Schiesse, wenn du darfst!" Er schoss in die Luft.

Ein Indianer besinnt sich zweimal, bevor er seinen Trader totschiesst; er weiss, wie notwendig er ihm geworden, wie ihr Interesse gegenseitig ist, sie aneinander bindet. Aber Indianer geraten beim Tode ihrer Freunde oft wirklich ausser sich vor Trauer, besonders wenn die Fälle sich schnell wiederholen; sie ereifern sich mit Heulen und Klagen. — Ein Assiniboin brachte heute die Nachricht, dass die Mutter des Garçon de l'Ours fou sich an einem Stricke erhängt habe, weil sie während der Beerdigung eines ihrer Grosskinder die Nachricht von dem Tode ihres Sohnes, des Vaters des vor ihr liegenden kleinen Leichnams erhielt. Es war zu viel für die Arme! Und ihr Mann, der Chef, ist nicht da, mit Weissen fort nach Fort Laramie, in beständiger Unsicherheit.

29. Oktober. Die Apsahrokas sind abgezogen, sobald sie merkten, dass nichts mehr zu erbetteln war. Sommer und Herbst sind die schlimmsten Jahreszeiten für den hiesigen Handel; die Häute haben noch keinen Wert, der Indianer ist also ohne Tauschmittel. Er soll nun die Winterjagd beginnen, ist nicht ausgerüstet, hat selten Kredit. Er hat zwar einiges getrocknetes Fleisch im Vorrat, dasselbe bringt ihm aber nur kleinere Artikel, Messer, Glasperlen, Kaliko, Pulver, Blei, aber keine Flinten, keine Decken, keine Gäule. Er bettelt, verspricht seiner Kundschaft. Der Trader muss auch helfen, sonst geht sein Geschäft gar nicht; er muss Kunden anziehen, sonst thut es die Opposition; sonst bleibt der Indianer ganz weg, denn absolut notwendig ist der Trader nicht bloss insofern, als Luxusartikel oft gesuchter sind als Lebensmittel, Kleider. Man sieht sich oft gezwungen, einem Indianer eine Flinte für die gute Jagdzeit zu leihen; es ist so viel als geschenkt, denn es kömmt selten eine zurück, sie zerspringt, zerbricht, wird weggeschenkt, verloren. Drängt man den Betreffenden, so geht er zur Opposition über. Ah! die Opposition, sie hilft den Indianern auf die Beine. Ohne Opposition ist er an *einen* Trader gebunden, an seine Preise gekettet! Auch hier erwahrt es sich, dass zu viel Kredit keine Freunde macht.

Seit einiger Zeit kömmt mir oft der Gedanke, mein Tagebuch werde interessant genug, um einst mit Zeichnungen herausgegeben zu werden. Anfangs schrieb ich bloss für mich einige Ideen, Erfahrungen, Geschichten auf, mehr zur eigenen Erinnerung und Uebung. Da aber meine jetzigen Noten viel dazu beitragen, den Pelzhandel, das Leben der Mountaineers und der Indianer näher kennen zu lernen, wie es noch auf keine Weise geschehen, so könnte eine Veröffentlichung nichts schaden; wiederhole ich das gleiche, was andere Schriftsteller schon bemerkt, so dient es als eine Bestätigung; bin ich anderer Ansicht oder stimmen meine Erzählungen nicht überein, so können sie als Berichtigung dienen; denn ich erzähle aus eigener Anschauung, so unparteiisch wie möglich, oder aus geprüfter Quelle, mit Angaben derselben. Diese Idee einer Veröffentlichung meines Tagebuches mit Skizzen soll aber meiner projektierten Galerie nicht schaden, ihr eher zur Beschreibung dienen; die Galerie hat ihre Vorzüge und Nachteile vor einem Bilderwerk in Druck. Das Oelmalen geht mir leichter von der Hand, als das mit Wasserfarben; ich bin daher im stande, meine Gedanken, Gefühle, Kenntnisse treuer darzustellen; ich kann die Bilder auch in grösserem Format ausführen. Um so viele Gemälde mit Ruhe und ohne Zerstreuung malen zu können, braucht es aber bedeutendere Mittel, als ich je erwerben kann; einen Käufer für die ganze Sammlung wird es äusserst schwierig sein bei meinen Lebzeiten zu finden. Lebende Künstler lässt man verhungern, darben, im Elend umkommen; nach ihrem Tode erringen ihre Gemälde oft unsinnige Preise. Warum? weil die reichen Käufer keinen Geschmack haben, kein selbständiges Urteil, sie kaufen mehr aus Eitelkeit, Ruhmsucht, als um der Kunst willen. Den Reichen ist dies oft der einzige Weg, sich bekannt zu machen, wenn sie einen *unsinnigen* Preis für das Gemälde eines längst verstorbenen Künstlers bezahlen, dem dies also nicht zu gute kömmt, noch seinen Erben, sondern Spekulanten. Damit wollen sich solche Reiche auch einen Namen erwerben, den eines Kunstliebhabers, oder gar noch eines Kunstkenners. Wären sie wirklich Kunstkenner, wahre Beförderer der Kunst (sei es der Bildhauerkunst oder der Malerei), so würden sie leicht lebende Künstler finden, die ebenso gute Bilder zu liefern im stande wären, für den hundertsten Teil jener unvernünftigen Ausgaben.

Gemalte Galerie oder gedrucktes Kunstwerk, das ist die Frage. Dieses letztere muss aber auch einen Verleger haben, setzt also auch wieder Kapitalien voraus, wie die Galerie; doch ist es leichter, einen Verleger, einen Spekulanten zu finden, als einen reichen Kunstliebhaber. Wie sich der Stoff zu meiner Galerie mehrt, wird ihr Absatz schwieriger; die Schranken, die ich mir gesetzt, werden zu eng. Das ist aber ein kleiner Schaden. Doch Zeit bringt Rat; Galerie, Kunstwerk, Tagebuch sind alles nur Mittel zu meinem Hauptzweck, Adam und Eva.

Soeben schoss ein Assiniboin auf Morgan und mich, als wir um den Viehstall (das alte Fort) herum unsere Runde nach den Wolfsfallen machten. Wir gingen schwatzend nicht weit von dem kleinen Lager vorbei. Ein Indianer hörte uns, verstand die Sprache nicht, erkannte die Sprecher nicht und schoss uns eine Kugel über die Köpfe. Morgan rief ihm zu, wir seien Waschitscho (Weisse).

Einem dieser Assiniboins suchte ich den Kriegsgesang nachzuschreiben; er sang ohne Worte, blos zu seiner eigenen Aufmunterung; die Melodie ist sich immer gleich, sie hat erst mit den Worten eine Bedeutung. Das e gleicht also unserm la bei Gesangübungen. Die ersten Laute eines jeden Verses werden hoch aus voller Kehle gerufen; sie werden leiser und tiefer, bis sie fast unhörbar gemurmelt werden, worauf wieder plötzlich die hellen lauten Töne eines neuen Verses erklingen. Die lauten, raschen Rufe des Anfangs als Gegensatz der langsamern, immer schwächer werdenden Töne eines Verses machen einen sonderbaren Effekt, wie wilde Begeisterung, mit Klage und Beratung verbunden, erst noch in dunkler Nacht in dieser stillen Einöde.

Eh! eh! ahe! ee, ä, ahe, ä, ahe ee ee ee hee ahe! ä! ä! ahe äh, e eh, eh, ea, a ee ä hä cheh! ehe, ae ä eh, äh, ea a, ee, ä ä ee ee ahe! ahe! äh, eh, eh, ahe, ä, ia, a, ä, ea aä! oh, eh, eha, eh, ia, eh! eh! eha, eh, eh, ehä, ä ahe, ahe! a ä äe e, ä a i a ae, ä, chü, eh, ee, ju, ju, hi, heha, wie Rosswiehern, aber oft bewegen sie die rechte Hand vor dem Munde, um den Ruf zu tremulieren, was der so bekannte, fürchterliche Kriegsruf ist, je nach der Nation mit verschiedenen Modulationen.

30. Oktober. Das *Messer* (Knife), der Bruder des Ours fou, langte diesen Nachmittag mit dem Leichnam seiner Schwester (Schwägerin), welcher auf einer Rosstravay verpackt war, an, nachdem er bereits 3 Boten mit der Nachricht vorausgesandt, er wünsche den Leichnam neben ihrer Tochter beerdigt (Anmerkung: die Leichname wurden hiehergebracht, weil auf den Prairien kein Holz zu finden ist, um ein Totengerüst zu errichten und die Indianer keine Hauen oder Schaufeln besitzen, um tiefe Gruben zu graben. Die Tochter hat sich auch erhängt, weil ein *Bock* sich gerühmt hat, ihre Teile mit der Hand berührt zu haben.) Mutter und Grosskind lagen bei einander in eine Decke gehüllt, mit einer Büffelhaut umwickelt. Ein Essen war für die Trauernden bereit, denn sie hatten 4 Pakete Roben bei sich, nämlich 40 Stück. Gekochtes Fleisch mit Mais, süsser Kaffee mit Beugniés schmeckten den Kindern und alten Weibern besonders gut; sie konnten ihre Freude trotz der Trauer kaum verbergen, mit grosser Begierde reinigten sie die Geschirre mit den Fingern und schleckten sie mit lüsterner Zunge ab. Wie gewöhnlich wurde die Austeilung einem ihrer Soldaten überlassen, weil es eine schwierige Aufgabe ist, jedem gleichviel zukommen zu lassen, dass niemand sich zu beklagen habe. Erst werden die Männer, dann die Weiber *serviert*; Kinder werden zu ihren Müttern gerechnet. Während des Schmauses wurde ein Sarg verfertigt; die Verwandten legten die Leichname in den ersten Kasten, Herr Dennik breitete eine neue Decke als Geschenk darüber, dann wurde der Deckel aufgemacht und unser 6 mussten den Kasten auf unsern Totenacker tragen, daselbst in das bereits ausgegrabene Loch hinunterlassen und zudecken. Das *Messer* hielt uns eine Dankrede, worauf wir uns entfernten, die Verwandten ihrem

Klagen und Heulen überlassend. Diesmal konnte man erwarten, die Trauer komme aus dem Herzen, man brauchte keine alten Weiber anzustellen, um zu heulen. Wie das erste Geheul vorüber war, liess nun das *Messer* seinen Verwandten auf seine Kosten einen Schmaus veranstalten, aber dieser wurde am Grabe genossen, nachdem den Toten ihr Anteil hingereicht worden. Darauf folgte neue Klage, Aufschneiden der Haut, Opfer des Blutes — ohne Heucheln; es war wirklich ergreifend. Vier Tote in einer Familie innerhalb zweier Wochen ist Grund genug zur Trauer.

Die Indianer betrachten den Selbstmord als etwas Natürliches, als kein Verbrechen oder Schande, und mit Recht... Den Augenblick fühle ich mich überaus glücklich. Wenn ich aber später in den sogenannten Kulturstaaten für meine Bestrebungen keine Anerkennung finde? trotz eifrigem Arbeiten mein Brod *nicht* erwerbe? wie dann? — (Spätere Anmerkung: O hätt' ich damals geahnt, welch harte Prüfungen mir bevorstünden, lieber wär' ich als gemeiner Engagé in der Wildnis geblieben!)

31. Oktober. Unverhofft kommt oft! Diesen Abend ist endlich Herr Culbertson von Fort Laramie angelangt; schon nachmittags erhielten wir die frohe Nachricht durch den Ours fou, der vorangeeilt war, um mit seiner Familie zu trauern. Uncle Sam hat den Ours fou zum Oberhaupt der Assiniboins ernannt; das Schicksal hat ihm während seiner Abwesenheit seine Frau, seine *einzige* Frau, seinen Sohn mit zwei Grosskindern geraubt. Wer den trauernden Chef gesehen, würde nie mehr von indianischer Gefühllosigkeit reden. Sie lieben, hassen, trauern und freuen sich wie wir; bloss vor dem Feind sind sie zu stolz, Schmerz zu offenbaren: Ours fou war von Herzen traurig, im Innersten erschüttert; er weinte, still vor sich hin brütend. Sein Haar und sein Körper waren beschmiert, ein Zeichen seiner Trauer. Morgan musste seine Waffen verbergen, aus Furcht, auch ihn werde die Sehnsucht nach den Seinigen zu sehr angreifen.

2. November. Die Neuigkeiten von Fort Laramie entsprechen den Erwartungen durchaus nicht. Es wurden keine Verträge behandelt, noch abgeschlossen, Uncle Sam hat keine Militärmacht aufgestellt, den Indianern zu imponieren. Der U. S. Agent Col. Mitchel soll meistens berauscht gewesen sein, den Indianern grosse Versprechungen gemacht, einige Krieger als oberste Chefs ihrer Nationen ohne deren Einwilligung ernannt, sie mit Haufen Mehl, Decken u. s. w. beschenkt haben. Quatre ours, Buonaparte und Konsorten sollen das Ende der Versammlung (eher eine Ausstellung geschmückter Krieger vieler Nationen) nicht abgewartet haben, sondern gleich bei der Nachricht von der Cholera unter den Herantsa, den Mandans und Ricaras nach

Hause aufgebrochen sein. Die Nachricht kam ihnen durch den Siouxabgesandten von Fort Pierre zu. Herr Culbertson sagt mir, ich solle froh sein, dass ich nicht dorthin gegangen; ich hätte zwar über 2000 geschmückte Krieger von verschiedenen Nationen gesehen; aber um die Eintracht nicht zu stören, durften sie nicht tanzen, ihre Feinde nicht reizen; ich würde kein einziges wildes Tier, keine Jagd gesehen haben. So muss ich mich trösten, durch den Verlust von Pferden und die Wortbrüchigkeit eines Kameraden hieher verschlagen worden zu sein. Wie oft hab' ich versucht «Gold zu machen», und immer umsonst; immer wurde ich durch Unfälle meinem Künstlerziele bon gré mal gré zugetrieben — man sollte glauben, ich sei wirklich *dazu bestimmt*, mein Ideal zu erreichen. Ist ein solcher Glaube eine Anmassung? ist es nicht vielmehr der Lohn meiner Leiden, das Resultat meiner Anstrengungen?

Herr Dennik sagt, Herr Culbertson sei von seinem Freunde Mitchel als U. S. Agent zum Obersten — hier ist weder Militär noch Miliz — ernannt worden, wir sollen ihn als solchen von nun an anreden. Oberst von was? Amerikanisch-republikanische Titelsucht! Der neue *Oberst* gab letzte Nacht einen Ball. Seine Squaw machte sich in ihrem europäischen Ballkleide mit Fransen ausserordentlich gut; viel Anstand, Grazie und Ausdruck für eine Blutindianerin. Einige tragikomische Intermezzos, von liquor verursacht, fehlten nicht. Joe Picotte musste schlafen gelegt werden, nachdem er beinahe Streit mit *unsern* Indianern bekommen.

5. November. Diesen Abend beständiges Klopfen an das Thor. Die Assiniboins draussen glauben, sie können immer hinaus und herein die ganze Nacht; schöne Ordnung! Was sie heute so rührig macht, ist erstlich die Ankunft einer entlaufenen Squaw vom untern Camp; dann der verfolgende Mann, der seinen Gaul niedergeritten, sich selbst steif und wund gesessen, um sie einzuholen. Sie klopfte zuerst an der Flusspforte; wie ich sie herein liess und zu den Squaws des Forts führte, klopfte schon der Mann an dem entgegengesetzten Thore. Kriegt er das Weib, ist's ein Schauspiel, kriegt er's nicht, ein Trauerspiel, wird er ausgelacht, ein Lustspiel; bis jetzt ist nur gelacht worden vom ehrenwerten Publikum; bloss der Held ist etwas ergrimmt, die Heldin in Furcht vor — Prügel!

Auffallend ist, dass Indianerinnen Kinder nie auf den Armen tragen, sondern beständig auf dem Rücken; sie schwingen das Kind über die Schultern, halten sich in gebückter Stellung, bis sie ihre Decke über das Kind gezogen und um ihren Leib befestigt haben. So auch die Männer.

6. November. Hätte Herrn Culbertsons Squaw nicht die Nachricht erhalten, dass ihr jüngerer Bruder von den Assiniboins erschossen, so hätte ich eine gute Gelegenheit, eine der schönsten Indianerinnen zu studieren. Als Zeichen der Trauer hat sie ihre langen, glänzend schwarzen Haare kurz abgeschnitten. Sie wäre ein schönes Modell für eine Venus, das Ideal eines Menschen — ein vollkommenes Weibchen. — Die alten Griechen, wie die Indianer, fordern vom weiblichen Geschlecht bloss häusliche Tugenden, keine gesellschaftlichen; daher übt das *zarte* Geschlecht keinen bildenden Einfluss auf das starke.

Bei den hiesigen Indianerinnen fällt mir auch der Mangel an gemütlichem oder lustigem Gesang auf, wie er z. B. bei den Iowamädchen so häufig gehört wird. Hier singen sie bloss beim Tanzen, dort zur Unterhaltung, ihren schweren oder lustigen Herzen Luft zu verschaffen. Wenn ich an Witthaes chagge, chagge, toriki hagreniki (weine, weine, bald geh ich nach Haus!) u. s. w. denke, wie lieblich sang sie dies mit ihrer Schwester zweistimmig! Ah, tempi passati!

12. November. Jetzt komme ich so recht in den Pelzhandel hinein; wünsche nur irgend eine der hiesigen Sprachen zu kennen. Es hält aber bei dem babylonischen Mischmasch von verschiedenen Nationen schwer, eine einzelne Sprache aufzufassen. Assiniboins, Crows, Herantsas, Crihs, Mandans, selbst Blackfeet, dann wieder Englisch, Französisch, Spanisch, Deutsch, alles durcheinander. Die einheimischen Squaws sind schlecht dressiert; anstatt allen zu gleicher Zeit das Fleisch auszuteilen, muss man jede bedienen, wenn sie darum frägt (gewisse Clerks haben diese Ordnung eingeführt, um ihren Favoritinnen etwas Apartes unterzuschieben). Eine Assiniboinsquaw fordert tandoh, eine andere waschnä, eine dritte das gleiche in anderer Sprache, dann kömmt ein Arbeiter und will ein Ochsenjoch, ein anderer ein outil, ein dritter ein ayischino, dann kömmt Herr Culbertson, frägt nach etwas, dann Herr Dennik und befiehlt ein anderes; dann fragen mich Indianer nach diesem und jenem, wollen etwas umtauschen. Jede Minute wechselt die Sprache, die ich verstehen, in der ich antworten soll. Es jinge wohl, aber es jeht nicht!

Einige malerische Winterscenen gesehen. Auf- und Abbrechen von Zelten; das Lager auf dem jenseitigen Ufer im Walde in Nebel, Rauch und Schnee; Gruppen von Auf- und Abladenden; der Fluss mit Treibeis bedeckt. Während der Arbeit fühlt man die Kälte weniger, als im Zimmer müssig und ohne Feuer sitzend. Doch Kälte, Nässe, Müdigkeit, — alles ist nichts, wenn das Gemüt zufrieden ist.

13. November. Zuerst unsere Jäger an das jenseitige Ufer gerudert; dann einige Familien Crihs. Crihsquaws sind praktischer im Umladen ihres Gepäcks als Assiniboins. Die verschiedenen Feuer der

Stämme, die jungen Bursche sitzend, rauchend oder bei ihren Pferden stehend, Buben und Mädchen mit ihren vielen Hunden, Kinder mit jungen Hunden als ihren Puppen spielend oder sie wie kleine Kinder auf dem Rücken unter der Decke tragend, Weiber mit ihrem Gepäck, ihren Zeltstangen, Lasttieren beschäftigt. Im Hintergrunde der Wald mit seinen entlaubten, beschneiten Bäumen, oft schwarz durch Feuer oder Blitz, mit 30 Zelten, von Leuten wimmelnd. Rufen, Trommel- und Axtschläge, Krachen stürzender Bäume, Wiehern der Rosse, Schiessen, Heulen der Hunde, alles durcheinander. Aber auch die öde, weite Prairie diesseits, hinter dem Fort, hat ihren Reiz; der leichte Schnee mit dem durchblickenden dürren Grase, sieht bald schwarz, bald gelb, bald rot aus. Auf dieser hellen Fläche steht das Lager von vielen bunt bemalten Zelten, mit den aufgehängten fliegenden Trophäen von Skalps, Büffelbärten, Streifen roten Tuchs u. s. w, mit den thätigen und müssigen Figuren herumstolzierender Männer, spielender Jünglinge, Mädchen, die Wasser tragen; Weiber, die Holz schleppen, Häute kratzen und schaben; weidende Rosse, oder zum Gebrauche gesattelt, am Zelte des Eigentümers angebunden; Hunde die Menge, begierig etwas zu stehlen, einander herumzupauken, einen alten Knochen, ein Stück Leder oder stinkende Hudeln abzujagen. — Diese dunkeln Gestalten heben sich fast gespensterhaft von dem hellen Schnee ab; oft verschwimmt alles in Rauch und Nebel. Da wird kein Streit, kein Fluchen gehört, die ewige Trommel, das Heulen der Hunde, das Wiehern der Rosse, hie und da ein lautes Rufen, das sind die einzigen Töne, die auch von diesem Lager über die Sandbank mit ihren Staubwolken erschallen. Kein Streit, aber auch kein Gesang, kein Jodeln; bloss die Trommel ertönt von einem Krankenlager; die Musik der Charlatans, aber nicht der Freude. Des Indianers höchster Genuss zu Hause ist ein Schmaus; Tabakrauchen ist sein Zeitvertreib, das Tanzen seine Berauschung.

14. November. Während wir mit grosser Mühe Herrn Culbertsons Boot an das hohe Ufer zogen, schwamm eine schöne Gans (loon d. h. *Eistaucher*) mit aufrechtem, weissem Halse und grünem Kopf den Fluss hinunter. (Anmerkung: Diese Gans kömmt in Audubons Birds of America nicht vor.) — Kein Indianer wollte Hand anlegen, um zu helfen; das wäre zu gemeine Arbeit gewesen.

15. November. Ich las auch den geschriebenen Vertrag der Vereinigten Staaten mit den Indianern; wieder nichts als Heuchelei, um das weitere Publikum glauben zu machen, Uncle Sam nehme sich das Schicksal der Indianer sehr zu Herzen. Wirklich ist es die höchste Zeit, dass er es thäte! Erstens über Nationen Oberhäupter zu ernennen, die von ihnen weder gewählt noch anerkannt wurden, nützt niemandem

etwas, erzeugt nur Neid der Nebenbuhler; zweitens zu versprechen, während 50 Jahren jährlich 50,000 Dollars unter die Nationen westlich vom Missouri zu verteilen, je nach der Kopfzahl, mit der Bedingung, keine Weissen zu beleidigen, unter sich nicht mehr zu kriegen, was ist das? Wie viele solcher Verträge mit Indianern wurden gehalten? Wie leicht ist es nicht, eine Beleidigung zu provozieren, und dann das Jahresgehalt zu verweigern? Auf 50 Jahre! Wer garantiert den Amerikanern eine Fortdauer ihres Staatenbundes für so lange Zeit? Kann nicht ein jedes Ministerium die Verträge seiner Vorgänger annullieren? Jackson hat sich in diesem Fach besonders hervorgethan; seines Vorgängers Präsident Monroes Vertrag zu Euka hat er mit den Bajonetten umgestossen.

Als wir einen Crih-Chef, le Plumet Caille (Wachtel-Federbusch), über den Fluss setzten, sagte er mir, indem er mit der Hand einen Bogen nordwärts von Sonnenaufgang nach Sonnenuntergang beschrieb, tout ça à moi! Er wiederholte diese Worte mehrmals in Gegenwart von Assiniboins, welche seine Zeichen sehr gut verstehen mochten. Das eigentliche Land der Assiniboins liegt also zwischen dem Yellowstone und Missouri; sie sind wahrscheinlich von den Crows und Blackfeet über den Missouri auf das Land der Crihs vertrieben worden. Jetzt begreife ich auch, warum

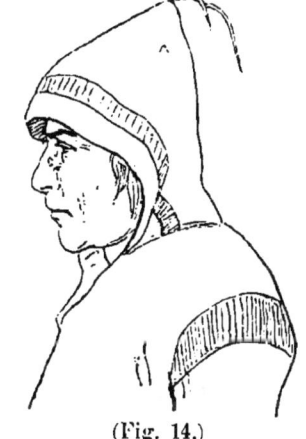

(Fig. 14.)
Assiniboin im Winterkostüm.
(Skizzenbuch S. 111.)

die Crihs die Prairien verbrennen, — um die Assiniboins von ihren Jagdgründen zu verjagen, sie auf ihr altes Gebiet zurückzudrängen.

17. November. Da ich das Wort Sioux französisch ausspreche und es auch bis jetzt von keinem Amerikaner anders habe aussprechen hören, verwunderte ich mich sehr, dass mich Herr Dennik deswegen auslachte und behauptete, man sage *Suh*, nicht Siuh; er konnte aber den Ursprung des Wortes aus der Dacotahsprache nicht beweisen, noch einen Grund für seine Aussprache angeben. Nach Charlevoix soll es die Endsilbe des Wortes Nadouessioux sein. Herr Dennik wollte mich auch lächerlich machen, wegen meiner Behauptung, mit Salz könnte man gewisse Tierarten zähmen. Jim Hawthorne [1] war, um sich nach Gewohnheit einzuschmeicheln, gleich bereit, eine Anekdote zu erfinden, dass er einen Jäger gekannt habe, der stets eine Leck-

---

[1] Ein kurz vorher angekommener Abenteurer.

tasche mit sich geführt, womit er dann jede Heerde von Büffeln zu sich locken konnte; ja, eine Heerde von vielen Tausenden sei demselben mehrere Tage gefolgt. Ich antwortete ihm einfach, wenn er mich lächerlich machen wolle, so werde ich ihm an einem andern Orte Bescheid geben.

20. November. Gestern Abend wieder einen Ball gehabt. Glaubte erst, Herr Dennik hätte sehr gute Neuigkeiten aus den Staaten erhalten; im Gegenteil! seine Aussichten nächstes Jahr New York zu besuchen, sind zerschlagen. Aber als die jüngere Madame Dennik in rosenrotem Ballkleid nach dem neuesten Muster, direkt von St. Louis, unter den Tänzerinnen erschien, da ging mir ein Licht auf. Diesem neuen, schönen Kleide hatte ich das unverhoffte Vergnügen zu verdanken, mit der Trommel oder dem Triombown den Takt zu schlagen. Da ich kein Tänzer bin, musste ich meine beugniés mit musizieren verdienen. Schade, dass das Ballkleid nicht schon an Herrn Culbertsons Ankunftsball vorhanden gewesen; wie hätten die zwei schönen Tänzerinnen einander beguckt! Gerade so, wie zwei hoffärtige weisse Mädchen oder Frauen. — Rosa geht aber nicht gut zur kupferfarbenen Haut. Zwar ist die Haut reinlicher Indianerinnen nicht dunkler, als die einer italienischen oder spanischen Brünette; aber auch diesen passt rosa nicht; die Farbe des Kleides muss den Glanz der Haut hervorheben, nicht verdunkeln.

Vor dem Frühstück einige Dakota-Wörter von Ours fou gelernt, welcher die Einsamkeit meines Zimmers sucht, um ungestört am Kaminfeuer über seine Verluste und über zukünftige Grösse brüten zu können. Minnehasga tokia? (Wo ist Langmesser?) — T'schande waschteh. (Fleisch ist gut.) — Osnie schitsche. (abscheulich kalt). Das Aufschreiben und Nachsprechen dieser Worte machte dem guten Alten herzliche Freude.

22. November. Früher, bevor ich eine tiefere Einsicht in den Pelzhandel hatte, fand ich die Preise der Waren unvernünftig hoch; mein Erstaunen hörte nach und nach auf bei der nähern Kenntnis der Geschäfte, der Ausgaben. Waren, die 9000 Meilen weit her kommen, ja einige, die über die halbe Erdkugel transportiert werden müssen, können nicht anders als bedeutende Auslagen verursachen. Es werden hier Waren aus Leipzig (kleine Schellen, Spiegel), aus Köln irdene Tabakpfeifen, Glasperlen aus Italien, Merinos, Kalikos aus Frankreich, wollene Decken, Flinten aus England, Zucker, Kaffee von New Orleans, Kleider und Messer aus New York, Pulver und Blei, Mehl, Mais u. s. w. aus St. Louis herbeigeschafft. Die Gesellschaft besitzt für die Stapelwaren Fabriken im Ausland und Inland; ihr Pelzhandel dehnt sich über die ganze Strecke vom oberen

Mississippi durch das ganze Indianerland bis nach Mexiko. Ihre Posten sind verbreitet am St. Peters, Missouri, Yellowstone, Platte, Arkansas, Gila, Bearriver, in Oregon, Kalifornien, Neu-Mexiko. Nach den Flüssen oder Verbindungswegen ist dieser Handel in Distrikte eingeteilt; Upper Mississippi Outfit, Upper Missouri Outfit, Platte Outfit u. s. w. genannt. Die Mitglieder der Gesellschaft wohnen in St. Louis. Chouteau, Sarpy, Berthoud, O'Fallon u. s. w. haben daselbst ihr ungeheures Magazin, ihr Office. Von hier aus werden die Waren nach den verschiedenen Posten verschifft, die eingetauschten Pelzwaren in Empfang genommen, wieder in alle Welt (besonders Russland) versendet. Jeder ihrer Distrikte hat einen Agenten, welcher die Aufsicht über mehrere Posten führt; ein Agent hat sein fixes Einkommen (2000 Dollars) nebst Prozenten; er bestellt die Waren bei der Gesellschaft, ist aber nicht durchaus genötigt, die Schuld in Pelzwaren zu bezahlen; es steht ihm frei, seine eingetauschten Felle auf *dem* Markte loszuschlagen, wo er die beste Bezahlung findet. Dem Agenten werden für die gelieferten Waren der Fabrikpreis, die Transportkosten, jährlicher Zins des vorgestreckten Kapitals nebst Assekuranz gefordert; er weiss also ungefähr, was ihn die Waren kosten werden, ohne die laufenden Ausgaben der Angestellten eines Postens, dessen Unterhalt, dessen Geschenke an die Indianer; diese muss er berechnen, um mit Vorteil bestehen zu können. Herr Culbertson ist Agent des U. M. O. (Upper Missouri Outfit), hat die Aufsicht der drei Posten Union, Benton, Alexander. Herr W. Picotte, Agent vom L. M. O. (Lower Missouri Outfit) mit den Posten Pierre, Lookout, Vermillion, Clarke, Berthold. Herr Papin, Agent am Platte, Fort Hall, Laramie. Jeder dieser Posten hat seinen Bourgeois oder Headclerk mit 1000 Dollars fixem Einkommen nebst bestimmten Prozenten und die Waren zum kostenden Preis wie die Agenten. Jeder Posten hat seine eigene Rechnung; bestellt beim Agenten seine Bedürfnisse, liefert ihm alles ab, was er eingetauscht, wird dafür accreditiert. Ein Bourgeois kann nun viel gewinnen oder verlieren, je nachdem er zu rechnen weiss, seine eigenen Ausgaben einrichtet.

Die Agenten und Bourgeois bilden sozusagen eine eigene Gesellschaft, die sich bloss verbindlich macht, *alle* Waren von den Aktionären zu kaufen, für den stipulierten Preis, wobei Zins und Spesen gehörig berechnet werden. Stehen nun die Pelzwaren hoch, so machen die Agenten einen Ueberschuss, der unter sie und die Bourgeois nach ihrem Haben verteilt wird. Die Aktionäre tragen allen Schaden, welchen die Waren durch höhere Mächte unterwegs erleiden; die Agenten müssen bloss gutstehen für die empfangenen, an Ort und Stelle abgelieferten Waren, dagegen lassen sie alle Waren durch

Assekuranzen versichern, wofür der Tarif auf dem Missouri sehr hoch ist, wegen der vielen Snags. Je weniger Ausgaben ein Fort zu seiner Existenz erheischt, je weniger daselbst für Arbeiten, für Pelzwaren bezahlt werden muss, desto grösser wird der Profit eines Bourgeois und dessen Agenten, der auch Bourgeois eines Forts ist. Clerks und Engagés werden durchschnittlich wie in den Vereinigten Staaten bezahlt; sie müssen aber alles von ihren Posten kaufen, und um welche Preise! Zum Glück hat man nicht die Bedürfnisse, die Gelegenheiten zu Ausgaben, wie in den Staaten. Keiner würde sonst etwas ersparen. Die brauchbaren Traders, Clerks, Dolmetscher, Jäger, Handwerker und Handlanger, welche im Lande bleiben, sich bei einer Gesellschaft gut anschreiben wollen, machen selten Ersparnisse, sie verheiraten sich. Ja, um die Tauglichsten, die Notwendigsten (denn man hat nicht immer eine Auswahl) an den Posten zu fesseln, sucht der Bourgeois durch Vorschüsse, Kredit auf das nächste Jahr, dieselben zu binden.

Die Bourgeois bezahlen für die Waren, die sie zu eigenem Gebrauche nehmen, bloss denjenigen Preis, welchen sie für dieselben den Aktionären bezahlen müssen, sie fordern aber desto mehr von ihren Angestellten und den Indianern. Ein Angestellter muss für eine mittelmässige Robe 4 Dollars, für eine gute (prima) bis 8 Dollars, für eine verzierte bis 15 Dollars bezahlen, also selbst mehr, als in den Staaten. Der Indianer erhält für eine gewöhnliche Robe z. B. zwei Gallonen geschälten Mais (shell corn), oder 3—4 Pfund Zucker oder 2 Pfund Kaffee. Alle Ausgaben zusammengerechnet, mag eine Büffelhaut 1 Dollar brutto betragen. In St. Louis werden sie im Grosshandel zu wenigstens 2 Dollars verkauft. Die Agenten und Bourgeois können also leicht 100 % gewinnen, wenn sie den Handel verstehen, was nicht bei allen Bourgeois der Fall ist. Man müsste diese Leute aus den im Lande erzogenen Clerks wählen; es ist nun mancher ein tüchtiger Clerk unter einer guten, sorgfältigen Leitung, aber nicht an der Spitze des Geschäfts.

Ein Handlanger erhält jährlich höchstens 120 Dollars, ein Handwerker 250 Dollars, ein Jäger 400 Dollars nebst den Häuten und Hörnern seiner Beute, ein Dolmetscher ohne sonstige Anstellung, was selten ist, 500 Dollars; Clerks, Traders, welche der *Hofsprache* mächtig sind, nämlich der Sprache derjenigen Indianer, für welche der Posten hauptsächlich errichtet ist, können auf 800—1000 Dollars kommen ohne Prozente. Alle Angestellten erhalten freie Kost und Station, d. h. die blossen Engagés nichts als Fleisch nebst einer Bettstelle und einer ungegerbten Büffelhaut. Jäger und Handwerker essen am zweiten Tisch, d. h. Fleisch mit schwarzem, süssem Kaffee mit Biskuits, Clerks essen mit dem Bourgeois am ersten Tisch, welcher durchschnittlich gut ist für dieses Land; man hat meistens ausgewähltes Fleisch mit Brot, oft Suppe, Sonntags Pie. Für das Bettzeug muss ein jeder selbst sorgen, doch erhält man zwei Büffelhäute aus dem Magazin geliehen. Ist nun der Zweck eines Angestellten zu sparen, so kann er wirklich unter Umständen beinahe sein ganzes Einkommen auf die Seite thun; er muss in diesem Falle einen Vorrat von Kleidern besitzen, sich ausser der Fortkost durchaus keine Leckerbissen, Schmausereien gönnen, den Squaws zehn Schritt vom Leibe bleiben.

Da nun diese Angestellten nicht durch Prozente zu grösserer Anstrengung stimuliert werden, so darf man auch nicht erwarten, dass sie mehr arbeiten oder gar Opfer bringen zum Nutzen einer Gesellschaft, die sich ungeheuer bereichert und solche enorme Preise von ihnen fordert. Die Vorteile, die ein Bourgeois neben gleicher Besoldung über den Trader besitzt, müssen auch einen Unterschied im Eifer, einen Unterschied in den Opfern erheischen. Die Clerks und Traders in den Forts, wie in den Winterquartieren, sind beständig von bettelnden Kunden der Gesellschaft umringt, bestürmt; sie haben aber keine Verpflichtung, ihr geringes Eigentum wegzuschenken, um den Obern mehr Roben zu verschaffen, obschon es von den Bourgeois nicht nur nicht ungern gesehen, sondern auch direkt und indirekt gefordert wird. Herr Dennik wurde vor einigen Jahren von einem unserer Clerks wegen einer solch unbilligen Forderung beinahe abgeprügelt; er flüchtete sich in sein Wohnzimmer. Wenn man bedenkt, dass hier keine Gerichte sind, dass man einen Verbrecher, Mörder oder auch bloss Angeschuldigten erst einfangen muss, jährlich nur eine oder zwei Gelegenheiten hat, den Gefangenen die weite Distanz von hier nach St. Louis mit Zeugen zu spedieren, dort die Gerichtskosten, die Ungewissheit des Spruchs, des Urteils, so wird man leicht einsehen, dass Prozesse grosse Seltenheiten sind. Unter der hiesigen, gemischten, zum Teil rohen, schlechten Bevölkerung von Weissen erkennt man daher das gleiche Bedürfnis von Friedfertigkeit und Eintracht, wie in einem Lager von Indianern. Jeder schützt seine Ehre, sein Eigentum selbst, jeder ist bewaffnet, für jede Beleidigung bezahlt das Messer oder die Flinte. Wer sein Leben liebt, hütet sich zu beleidigen. Es wird nicht für notwendig erachtet, den Beleidiger herauszufordern und ihm noch zur Beleidigung die Gelegenheit zu verschaffen, die Unschuldigen zu töten. Duelle sind keine *Gottesgerichte*. Man hört daher hier bei den Weissen verhältnismässig wenig heftigen Wortwechsel, sieht weniger Faustkämpfe als in den Kulturstaaten. Man hütet sich Streit zu verursachen, die Folgen sind tötlich.

Das *Messer* brachte schlimme Nachrichten vom obern Winterhaus; zehn Assiniboins starben im dortigen Lager an einer neuen Krankheit, welche sie von den Crihs am Roten Flusse erwischt haben. Blut soll zur Nase, Augen und Ohren herausfliessen. Zufällig trifft es gerade die Bande der Pferdediebe; was ihnen wieder Gedanken von böser Medizin geben wird.

Das *Messer*, als unser Soldat in Bruyères Haus, hat einen « Bock » durchgeprügelt, weil er mit Pellot durchaus Streit anfangen wollte. Der junge Flegel wusste nichts mit seiner Haut anzufangen, er belustigte sich daher, die Thüre von Bruyères Haus beständig auf- und zuzuthun, wie sie es hier oft mit der Thüre des Esszimmers praktizieren. Die Merkwürdigkeit des Schlosses, der Lärm und in diesem Falle noch die Bosheit, die kalte Luft ins warme Lokal hineinzutreiben, belustigten den ungezogenen Bock. Pellot hiess ihn die Thüre in Ruhe lassen, wird aber bloss ausgelacht; Pellot schimpft ihn endlich aus; mein Bock sagt ihm, er solle herauskommen, er wolle ihn abprügeln. Aber das *Messer* war auch da; seine Pflicht als Soldat hiess ihn Ruhe schaffen. Schnell springt er mit einem Knüttel vom Feuer auf, packt den Bock, heisst ihn hereinkommen, um den Schajeh — Waschitscho (Crih — Weisser) zu schlagen, wenn er dürfe. — Ja, morgen! — Aha! Morgen willst du? Damit schlägt er ihn mit dem Knüttel hinter die Ohren, dass er wie tot zu Boden fällt. Noch wollte das *Messer* dem Bock einige Streiche versetzen, da er gerade daran war, wurde aber von seinen Freunden abgehalten; er hätte ihn sonst im Zorne gar totgeschlagen. Der Bock mag sich nun vor dem *Messer*, dem Bruder des Ours fou in acht nehmen.

So gefährlich dieses Indianerland ist, so steht es doch in keinem Vergleich mit den Vereinigten Staaten. Besonders haben Deutsche (Schweizer inbegriffen) von den *Natives* dort viel zu leiden. In St. Joe und Savannah bin ich mehrmals in Kampf auf Leben und Tod geraten, weil betrunkene oder rohe, übermütige Natives sich einen Spass daraus machen wollten, den dutchman zu narren, zu beleidigen. Einmal wollte ich nicht mit einem Schurken Gesundheit trinken, ein anderer war lüstern nach meiner Squaw, ein dritter höhnte mich aus; was allemal blutige Händel absetzte, da ich nicht der Mann war, eine Beleidigung ruhig einzustecken. Bekanntlich ist in den Vereinigten Staaten das Hausrecht hoch geachtet, was eine der schönsten Einrichtungen der Staaten ist.

Da die Métifs nun auch Fleisch erhalten, so lernte ich das Chippewa- (Sauteurs) Wort für frisches Fleisch, nämlich viass. Dies Wort gibt mir Gelegenheit, über die Mängel der englischen Sprache zur Darstellung fremder Laute einige Bemerkungen zu machen. John

Carver in seiner Reise durch das Innere von Nordamerika (1766—68) schreibt das Wort viass *weas* anstatt weeas; nun gibt der Uebersetzer ins Deutsche (Hamburger Ausgabe) Ues! ferner das Siouxwort waschtā (gut) woshtah, deutsch uoschha; tibi (Zelt, Haus) tiebie; minne (Wasser) mene, mene u. s. w. Der Uebersetzer setzt immer für das englische e (i) ein deutsches e. — Die Schwierigkeit, *eine* Sprache zu lernen, mehrt sich täglich.

23. November. Ein Ring, ein Ring! Ein Hochzeitsring? Quien saba? Marguerite La Bombarde besuchte mich diesen Nachmittag, steckte mir einen (messingenen) Ring an die Finger: Tu la porteras pour moi. — Does she want to marry me? merry, merry, merry be!

24. November. Einen grossen Adler für Bearshead gemalt; 20 Roben muss er für die Flagge bezahlen. — Matohs Bild fand ich heute im Dachstübchen, welches zur Aufbewahrung der Arzneien, Farben und Crackers dient. Ist es dort aus Zartgefühl oder aus Aberglauben versteckt? (Matoh war krepiert). — Seit Matohs Tod hat Herr Dennik ein anderes Steckenpferd gefunden: Drei prächtige Wolfshunde mit neuem Geschirr und Geschell an einer Cariole. Diesen einsitzigen Schlitten soll ich nun anstreichen; an den soll das letzte Oel im Fort vergeudet werden.

Die indianischen Hunde unterscheiden sich wenig von den Wölfen, paaren sich auch häufig mit diesen, heulen wie dieselben, ohne zu bellen. Von den Rocky mountains werden anders gestaltete Hunde hieher gebracht: kleine Hangohren, langes zottiges Haar bis über die Zehen und zottiger Schweif. Einige Naturforscher wollen die verschiedenen Hunderassen wie beim Menschen von einem ursprünglichen Paare herleiten, trotz ihrer grossen Verschiedenheit, welche grösser ist, als die des Fuchses und des Wolfs. Warum sollte nicht jedes getrennte Land seine eigenen Hunde erzeugen? Sollte der neuholländische, der kamtschadalische, der tibetanische Hund, die englische Dogge, der türkische Windhund u. s. w. von demselben Paare abstammen?

25. November. Cadottes Assiniboinsquaw kam letzte Nacht zu meiner Thür, rief mir: tini u! Ich öffnete das Thor; sie ist verschwunden. Sein Kredit hat aufgehört, ohne Kaffee keine Squaw! pas d'argent point de Suisse! Und für diese Frau hat Cadotte sein Leben tollkühn aufs Spiel gesetzt!

Die Engagés bezahlen kein Pferd für ihre Squaws, daher diese sich nicht für gebunden halten, so wenig als ihre unbeständigen Gatten. Solche Squaws sind auch gewöhnlich Ausschuss; dass Kinder aus solchen Verbindungen eher die schlimmen Eigenschaften ihrer Eltern annehmen, versteht sich von selbst; wogegen die halbblütigen

Kinder der Bourgeois und Traders dem weissen Blute Ehre bringen. Es kommt auch viel auf die Eltern der Mädchen an, ob sie von guter Familie sind, ob sie ihre Mädchen *anhalten*, ihren Gatten treu zu bleiben.

Rottentail und Greyhead (Fauler Schwanz und Graukopf, wie klingt ihr so schön!) wieder einmal auf Besuch hier. Ersterer bedauert sehr, dass ihn der Bote des Herrn Culbertson nicht gefunden hat, um nach dem Platte zu gehen. Er wäre Chef der Apsahrokas geworden, nicht Big Robert; dieser wird durch die Austeilung der U. S.-Geschenke bedeutenden Einfluss erlangen, viele von Rottentails Freunden in sein Lager hinüberziehen. Rottentail rechnet ohnehin bloss 80 Zelte.

26. November. ... Doch da sitzt Ours fou,[1] der Chef der Assiniboins, neben mir am Boden, vor dem Feuer, im Sack und in der Asche! Welch trauriges Bild eines Oberhauptes, demütiger Grösse! Trauernd sitzt er da, mit dem Anstand, den er hatte, als er Fürst noch war. Er ist entblösst, seine Haut an Kopf, Brust und Beinen ist aufgeschnitten, das Blut rinnt als Opfer seiner toten Frau, seines erschlagenen Sohnes, seiner lieben Grosskinder. Aber der gute Mann hat noch andern Kummer, sein neuer Titel wird nicht anerkannt! Weder von den Apsahrokas, noch von seinen Assiniboins! Zum erstenmale seit 30 Jahren, seit dem Kriege mit den Crows, seit dem Frieden mit denselben hat Ours fou (Matoh miko) sein Lager auf dem eigentlichen Assiniboin-Jagdgrunde aufgeschlagen; die Apsahrokas verderben ihm die Jagd, sein Volk findet keine Nahrung. Er spricht mit Rottentail; dieser ist ein Handelsmann, und seinerseits missmutig, nicht Chef der Apsahrokas geworden zu sein; er ist auch schlau, lacht über den weissen Chef am Platte; der weisse Amerikaner lügt, wo sind seine Geschenke, wo seine Krieger? Die Apsahrokas lachen über einen armen Chef. L'Ours fou hat schon lange alle Geschenke weggegeben, weil er *trauert*; er ist *arm*. *Il se tanne*,[2] den Ausweg aus dieser Klemme zu finden, *il jongle*[2] zwischen den verschiedenen Plänen, sich Ansehen zu verschaffen, denn auch unter seinen Leuten hat er Nebenbuhler, Neider. Le premier qui vole ist ein verwegener Krieger und Herrn Denniks Schwager. Auch er war am Platte und hätte nach indianischen Gebräuchen Chef sein sollen, denn er zählt mehr Coups, vereinigt mehr Zelte, mehr Verwandte, mehr Krieger um sich; aber seine Heftigkeit ward gefürchtet.

---

[1] Anm. Von Ours fou wird ein Portrait im nächsten Heft folgen.
[2] Kanadische Ausdrücke.

Die Indianer benutzen ihre Hunde als Lasttiere und zur Wache, nie zur Jagd; denn das Gebell und Geheul würde den Jäger dem lauernden Feinde verraten. Die Rasse ist auch zu wild, zu wenig flüchtig, um von Nutzen zu sein. Diese Wolfshunde würden alles aufjagen, was sie unter die Zähne bringen könnten, ohne die schnellern Tiere einholen zu können. Dass die Hunde ihrer Zähne wegen weder zum Ziehen noch Tragen eingerichtet seien, ist eine sonderbare Behauptung; nicht die Natur hat das Pferd und den Ochsen, noch das Renntier zum Ziehen bestimmt, sondern der Mensch hat sich dieselben als die zu diesem Zwecke tauglichsten auserkoren; so hielt der Indianer den Hund für das bequemere Lasttier, denn den Büffel. Auf dem Schnee sind die Hunde zum Ziehen die allerbesten Tiere. Es gibt aber gewisse Hundephilanthropen, die dem Menschen jegliche Arbeit zumuten, den Hund aber höher stellen.

Heftiger Schneesturm, schneidende Kälte, heulender Nordwind. — Und sonderbar, dieser gleiche Nordwind war gestern so warm, dass der Schnee zu schmelzen begann. Hat er wohl zuerst über ein warmes Land geweht, alle Wärme nach Süden geführt? Aber bei dieser fürchterlichen Kälte knistert ein helles Feuer im Kamin, das feuchte Holz kocht und zischt und knallt, dass mir ganz lustig zu Mute wird. Oder hat mich «ma blonde» so munter gestimmt? Ach, Marguerite, du wärest hübsch und arbeitsam genug, wenn du nur etwas weniger dumm wärest!

Heute wieder in der Fort Unionization, wie Herr Dennik sich ausdrückt, Fortschritte gemacht, musste nämlich 81 Büffelzungen aus dem Salze nehmen und in meinem Zimmer zum Trocknen aufhängen, und über 170 frische Zungen zuschneiden lassen und einsalzen (man schneidet den Kehlkopf rein heraus und schüttet sie dann in ein Fass mit warmem Salzwasser). Mir ist wie in einer Speckstube, mein Himmel hängt voller Leckerbissen, aber ich darf sie nicht geniessen. Er will keine verkaufen, selbst nicht für einen Dollar das Stück!

27. November. Den Herrenschlitten (cariole) rot und schwarz angestrichen. Für Morgan ist wieder ein Adler bestellt; sie sind sehr gesucht. Eine grosse Kundschaft soll damit angelockt werden. Die Flagge mit dem Adler ist ein bedeutendes Geschenk; kostet zwar den Bourgeois sehr wenig.

28. November. Apsahrokas und Assiniboins lagern nur wenige Meilen von hier über dem gefrornen Flusse; sie sind daher beständig hier auf Besuch. Keine Geschäfte noch, aber viel Essen und Tubaken.[1] Wieder einen Crowchef kennen gelernt, Four Rivers (vier Flüsse).

---

[1] Anm. Bernismus für Rauchen.

Ein gewaltiger Mann von Gestalt und Verwandtschaft. — Le Tourbillon, ein Assiniboin, soll die meisten Coups zählen von allen hier bekannten Kriegern irgend einer Nation. Er hat 24 Feinde mit eigener Hand erlegt. — Le Gras, le Garouillé, the Knapper (ein Skalpierter, aber nicht Getöteter) sind wahre Schmarotzer, Bettler.

30. November. Leb wohl, November! Wenn der Dezember ebenso viele interessante Ansichten bringt, will ich sehr wohl zufrieden sein. Wie sanft und harmonisch sind nicht die Farben der weiten Prairie, die leicht mit Schnee bedeckt ist, doch so, dass das gelbe, bräunliche, schwärzliche, rötliche Gras und Unkraut mit den grauen Samenkapseln noch herausgucken kann und dem blendenden Weiss die verschiedenartigsten Abstufungen verleiht. Auf diesem hellen Grunde muss sich ein Büffel im samtenen Winterhaare prächtig herausheben.

1. Dezember. Diesen Abend kam ein Assiniboin aus dem untern Lager zu mir, weil er nirgends in den gefüllten Zimmern Raum oder Nahrung fand. Er war sehr hungrig und müde; sagte, sein Magen rufe immer: rug, rug! Da ich keine Erlaubnis oder Auftrag habe, Indianer zu füttern oder zu übernachten ohne höhern Befehl, so konnte ich in seinen leeren Magen nicht zu viel Bedauern setzen, bedeutete ihm, Minehasga müsse ihm Nahrung geben. Unterdessen setzte er sich ans Feuer, ich füllte ihm meine Pfeife und wir rauchten zusammen.

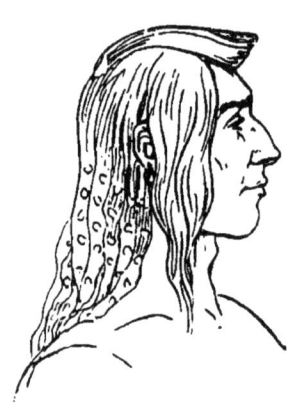

(Fig. 15).
Four Rivers (Apsahroka).
(Skizzenbuch S. 81.)

Wie es ihm, einem Unbekannten, in den Sinn kam, mich bei meiner schwächsten Seite zu fassen, begreif' ich nicht; er fing an, Assiniboinworte und ihren Sinn mir durch Zeichen anzugeben, mit der Deutung, sie niederzuschreiben. Ich war so erfreut über diese unerwartete Zuvorkommenheit von einem « Wilden », dass mein strenges Pflichtgefühl desto mehr sich zu erweichen anfing, je mehr mein Wörterbuch zunahm. Ich eilte nach dem Magazin, ein Stück dürres Fleisch zu holen. Die Kälte war schrecklich, Schlüssel und Schlösser klebten an den Fingern, so dass ich bald glaubte, die Haut an denselben zu verlieren. Osnindo (kalt! sehr kalt!), sagte er, als ich schnaubend und stampfend ins Zimmer zurückkam. Ja, wahrlich, sehr kalt; ich erlaubte ihm sogleich im Zimmer zu schlafen. Nachdem er seinen Hunger gestillt, rollt er sich sogleich in seine Büffelhaut und schläft da auf dem kalten Boden. Bei so vielen Indianern im

Fort fühlt man besonders das Bedürfnis eines grossen Raumes mit Feuerherd, wo man die Indianer in Massen einquartieren könnte. So müssen sie in wenigstens 5 ohnedies bewohnte Räume hineingedrängt werden, was für die Bewohner wie für den Besuch sehr unbequem ist. Besonders jetzt will alles ums Feuer hocken, niemand kann kochen. Im hohen Sommer wäre die Hitze und der Dampf noch unerträglicher. Herr Dennik spricht auch davon, ein Indianerhaus zu bauen, was sehr notwendig wäre und ihm gewiss viele Freunde gewinnen würde. Haben auch bereits zusammen einen Plan dazu gezeichnet.

2. Dezember. Wieder die alte Geschichte von einer Squaw, die ich heiraten soll; — wenn's nur nicht so schwer wäre, sie zu erhalten. Sie bleiben grad so lang, als sie von einem Weissen alles erhalten, was ihm zu geben möglich ist; beim ersten «unmöglich», adieu, je t'ai vu; gerade, wenn man sie so recht gern bekommen. Wie ich nämlich vom Thorschliessen in mein Zimmer zurückkehrte, sah ich auf meiner hohen Thürschwelle eine alte und eine junge Squaw sitzen, die schon seit mehreren Wochen im Lager draussen wohnen. Ich glaubte, sie warten auf mich, bloss um das Thor wieder zu öffnen; aber nein! zu mir ins Zimmer wollten sie. Die junge war gut gewachsen, hatte sehr feine, noble Züge, einen sanften, schmachtenden Blick, für eine Indianerin eine sehr hohe Stirn: das Gesicht war rein gewaschen, eine leichte Röte schimmerte selbst auf den Wangen, aber o Lord! der Gegensatz! dieser schwarze Hals, die schwarzen Schultern und Busen, dieses von Schmutz glänzende Lederkleid, die alte Büffelhaut..... Sie waren sehr freundlich, die Alte erzählte viel, die Junge seufzte bald leise, bald tiefer, lauter. Ich verstand sie gar wohl, — die Familie gefiel mir aber gar nicht. Da sie sahen, dass ich nicht reden konnte oder wollte, holte die Junge den Mulatten Auguste als Dolmetscher; der braucht sich nicht mit meinen Angelegenheiten abzugeben, ich hiess ihn Morgan holen. Morgan ist zwar der Assiniboinsprache auch nicht besonders mächtig; ich wollte ihm aber einen Spass verschaffen. Er handelte lange, aber vergebens. Heiraten, Geschenke geben, war ihr Wort. Aber eine arme Indianerfamilie mit einer unendlichen Verwandtschaft zu unterhalten, ist ein teures Vergnügen.

Morgan ging; auch der Besuch. Kaum hatte ich das Thor hinter den Weibern geschlossen und wollte zu Morgan hinüber, als wieder gepocht wurde. Es waren die beiden Weiber mit ihrem blinden Gemahl und Vater. Sie kamen wieder in mein Zimmer, der Blinde machte das Zeichen: ich gebe dir meine Tochter, hier zu bleiben, bei dir zu schlafen. Glücklicherweise hatte Packinaud Wind bekommen und hinkte herüber und fing nun seinerseits zu handeln an; ihm, meinte er, müsse es gelingen, das Mädchen, ohne Ross, zu besitzen. Da sein Plan scheiterte, wurde er böse und jagte das Pack fort.

Von heute an kann ich auch Büffelhäute aus meinem Verwahr verkaufen. Der Preis ist von 4 Dollars auf 5 gestiegen, gerade jetzt, wo sie am notwendigsten sind. Herr Dennik sagt, er gewinne hier zu wenig daran, er sende sie lieber nach St. Louis, wahrscheinlich.

3. Dezember. Von meinem Uebernächtler noch mehr Dakotah-Wörter gelernt. Nachdem er mir die Zahlwörter bis auf 10 genannt, legte ich zu den 10 Holzspänen noch einen hinzu, um 11 zu wissen, aber er wollte das lange nicht verstehen, trotz allen möglichen Zeichen glaubte er immer, ich wolle zwanzig, dreissig u. s. w.; blau und grün waren ihm einerlei, braun und schwarz dito; er glaubte nun, mir einen ungeheuren Dienst geleistet zu haben, bettelte ohne Aufhören, was ihm vor Augen lag; ich beschenkte ihn mit Tabak und liess ihn laufen.

Um die langen Winterabende zu vertreiben, habe ich diesen Abend angefangen, Packinaud in der englischen Sprache zu unterrichten; mit Schreiben und Rechnen kann er eine höhere Anstellung erreichen; mir gibt er dafür Wörter in Herantsa und Dakotah.

6. Dezember. Von Smith einen lebenden Goldfuchs (red fox) zum Malen erhalten; er brachte ihn mit der Nase in der Falle, was sehr selten ist; gewöhnlich werden die Füsse von den Zangen erwischt. Nach hiesiger Erfahrung ist Meister Renard nicht halb so klug, wie ein Wolf; es werden in den Fallen 5 Füchse gegen einen Wolf gefangen. Wie ich ganz in meine Malerei versunken war (der erschreckte Fuchs war ein treffliches Modell, sowohl wegen seiner Ruhe, als wegen Form und Farbe) — herein kömmt Herr Dennik, kauft sogleich Smith den Fuchs ab, lässt einen Kasten als dessen Wohnung einrichten, heisst mich ihn pflegen und füttern, dafür dürfe ich ihn auch malen. Unterdessen war mir die Gelegenheit, denselben frei und in der Falle zu malen, genommen; jetzt ist er hinter dem Gitter, froh den Nasenklemmer los zu sein.

10. Dezember. Eine kleine Unterbrechung unseres Stilllebens (wir sind schon ganz an die vielen Indianer gewöhnt) verursachte Belhumeurs Ankunft vom untern Winterhaus in der letzten Nacht. Mackenzie sandte ihn mit der Nachricht herauf, Joe Picotte habe trotz seines Versprechens auf Ehrenwort seine Trader in die entferntern Lager der Assiniboins und Crihs gesandt, um die vorhandenen Roben vorweg zu nehmen. Bei uns geriet alles ins Feuer; Morgan musste auf John zur Rosshut rennen, um die Gäule noch diese Nacht hereinzubringen. Es wurde sogleich beschlossen, dem verräterischen, falschen, ehrlosen Joe mit allen möglichen Mitteln entgegenzuarbeiten, koste

es, was für Opfer es wolle. Joe Picotte hat zwar seine Trader bloss im untern Pelzrevier ausgesandt; es ist ihm aber nirgends mehr zu trauen. Herr Dennik will ihm daher überall und jede Haut streitig machen. Heute sind drei Expeditionen mit Waren weggeschickt worden. Cadotte nach dem Kniferiver, Morgan nach der untern Bourbeuse, um Mackenzie abzulösen, damit derselbe sich nach der Seite der grössten Gefahr wenden könne, und endlich ein Kurier zu Bruyère, damit dieser seine Clerks nach allen Richtungen aussende, alle Kräfte anstrenge, um Joe eine Niederlage zu bereiten. Packinaud der Lahme und Istatopa müssen allein das Haus und den Bourgeois hüten. Dieser ist jetzt natürlich in einem sehr gereizten Zustande. Das ganze Lager von 60 Zelten unter Ours fou hat nach all dem Schmausen, Geschenken und all den Vorschüssen nur 57 Roben gebracht. Es ist, als ob die Indianer wegen der Nähe der Büffelherden gar keine Bedürfnisse hätten; sie besitzen eine Menge grüner Häute, mögen sie aber nicht zubereiten, denn ihre Magen sind vollgepfropft.

14. Dezember. Nach einigen ruhigen Tagen wieder grosse Bewegung hier und in den Lagern: der Zucker fehlt! Kein Zucker mehr im Kaffee, kein Zucker mehr als Geschenk, kein Zucker mehr zum Verkauf, als für Büffelhäute. Schrecklich! Was ist das Leben ohne Zucker? Kaum die Hälfte des Jahres herum und nun dauert es mindestens ein halbes Jahr, bis wieder eine frische Ladung anlangen kann. Die leckern Engagés haben sich gut versorgt; sobald sie von Packinaud hörten, der Zucker könnte ausgehen und das Mehl, sind sie mit ihm in den Laden und haben sich insgeheim 50 Pfund auf Rechnung geben lassen; mehrere Fässer sind auf diese Weise ohne Herrn Denniks Wissen geleert worden, bis gestern Packinaud die Kredite angeben musste, da er selbst nicht schreiben kann. Welcher Schrecken im Lande Kanaan! wahre Not bricht ein. Welcher Schaden für den Handel; 10 Fässchen Mehl und 20 Zucker mehr wäre kein Gewicht für das Dampfboot gewesen; mehrere Hundert Roben gehen dadurch verloren, denn die Indianer werden sich für die andern Waaren wenig Mühe geben; im Winter ziehen sie ihre Roben den wollenen Decken, ihre Lederkleidung der tuchenen vor. Leder hält Wind und Kälte besser ab, als Wolle; bloss im Wasser taugt es nicht viel.

Schlimme Nachrichten von der andern Seite. Gestern sind nämlich zwei unserer unangestellten Métifs mit einem Hundeschlitten und zwei Gäulen nach dem Yellowstone, um auf eigene Rechnung zu jagen, ihre Familien mit Fleisch zu versorgen und womöglich einige Häute zu gewinnen. Die Blackfeet sollen sie angegriffen haben. David ist schwer verwundet, Antoine wird vermisst. Sogleich schirrte ich drei Hunde an die Cariole, Herr Dennik sass ein und liess sich von Doe ins Crowlager leiten, wo David liegen soll. Herr Dennik brachte den Verwundeten herein; eine Kugel hat seine Nase nach dem linken Auge zu durchbohrt; beide Füsse sind erfroren. Schlimme Aussichten in diesem Lande halbblind und lahm. Von Antoine La Pierre noch keine Spur. Sobald wir David ein Lager bereitet, seine Wunden untersucht, gewaschen und gesalbt, erzählte er uns das Abenteuer. Sie waren glücklicherweise auf eine Heerde von 200 Elks gestossen und schossen 4 Kühe; die Flinten wurden durch den Uebergang von Kälte zu Hitze tropfend nass und unbrauchbar. Kaum hatten sie abends ein Feuer angezündet, das Fleisch aufgehängt, die Häute als Schutz gegen den rauhen Wind ausgespannt, als einige Indianer aus dem nahen Gebüsche tauchten und auf sie feuerten. Antoine lief sogleich davon, verschwand wenigstens in der Dunkelheit. David war durch den Schuss ins Gesicht einen Augenblick verblüfft, konnte nicht sehen, sich nicht verteidigen. Er hört bloss das Geschrei vieler Indianer, die auf ihn zurennen, um ihn zu skalpieren. Der erste ruft auf Blackfeet: Ein Weisser! und sie fliehen eiligst davon. Haben wahrscheinlich die Gäule mitgenommen oder auch Antoine. David suchte nun, verwundet wie er war, das Assiniboinlager zu erreichen, wobei ihm die Füsse erfroren; seine Mocassins müssen nass gewesen sein. Seine Frau und seine Kinder werden einen harten Winter bekommen. David ist nicht angestellt, weil wahrscheinlich nicht sehr brauchbar, seine beste Habseligkeit ist verloren, auch die Flinte und ein Sattel, von Herrn Dennik geliehen. Mit der Familie Bombarde stehen sie auch nicht gut; überhaupt sollen die Métifs sich gegenseitig gar nicht unterstützen.

15. Dezember. Antoine ist endlich erschienen; ohne Wunden. Seine Erzählung gibt folgende Aufschlüsse. Nachdem sie ein Feuer angezündet hatten, steckten sie Fleisch an Bratspiesse; dann zogen sie ihre nassen Mocassins aus, um dieselben zu trocknen, ihre Füsse zu erwärmen. Antoine zog sogleich ein trockenes Paar Schuhe an und hiess David ein gleiches thun; aber David, keine Gefahr ahnend, sagte: à tantôt. Antoines Flinte war nass vom Schiessen in der Kälte und durch das Anstreifen an beschneiten Gebüschen; sie wollte nicht mehr losgehen; während er sie am Feuer trocknen liess, fing er an die toten Elkkühe zu zerlegen und aufzuhängen. Da hört er ein Knistern und Rasseln im Gebüsch, bemerkt solches seinem Gefährten. David meint, es seien ihre Gäule; denn ihre Hunde rührten sich nicht. Da sie hinter einer ausgespannten Zelthaut (Lodgeskin, gegerbte Kuhhaut, wovon mehrere zusammengenäht, oben eine, dann eine zweite oder dritte Reihe ein Zelt bilden. Diese Zelthäute werden,

wenn durch Alter verhudelt, in einzelnen Stücken zum Verpacken von Waren oder Lebensmitteln gebraucht) am Feuer sassen oder arbeiteten, konnten die Feinde zwar ihren Schatten an der durchscheinenden Lederwand erkennen, aber nicht ihre Abkunft. Auf einmal wird geschossen, von einer Stimme in Blackfeet gerufen: zum Angriff, meine jungen Leute, gewinnt die Kopfhaut! Wohl wissend, dass sie am Feuer ein leichtes Ziel eines in Dunkelheit verborgenen Feindes seien, liefen die zwei Métifs instinktmässig ins Dunkle. Im Finstern verfehlten die Kameraden einander, jeder für seine Haut besorgt. David lief mit nackten Füssen bei der schrecklichen Kälte im Schnee herum; wie lange, weiss er selbst nicht, denn er kam fast besinnungslos vor Schmerz und langem Herumirren in der Dunkelheit zu den Assiniboins, welche weiter weg gelagert waren, als die Crows, zu welchen Antoine floh. Gestern morgens ging Antoine nun mit einer Schar Crows nach ihrem verlassenen Lager; längs dem Yellowstone aufwärts fanden sie 15 verschiedene Fussstapfen. Antoine begegnete einigen Assiniboins, erzählte ihnen sein Abenteuer, erkundigte sich nach seinem Kameraden, liess die Crows die Spuren weiter verfolgen. Wie er mit den Assiniboins nach dem verlassenen Feuer zurückkehrte, fand er andere Crows im Besitze seiner Gäule, das Fleisch verzehrt, die Elkhäute verschwunden; die Crows erklärten alles für gute Beute, weil der Métif kein Recht hatte zu jagen, wo sie jagen; bloss das Packpferd unser er Compagnie gaben sie zurück und auch dies bloss auf wiederholtes Zureden der Assiniboins, als der Eigentümer des Bodens. Die Blackfeet machten keine Beute, schossen bloss einen Hund tot, der bei den Pferden war, die zwei andern Hunde waren beim Feuer. Alle drei waren jedenfalls schlechte Hüter.

16. Dezember. Bearshead in Apsahroka: Machbethi antha; Rottentail: shite yorn; Sapsucker: ubschite thäsch. Quatre ours in Herantsa: Machbitse topa; Queue rouge: site ische; Langue de bœuf: Kirayi lese.

25. Dezember. Weihnachten. Kuchen von dürrem Aepfelmus mit Rahm als Extra, sonst den ganzen Tag sehr beschäftigt. Letzten Montag kam Rottentail mit seiner Bande; brachten 130 Roben. Da ich hier ausser der verzierten Robe von Herrn Dennik keine für mein Bett besitze, so wartete ich diese Gelegenheit ab, um mir die schönste unter den schönen als ein wahres Muster auszuwählen: denn die Apsahrokas sind berühmt für ihre Roben, keine Nation gerbt sie so weich. Leider fand ich unter dem grossen Haufen keine einzige Robe, die meinem Wunsche entsprach; die meisten waren zerschnitten, in der Mitte zusammengenäht, das Haar noch nicht im schönsten

Punkte. Einige Chefs und Mädchen trugen zwar ausgezeichnet schöne Roben über sich, mit langen schwarzen Seidenhaaren, weich im Leder, wie eine wollene Decke, einige mit Kopf und Schwanz, unzerschnitten; sie forderten aber für diese wenigstens ein Mackinawblankett (15 Dollars). Seit die Apsahrokas herausgefunden haben, dass die Pelzhändler für eine gute Robe nicht mehr bezahlen, als für eine gewöhnliche, geben sie sich keine Mühe mit den Roben, welche sie für den Handel bestimmen, und mit Recht. Deswegen sind Tiptop-Roben eine grosse Seltenheit geworden; denn die Bourgeois verkaufen ihre Häute per Pack von 10 Stück zu vielen Tausenden; erst die Kleinhändler untersuchen die Pakete, sortieren dieselben. Beim Zusammenpacken hier und in St. Louis bei Chouteau jr. & Comp. wird bloss darauf gesehen, dass unter den 10 Stücken eines Pakets wenigstens *eine* Robe erster Qualität sich befindet, wofür aber auch kleine Häute von jährigen Kälbern wegen ihres feinen krausen Haares als Kuhhäute mitgenommen werden. Rote Kalbsfelle und schäbige Roben kommen nicht in den Handel; eine alte, gebrauchte Robe ist gesuchter als eine neue, wenn ihr Haar noch gut ist, weil die getragenen Roben immer gut und weich zubereitet sind und gereinigt werden können. Von einer Bande Crihs handelten wir einige mächtige Elkhörner ein; dieselben kommen in Handel zum Teil als Verzierungen an Wänden oder für Messer, Tabakpfeifen u. s. w. Es juckt mich, ein Paar zu kaufen, aber je jongle encore, wie der Kanadier sagt, ich besinne mich noch; denn es ist ein gar zu grosses, schweres Gepäck und kann, in mehreren Ansichten kopiert,[1] entbehrt werden.

Heute sind nun auch der alte Sapsucker und Bearshead mit ihrem Anhang gekommen; die beiden Chefs sind bei mir einquartiert worden, damit sie nicht unter dem gemeinen Volke liegen müssen. Ehre, wem Ehre gebührt! Die Crows zeichnen sich durch Putz, durch besondere Liebe zu ihren Kindern, durch Eitelkeit, den Schnitt der Haare und ihre Gesichtszüge aus. Die Männer treiben grossen Staat mit ihren Kleidern und Verzierungen, denn sie achten Reichtum höher, als Tapferkeit, Klugheit und Ehre. Sie hängen Röhrchen von weissem oder violettem Porzellan (Wampum) in die Haare, an langen Schnüren um den Hals. Alle ihre Ledertaschen sind bedeckt mit Glasperlen, ebenso die breiten Bänder, an welchen sie Bogen und Köcher oder die Flinten um die Schulter hängen. Die sonderbare Verzierung der ledernen Weiberhemden mit vielen Reihen von Elkzähnen, horizontal über Brust und Rücken, stammt von den Crows; es sind die untern Schaufelzähne der Elks, und weil derselben wenige sind, desto kostbarer. Das Hundert wird mit einem Packgaul (20

---

[1] Prachtvolle Abbildungen finden sich im Skizzenbuch.

Dollars) bezahlt. Die Weiber schneiden sich die Haare kurz über den Augen und im Nacken ab; bloss die Männer dürfen sich durch langes Haar auszeichnen; es wird auch wie bei den verwandten Herantsa durch Anklebung fremder Haare noch künstlich verlängert.

Keine Nation nennt sich so häufig mit Namen, wie die Crows; mit grossem Selbstgefühl schlagen sie mit der rechten Hand auf ihre Brust und sagen Apsahroka, wobei sie auch die Arme seitwärts aus-

(Fig. 16). Crow-Häuptling.
(Skizzenbuch S. 52.)

strecken und die Bewegung des Fliegens nachahmen. Weiber und Kinder sind nicht einer strengen Zucht unterworfen, wie bei andern Nationen, selbst bei Beratungen dürfen sie gegenwärtig sein, sogar durch Worte, Bemerkungen unterbrechen, was bei andern Stämmen unerhört ist. Rottentails zwölfjähriger Bube hängt beständig an seinem Daddy, bettelt etwas, mischt sich in das Gespräch. Die Crows werden deswegen auch von Freund und Feind oft ausgespottet.

Davids rechtes Auge ist erblindet, die gefrorenen (schwarzen) Zehen fangen an abzufallen. Ich muss die beiden Füsse täglich zweimal von der toten Haut reinigen, mit Kopaivabalsam einsalben; zum Dank werde ich noch beständig angebettelt: un petit brin de sucre, seulement une poignée de café. Wo nehmen und nicht stehlen? Diese Leute glauben wirklich, wenn man die Schlüssel zum Magazin habe, dürfe man wohl hie und da eine Handvoll einstecken, die Compagnie vermöge es schon! Diese Métifs sind die stolzesten Bettler, die ich je getroffen; eine verschlimmbesserte Ausgabe Indianerbluts. Ein Coureur, Chasseur oder Interprète zu sein, das, glauben sie, sei ihr Amt, ein Joch Ochsen zu treiben, Holz zu spalten u. s. w. hingegen sei unter ihrer Würde. Dieser David glaubt, ich sei bloss für ihn da, soll ihm und seiner Familie Essen, Holz, Arznei und anderes mehr herbeischaffen, und ist nicht einmal angestellt, seine Frau und seine Mädchen nähen keine Nat, es sei denn gegen Bezahlung. Selbst Madame La Bombarde, welche beständig mit ihren Töchtern Domicile und Marguerite für das Fort beschäftigt ist, Kleider gegen Bezahlung (Billet für Waren) zu verfertigen, selbst sie verweigert Herrn Dennik ihre Hunde, um Waren nach der obern (kleinen Bourbeuse) zu senden. Dafür erhält sie jetzt zur Strafe keine Arbeit mehr, muss ihren eigenen Vorrat von Fleisch aufessen.

28. Dezember. Meine Aussichten, einige Zeit in einem Lager als Clerk zuzubringen, schwinden täglich mehr. Joe Picotte findet jetzt heraus, dass er mit der grossen Compagnie nicht wetteifern kann; seine Mittel reichen nicht aus, auch sind ihm auf seinen geheimen Parforcemärschen mehrere Gäule zu Grunde gegangen. Er hat bereits seine vorgeschobenen Trader zurückgerufen. Jetzt sieht er die Richtigkeit von Herrn Denniks Worten ein, er solle sich mit dem begnügen, was ihm die Eifersucht unter den Soldaten, ihr Vorteil mit zwei Gesellschaften einbringe. Durch Konkurrenz erhalten nämlich die Indianer die europäischen Waren billiger; ferner finden mehr Krieger als «Soldaten» oder Beschützer eines Postens Anstellung. Soldat eines Forts zu sein, wird sehr gesucht, sehr beneidet, weil es Ansehen, viele Geschenke und Vorteile bringt.

29. Dezember. Letzten Abend brachte Antoine La Pierre einen Kopf mit den Hörnern und der Haut von einem sechsjährigen Elkbock. Da ich heute einige Augenblicke für mich erübrigen konnte, tapfer daran in meinem Zimmer studiert. Zwei Ansichten gemalt. Ein Paar Elkhörner zu kaufen wird dadurch überflüssig, so viel erspart. Das Sammeln ist von jeher meine schwache Seite gewesen; als Bub sammelte ich Siegel, Wappen, Schmetterlinge, Versteinerungen, Bücher, Bilder, jetzt Waffen, Kleider, Verzierungen der Indianer. Mit dem Alter sollte ich auch weiser werden und anfangen, Geld zu sammeln für die alten Tage. Mit nichts zu sparen anfangen, ist aber eine Kunst.

Die Elks sind nicht so elegant gebaut, wie unser Edelhirsch; ihre Augensprossen gehen bis zur Nase, stehen nicht wie die letztern aufrecht. Ferner gehen sie im Passe, sehr selten, wenn je, im Galopp. Am Halse haben sie längeres Haar, sowie unten am Bauch; Farbe falbrot mit dunkelbraunen Beinen und Kopf und ebensolcher Einfassung der helleren Scheibe. Im Winter spielt das Kleid mehr ins Graue. Die alten Elks werden sehr dunkel, die Extremitäten oft schwarz. Das Haar ist überhaupt rauher und länger als beim Edelhirsch; seine Haut kommt daher meist ungegerbt in den Handel. Die Haare werden von den Sattlern sehr gesucht.

31. Dezember. Der letzte Tag eines Jahres, welches mich meinem Lebenszweck bedeutend näher gebracht! Noch sechs Monate für meine Tierstudien vor mir, mein Papier und die Bleistifte sind bald zu Ende, ohne Möglichkeit, mir neue vor dem Sommer zu verschaffen; kein einziger, ganzer Bleistift im Fort! und nur liniertes Schreibpapier.

Sobald Herr Dennik vernahm, dass Joe mit Ramsay von ihrer schlechten Spekulation zurückgekehrt war und wirklich die vorgeschobenen Trader zurückgerufen hatte, sandte er mich nach Fort William mit einer Einladung, einen schriftlichen Vertrag für die Zukunft abzuschliessen. Dort schlimme Nachrichten vernommen; die Blackfeet haben wieder eine grosse Heerde Pferde von den Assiniboins gestohlen, 155 Stück auf einen Wurf! Darunter befanden sich zwei Dobies, drei von denen Carafels. La Main qui tremble, einer unserer Soldaten, verlor seine sämtlichen Pferde, worunter einige vorzügliche Renner.

Die Assiniboins rafften ihre letzten Gäule zusammen, schonten auch die Pelzhändler nicht und eilten den kühnen Dieben nach. Sie sahen bald die Hauptspur in drei verschiedenen Richtungen sich teilen, um die Verfolger irrezuleiten. Die Assiniboins folgten derjenigen Spur, welche die meisten Hufabdrücke zeigte. Aber auch diese trennte sich wieder; endlich fanden sie einige ihrer schlechtesten Gäule ohne Blackfeet. Darauf gaben die Assiniboins die Verfolgung auf.

Nun, altes Jahr, gehab' dich wohl! du hast mich anfangs harten Prüfungen ausgesetzt; doch Ende gut, alles gut! meine Hoffnungen, mein Mut sind wieder gestiegen. Wenn mich das nächste Jahr meine Studien vollenden lässt, mich in eine Stellung versetzt, um meine Galerie zu meiner Zufriedenheit, mit gehöriger Musse auszuführen, so will ich mit demselben sehr wohl zufrieden sein.

(Schluss folgt).

Aus dem Tagebuch
des Malers Friedrich Kurz über seinen Aufenthalt bei den Missouri-Indianern
1848—1852.

Bearbeitet und mitgeteilt von dem Neffen des Malers
Dr. *Emil Kurz*, Professor in Bern.

Mit Abbildungen aus dem Skizzenbuch von Friedrich Kurz, jetzt im Besitz des historischen Museums in Bern.

(Schluss.)

Fort Union, den 1. Januar 1852.

Um das Jahr gut zu beginnen, holte ich mir aus der Pelzkammer die schönste Grizzlybärenhaut, eine angefangene Studie nach unserem lebenden Exemplare zu vollenden. Das vielfarbige Kolorit, die Verschiedenheiten der krausen, borstigen, glatten und langen Haare genau wiederzugeben, nahm mir den ganzen Tag; da meine gewöhnliche Beschäftigung wie sonst abgethan werden musste, das Wasser trotz des Erwärmens auf dem Papier oft gefror, die küssenden und glückwünschenden Metifsmädchen mich beständig störten und auch Herr Dennik öfters mich zum Schreiben rief, weil ihn sein wunder Daumen bedeutend schmerzt, so rückte ich langsam vorwärts. Jeder Kuss der Mädchen forderte nach französischer Sitte ein Geschenk; wenn man daher die Mädchen fragte, was sie zum Neujahr wünschten, hiess es immer: ein Billet; nämlich einen Gutschein auf den Laden. Weniger als einen Dollar konnte man nicht geben, sie fanden selbst dies wenig; teure Küsse!

Joe Picotte war hier, um einen Vertrag, den ich aufsetzen musste, zu unterschreiben, erstens wegen des Aussendens von Tradern über die Winterquartiere hinaus; zweitens muss er sich bei Verlust von 1000 Dollars verbindlich machen, keine Deserteure in ihrem Gebiete anzustellen. Dieser letztere Punkt ist sehr wichtig, da das Ausreissen dadurch so erschwert wird, um den Leuten allen Mut dazu zu nehmen, wenn sie der Opposition einen Streich gespielt; den Hass wusste man sich zu Nutzen zu ziehen; er steigerte den Eifer, dem Konkurrenten zu schaden; seinem frühern Herrn feindlich entgegenzutreten und wieder zum alten Meister zurück wagt wohl kein Deserteur, so lange er einen andern findet. Selbst bei diesem Vertragschreiben liess uns die alte La Pierre nicht in Ruhe, sie küsste alle im Office der Reihe nach; ich glaubte, ich müsse mich erbrechen.

2. Januar. Der alte Sapsucker kam heute an der Spitze einer starken Bande Apsahrokas über den gefrorenen Missouri ins Fort. Um ihm einige Ehre zu erweisen, musste ich den Vierpfünder auf der Galerie über dem Flussthor dreimal losfeuern. Da durchaus keine Patronen, noch eine Lunte vorrätig waren, musste ich die Ladung Pulver in ein Papier einwickeln und in den Lauf stossen, dann mit Lederfetzen einrammen, mit einem eisernen Stift das Zündloch räumen, Pulver aufschütten, mit einem feurigen Holze anzünden! Und das alles allein! Durch diese ungeschickte Weise zu laden hat der alte Gareau (Pierres Vater) einen Arm verloren; er glaubte, es sei nicht nötig, nach einem Schusse bei neuer Ladung das Zündloch zu verhalten. Auch mit dem kurzen Scheite wäre es möglich, durch das zurückgeschnellte Rad den rechten Arm zu verletzen. Aber was gibt Herr Dennik darum?

Sapsucker wieder mein Gast mit seiner ganzen Familie. (Sapsucker ist übrigens die gewöhnliche Benennung in den Vereinigten Staaten für den Downy Woodpecker (Picus pubescens Audubon).

3. Januar. Des alten Chefs Medizin ist — getrockneter Büffelmist! Als ich meine Indianerpfeife ihm angezündet anbot, rieb er von einem kugligen Körper etwas trockenes Pulver auf das Melée; ich glaubte, es sei irgend ein Aroma, fand aber keinen Wohlgeruch, fragte ihn, was er darauf gelegt habe. Er legte ein Stück getrockneten Büffelmist in meine Hand, mit dem Bedeuten, ich müsse immer davon auf den Tabak thun, wenn ich mit ihm rauchen wolle. Auch noch! Zwei seiner Kinder tragen Stücke dieser heiligen Medizin als Talisman in den Haaren über der Stirn. — Herr Dennik tauschte heute einen prächtigen Pfeifenkopf aus rotem Speckstein von einem Apsahroka ein und da er keinen Gebrauch dafür hat, bot er mir denselben für meine Sammlungen, zum Selbstkostenpreise. Ja, sagt' ich, wenn mein Kredit im Laden dafür gut ist. Gewiss, sagt' er. Somit nahm ich den schönen Pfeifenkopf für sieben Dollars auf meine Rechnung. Die Crows unter sich schätzen einen solchen Pfeifenkopf gleich einem Packpferde. Der rote Speckstein kommt von einem Felsen in der Nähe des St. Peterflusses im Siouxgebiete. Durch die

Sioux werden die Pfeifenköpfe verarbeitet (ausgebohrt, zugeschnitten und poliert) und unter die übrigen Nationen verhandelt. — Le petit Mandan kam heute vom Herantsadorf; Büffel sollen ganz nahe in Menge sein; bin trotzdem froh, durch den indianischen Aberglauben hierher vertrieben worden zu sein. Bloss etwas bedaure ich dort nicht ausgeführt zu haben, nämlich eine Zeichnung des Dorfes mit all den Opferstangen; während die Herantsa darin wohnten, war gar keine Gelegenheit; selbst wie sie fort waren, blieben noch einige alte Hexen zurück, deren Zungen gefährlicher sind als ein Pfeil; sie treffen unversehens, ohne Warnung.

6. Januar. Herr Dennik handelte wieder einen indianischen Schmuck von einem Apsahroka ein, nämlich ein grosses Halsband von 30 Bärenklauen. Wenn Indianer solche Schmucksachen verkaufen, erhält man sie bedeutend billiger, als wenn man sie darum frägt; sehr natürlich! wenn sie einen Gegenstand antragen, bedürfen sie einen andern in demselben Augenblick vielmehr, man hat den Vorteil auf seiner Seite; wünscht man einen Gegenstand einem Indianer abzukaufen, den er selbst hoch schätzt, und nicht gezwungen ist, loszuschlagen, so fordert er viel oder etwas, das ihm doch noch lieber wäre. Herr Dennik handelt solche Schmucksachen nur ein, um den Indianern gefällig zu sein, wenn er sieht, dass er den Gegenstand mit Gewinn oder ohne Verlust absetzen kann; er trug mir das Halsband zum Selbstkostenpreise (10 Dollars) an; ich nahm es sogleich.

(Fig. 17). Ours fou.
(Skizzenbuch S. 168.)

L'Ours fou war wieder bei mir, fand zu seinem Verdruss bereits einen jungen Crow installiert, weil derselbe nach ihren Sitten nicht im gleichen Zimmer mit seiner Schwiegermutter wohnen darf! Er darf weder direkt mit ihr reden, noch sie sein Antlitz sehen lassen, bis er ein Kind von seiner jungen Frau hat! Gleicher Gebrauch herrscht bei den Dakotahs, doch bloss bei der ersten Ehe.

L'ours fou wollte, ich solle den „Bock" fortjagen; er suchte die Einsamkeit meines Zimmers, um ungestört zu sein; ferner hielt er es unter seiner Würde, neben einem jungen Laffen zu sitzen, mit ihm zu rauchen! Dieser junge Apsahroka war aber äusserst reich angezogen. Kleid mit Kapuze, nebst Leggins aus einem neuen Mackinawblankett geschnitten; ein Mackinawblankett schleppte er nachlässig nach, um die vielen Verzierungen sehen zu lassen. Er trug doppelte Bewaffnung, als er herkam; Flinte in einem Futteral und Köcher nebst Bogen an zwei breiten Bandeliers über die Schulter gehängt, beide Riemen ganz mit Korallenperlen (bead) nach verschiedenen Mustern bedeckt; die Futterale waren mit Tassels[1] und rotem Tuche verziert. Er trug drei Taschen mit sich; die grösste zur Seite, offen; die Kugeltasche vorn am Gürtel, mit Deckel; eine dritte hinten am Gürtel, mit langem, zugespitztem Deckel; alle Taschen reich und verschiedenartig mit beads verziert, förmlich bedeckt, die Messerscheide dito mit Fransen, und wie die Hosenbänder mit Falkenschellen (von Leipzig) behängt. Das Klingeln dieser vielen Schellen vorn und hinten machte ihm besonderes Vergnügen. Auch die Mocassins waren mit Glasperlen bedeckt. Man sah, dass er der Liebling vieler Schwestern oder zukünftiger Frauen war; Figur und Gesicht waren aber auch anziehend genug!

Er wollte immer Kameradschaft mit mir machen; frug mich daher, wie viel Pferde ich besitze, damit, wenn er mir eines der seinigen schenke, ich auch ein solches als Gegengeschenk später zurückerstatte. Ich wollte aber nicht eintreten, obschon Herr Dennik es mir anriet; er sagte: wenn er Ihnen jetzt ein Pferd schenkt, versprechen Sie ihm ein gutes auf nächstes Jahr — wenn Sie nicht mehr da sind. Auch meine Malertasche von Wachstuch gefiel ihm sehr, als etwas Neues. Da ich eine praktischere Tasche mir hier habe machen lassen, so schenkte ich ihm meine ältere, deren Unzweckmässigkeit beim Reiten ich leider erfahren.

Sein Steigbügel, sein Sattel waren auch reich mit Glasperlen und Tassels verziert. Die Crowsättel zum Reiten bestehen aus zwei Lederkissen, durch einen breiten, soliden Ledergurt verbunden; ohne Holz, ohne Bock. Man sitzt sehr angenehm zwischen diesen Kissen; auch leiden die Gäule nie darunter, da sie sich weich um den Rücken biegen. — Uebrigens fehlt nie ein Stück Büffelhaut mit Haaren, oder andere Felle als Satteldecke (Ayischino).

9. Januar. Gestern langten *Graukopf* und *Bärenhaupt* mit ihrer Bande zum Tauschhandel hier an. Die zwei Chefs wurden mit ihren Familien in mein Zimmer gewiesen; dieses war dadurch so angefüllt, dass man sich fast nicht rühren konnte. Fand daher keine Gelegenheit, meinen 34. Geburtstag mit Betrachtungen über die Vergänglichkeit des Lebens zu feiern. Hundertunddreissig Roben mehr, und noch immer keine erster Qualität; hie und da ist das Haar wie schwarzer Seidensammet, aber oberflächlich gegerbt, oder in der

---

[1] Tassel engl., Troddel, Quaste.

Mitte verschnitten; oder gutes und weiches Leder, aber kein feines Haar. Die Crows verlangen hauptsächlich Pferde einzutauschen, den andern Waren fragen sie diesen Augenblick wenig nach. Es sind aber wenig taugliche Pferde vorhanden; La Bombarde wird daher mit Sehnsucht von den Blackfeet zurückerwartet, wohin er mit Herrn Culbertson gegangen, um eine Herde auf Rechnung dieses Forts einzuhandeln. Weil die Anführer einer Bande jedesmal als solche beschenkt werden, wenn sie eine grössere Anzahl Roben bringen, so tummeln natürlich die Anführer ihre Leute mit der Zubereitung der Roben zu eilen. Die Anzahl geht über die Qualität. — Auch unter den 400 Assiniboinroben vom Mackenzie-Posten keine nach meinem Geschmacke gefunden; zwar durchschnittlich sorgfältiger zubereitet, aber doch alle in der Mitte zusammengenäht. Da der Rücken selbst von Kuhhäuten sehr dick ist, so schneiden die Squaws denselben heraus, um weniger Mühe zu haben; die beiden Teile werden dann mit Fasern getrockneter Sehnen zusammengenäht. (Die Kanadier nennen diese indianischen Fäden du nerf. Es gibt davon verschiedene Qualitäten; die Sehnen der langen Muskeln längs des Rückgrates werden vorzugsweise dazu benutzt, die feinsten vom virginischen Hirsch und den Kabris.) Hie und da trifft es sich auch, dass Stücke verschiedener Tiere zusammengefügt werden, was sich sehr sonderbar macht.

Madame David kam soeben, um von mir *du dur* zu erhalten, damit sie für Herrn Dennik einige gar zu schlechte Roben nachbessern könne. Verstand lange nicht, was *le dur* sein sollte. Im Fleischhause zeigte sie auf die Leber. Diese wird nämlich wie das Hirn von Hirschen oder auch im Notfall bloss Talg gebraucht, die Häute zu erweichen. In 3—4 Tagen bereitet eine Squaw eine Büffelhaut so gut, weich und dauerhaft zu, als unsere Gerber in sechs Monaten. Vorerst spannen sie die grüne Haut mit kleinen Einschnitten an Pflöcken auf dem Boden aus, schaben mit einem scharfen Instrumente (scraper) oder Knochen die Fleischteile rein ab, welche begierig von den hungrigen Hunden gefressen werden. Soll die Haut erst später zubereitet werden, so lässt man sie aufgespannt an der Luft trocknen, bis sie ganz hart wird; wo nicht, wird sie mit Leberfett oder Hirn einen Tag lang eingerieben, um sie diese einsaugen und dadurch erweichen zu lassen, am zweiten oder dritten Tage, je nach der Jahreszeit oder der äussern Temperatur, am Feuer langsam getrocknet, dabei beständig mit einem Stein geklopft oder gerieben, damit sie überall gehörig weich werde. Das Reiben spielt überhaupt bei der indianischen Zubereitung von Leder eine grosse Rolle, denn sobald die Haut, auf obige Art vorbereitet, getrocknet ist, wird dieselbe an einem gespannten Strick von Pferdehaar oder geflochtenem Leder gerieben, was sehr mühsam ist, und dann noch oft mit einem Bimsstein geschabt. Die ganze Arbeit ist sehr beschwerlich von Anfang bis zu Ende. Schon das Abschaben mit dem Kratzer in tief gebückter Stellung ist sehr mühsam. Da das Hirn von Hirschen feiner und seltener ist, als Leber oder Talg, wird es hauptsächlich auch nur für Hirschhäute (nicht Elkhäute) verwendet. Hirschhäute werden endlich noch über einem schwachen Feuer, mit grünem Sumach belegt, geräuchert; sie werden dadurch weniger leicht durch das Wasser beschädigt, erhalten auch eine gelblich bräunliche Farbe, und behalten lange den Rauchgeruch, welchen die Mosquitos und Motten fliehen.

Der *Graukopf* hat seinen Namen von seinem grauen Haare her; es ist aber stellenweise ganz gelb. Da dies weniger vom Alter herrührt, so hat die Sonderbarkeit der Farbe ihm einen Uebernamen verschafft. Er trägt beständig eine Pelzmütze mit roter Feder. Beim Tabakrauchen geht er mit vieler Ceremonie zu Werk. Erst sagte er, er rauche bloss nach der Mahlzeit. La Queue rouge, auch wieder von seinem Besuch zurück, zündete alsdann die Pfeife an und reichte sie dem *Graukopf* wie gewöhnlich mit der rechten Hand, das Mundstück vorwärts gerichtet. *Graukopf* bedeutete ihm aber, er solle die Tabakspfeife vor ihn hinhalten, dieselbe ihm nicht direkt anbieten; in dieser Stellung ergriff er sie mit verkehrter rechter Faust (Daumen abwärts) wie einen Knüttel, nahm sie sanfter mit der Linken und that einen Zug, blies aber den Rauch nicht aus der Nase, sondern, als er das Rohr senkrecht vor sich in die Höhe hielt, auch aufwärts durch den Mund; zog dann wieder einen Zug, hielt das Rohr nun gerade vor sich, puffte den Rauch in gleicher Richtung, ergriff dann das Rohr mit der linken Hand, zog frischen Rauch ein, hielt das Mundstück schief nach seiner rechten Seite hinaus, puffte rechts, dito nach links, zog wieder, berührte mit dem Pfeifenkopf die Erde, blies ihr einen Qualm zu, dann gegen das Feuer und opferte demselben auch einen Puff, dann erst rauchte er auf die gewöhnliche indianische Art, den Rauch aus der Nase blasend.

11. Januar. In der Werkstätte des Zimmermanns vier Assiniboinsquaws ein neues Spiel treiben gesehen. Sie sassen bei einander am Feuer, hatten vier flache, 1 $1/2$ Fuss lange, an den Enden zugespitzte Stäbe zwischen sich auf dem Boden. Auf je einer Fläche zweier dieser Stäbe war ein Mann gezeichnet, auf je einer Seite der andern dagegen Hände; vier Flächen blieben unbezeichnet; eine Squaw nach der andern ergriff mit der Rechten die Stäbe an einem Ende, warf dieselben gewandt auf den Boden, mit der Spitze abwärts gekehrt, um die Stäbe

überpurzeln zu machen. Sind alle Gesichter (die bemalten Flächen) aufwärtsgekehrt, gewinnt die Betreffende den Einsatz der andern Spielenden doppelt; sind alle Rücken (unbemalte Flächen) aufwärts gekehrt, gewinnt sie einfach; wenn beide Männer oder beide Hände, die Hälfte. Der Einsatz besteht aus Maiskörnern; eine gewisse Anzahl derselben bedeutet nach Verabredung gewisse Gegenstände, wie Schmuck, Kleider u. s. w. Die Gewinnende wirft so lange, bis die Stäbe ungleich fallen, was Verlust bedeutet, worauf eine andere Spielende des Kreises die Stäbe ergreift. Die Weiber spielen ebenso leidenschaftlich, wie die Männer, vielleicht noch leidenschaftlicher, wenn sie keinen andern Zeitvertreib haben. Sie spielen auch Tag und Nacht, verlieren ihre Kleider sowohl als die ihrer Kinder, wie es hier geschah.

12. Januar. Wieder einen bedeutsamen Zug indianischer Dankbarkeit und Handelsklugheit gesehen. Ein Assiniboin lebte in seinem Zelte beim Dobyfort seit der Ankunft des Dampfbootes «Robert Campbell», hat seither beständig im Fort gegessen, geraucht und Geschenke erhalten. Endlich wurden seine fünf Roben fertig, er fordert einen hohen Preis, Joe Picotte verweigert denselben, der Assiniboin bringt die Häute hieher, um sie gegen den gewöhnlichen Marktpreis auszutauschen. Joe Picotte geht trotz langer Fütterung leer aus.

(Fig. 18).
Tätowierung: Sioux.
(Skizzenbuch S. 36.)

L'ours fou wieder zurückgekehrt mit seinem Lager, weil er sich nicht über die andern Lager von Assiniboins und Apsahrokas hinauswagte, also keinen Büffel erlegen konnte. Die Menge getrockneten Fleisches in unserer Vorratskammer, nebst dem Reste von Maismehl, schwebte dem grossen, aber faulen Chef immer vor. Die Weissen haben ihn zum obersten Anführer über die Assiniboins gesetzt, sie sollen ihn auch gehörig ernähren und kleiden. Und Weisse verwechselt er mit den Amerikanern, mit Uncle Sam. Ours fou, du scheinst eher ein *dummer* als ein *toller* Bär zu sein! Zuerst kam er und forderte Nahrung für alle; sah aber, dass es nicht ging, sagte, so gebt doch wenigstens mir und lasst die andern laufen. Dann folgten La jambe blessée und La Poudrière; man soll nur sie noch füttern. Es half nichts; der Folgen wegen mussten sie mit leerem Magen und langen Gesichtern abmarschieren. Würden sie gefüttert, so würde man diese Bettler nie los, sie würden sich auf uns verlassen, nicht mehr jagen, was doppelten Schaden brächte, Verminderung unseres Vorrats ohne Entschädigung und keine Büffelhäute. Sobald sie hingegen sehen, dass durchaus keine Nahrung ausser gegen Bezahlung verabfolgt wird, sind sie gezwungen Büffel aufzusuchen. Diese Assiniboin werden täglich träger, — was dem Umstande zugeschrieben wird, dass sie nur wenige Büffelrenner besitzen, die Besitzer derselben daher bedeutend im Vorteil sind, aber nun auch für die ärmern Lagergenossen jagen sollten. Früher war ein jeder auf seine eigenen Beine beschränkt, jeder hatte dieselbe Aussicht auf der Büffeljagd, beim Umringen der Herde. Der Fussgänger bleibt hinter dem Reiter und der Pony hinter dem amerikanischen Renner.

Von einem unserer Kunden wird erzählt, dass er früher zu Fuss in einem Winter 140 Büffel erlegt, ihre Zungen und Häute hier verkauft habe. Ein ganzes Lager, 40—60 Zelte, macht jetzt keine solche Beute in einem Winter.

Le Gras brachte schlimme Nachrichten vom Yellowstone. Dieser ist ausgebrochen, ausgetreten, hat Rottentails Lager überschwemmt. Sein grosses Zelt, aus 25 Häuten zusammengesetzt, alle seine neu eingetauschten Waren, sein Vorrat grüner und fertiger Büffelhäute, seine Kleider, seine Zieraten, — alles ist zu Wasser gegangen. Er selbst soll auf einem Hügel sitzen und heulen! Sapsucker hat von seinen 37 Gäulen zwei verloren. Einem Crow kam das Wasser so schnell und unerwartet, dass er nicht mehr zur niederen Zeltthüre herausschlüpfen konnte, er musste inwendig an den Stangen zum Rauchfang hinausklettern und um Hülfe rufen. Er wurde auch wirklich später von einem Freunde auf seinem starken Gaule gerettet. Wallace, von Herrn Dennik mit Briefen nach dem Crowposten gesandt, verlor auch sein Pferd in der Flut; hätte aber um diese Zeit gar nicht in der Nähe des Flusses sein sollen.

Das Gespräch kam heute auf Herrn Palézieux' Plan, wieder für einige Zeit hieher zu kommen, um seiner Leidenschaft zur Jagd zu huldigen. Wie er letztes Jahr nach Irland mit seinen Trophäen zurückkehrte, sagte er nämlich, er wolle später wiederkehren, seine eigenen Waren und Lebensmittel mitbringen, nicht zum Handel, bloss zur Jagd, und Leute zu seinem Schutz und zur Hülfe aus dieser Gegend anstellen.

Wir fanden den Plan selbst für einen reichen Mann, wie Herr Palézieux, unausführbar, trotz seiner 100 Dollars täglichen Einkommens. Er wollte nämlich wohl ausgerüstet entweder im Dampfboot oder zu Pferd in diese Gegend kommen, sich eine Blockhütte bauen lassen und mit seinen bezahlten Jägern nach Herzenslust jagen. Er ist ein leidenschaftlicher Jäger, trifft gut, aber findet nichts; er muss Gehülfen haben, die ihm das Gewild aufspüren, zeigen. — Er kann seine Hütte nirgends aufschlagen, als auf indianischem Gebiete, den guten Willen der Eigentümer seines Jagdgrundes muss er sich erkaufen, oder er wird als Schelm, als Räuber betrachtet, sein Eigentum ihm genommen, er selbst vielleicht, ja wahrscheinlich umgebracht, wenn er sich verteidigt; verjagt, wenn er gutwillig alles im Stiche lässt. Nirgends kann er lange verborgen sein, das scharfe Auge des Indianers wird seine Spur und den Rauch seines Feuers entdecken. Die Kunde seines Jagens auf fremdem Jagdgrunde wird sogleich verbreitet; sein unrechtmässiges Dasein ausgebeutet, benutzt, um von ihm Geschenke, Nahrung u. s. w. zu erbetteln. Sein Haus wird förmlich von Indianern belagert; der Reichste kann solche Bettelei auf die Länge nicht aushalten, denn er kommt ja nicht als Pelzhändler, sondern als Jagdliebhaber. Und wehe ihm, wenn er als Kaufmann auftritt; er zieht sich die Eifersucht der andern Pelzhändler zu, welche in Gesellschaften verbunden grössere Mittel verwenden, welche bereits bekannt sind, ihr Handelsrecht erkauft haben, ihn verderben können. Herr Palézieux ist aber bloss Jagdliebhaber, seine Squaws verfertigen seine Kleider, er sammelt bloss die Trophäen

(Fig. 19). Tätowierung: Herantsa.
(Skizzenbuch S. 46.)

seiner eigenen Hand, er geniesst als unabhängiger Mann den Schutz keiner Pelzgesellschaft, wenn er von keiner Gesellschaft die Waren zu ihren Preisen kauft, was er gerade zu vermeiden sucht; es ist aber kein Mensch reich genug, sich beständig in diesem entfernten wilden Lande unabhängig zu erhalten; erstens muss er also seine Liebhaberei teuer von den Indianern erkaufen, zweitens muss er früher oder später in den Fall kommen, einem Indianer eine Bitte abzuschlagen, ihn irgendwie zu beleidigen — er hat Feinde! Dies ist unausbleiblich, er mag so gut, so freigebig sein, als er will. Die

Neider, die Feinde werden ihm zu schaden suchen, sein Leben gefährden. Je grösser seine Vorräte, desto mehr Bettler; je grösser die Anzahl seiner Jäger, je unabhängiger er auftritt, desto zahlreicher, desto heftiger seine Feinde.

Herrn Palézieux erster Plan war besser; er brachte einen grossen Kreditbrief von Chouteau jr. & Comp. nach Fort Berthold mit; er wollte alles, was er brauchte, von der Compagnie kaufen, sich dieselbe zu Freunden machen; er wies den Kreditbrief Herrn Kipp vor; der war aber, wie es bei der Ankunft des Dampfbootes immer der Fall ist, benebelt, begegnete dem reichen Jagdliebhaber unhöflich, reizte ihn. — Herr Palézieux kam nach Fort Union, mit einigen Jägern, die er in Dienst genommen. Hier jagte er einige Zeit, war aber sehr sparsam, seine Pläne gingen nun weiter.

Ein reicher Liebhaber thut am besten, mit einem Kredit von einer ordentlichen Summe bei der Compagnie versehen zu sein; seine Pferde, Waffen, Kleider mitzubringen, alsdann im Frühjahr mit einigen Jägern und Führern, die des Landes, besonders aber der Siouxsprache als der verbreitetsten kundig sind, zu Ross nach irgend einem Posten am Missouri zu reiten, je höher hinauf, desto bessere Jagd. Schon das Wandern über die Prairie ist für einen Jagdliebhaber anziehender, als gemächlich in einem Dampfboot zu fahren, ohne je zum Schuss zu kommen. In jedem Posten der Compagnie, den er auf der Wanderung trifft, ist sein Kreditbrief und seine Empfehlung hinlänglich, um ihm alles zu verschaffen, was ihm mangelt; er braucht deshalb keine grossen Vorräte mitzunehmen. Er hüte sich, geistige Getränke anders als für seine Arznei bei Erkältungen, Quetschungen mit sich zu führen. Der Geruch ist für gewisse Weisse unwiderstehlich. Am Posten angelangt, den er sich auserkoren, schliesst er z. B. einen monatlichen Accord mit dem Bourgeois desselben für ein Zimmer, erste Tafel, Feuerung, Pferdehut. Er verlange es nicht besser, als der Bourgeois es selbst hat; nicht an einem besondern Tische Leckerbissen zu geniessen, während alle andern Bewohner des Postens vielleicht mit schmaler Kost sich begnügen müssen, z. B. soll er nicht verlangen, frisches Fleisch zu essen, wenn auf 40 Meilen kein Gewild zu treffen ist; Zucker und Mehl und Kaffee im Ueberfluss zu haben, wenn sogar nicht genug für den Pelzhandel vorrätig ist; denn der Bourgeois darf um eines einzelnen Mannes willen, der nur für kurze Zeit da ist, seinen Handel für die Zukunft nicht beeinträchtigen, nicht Kunden verlieren, die er bloss mit grossen Opfern wieder zurückgewinnen kann, was dann den momentanen Vorteil auf einigen Artikeln bald verschlingen würde.

Dadurch, dass er mit dem Bourgeois isst und trinkt, ist er aller Fütterung der Indianer, aller Bettelei enthoben; wenigstens schadet es ihm nichts, wenn er die Wünsche der Indianer nicht befriedigt. Dadurch, dass er ferner alle Bedürfnisse, Geschenke, Belohnungen vom Bourgeois kauft, ist dieser gezwungen, ihm beizustehen mit Rat und That; er wird schon aus Interesse sein Freund. Auch würden die Waren, die er mitbrächte, wegen der bedeutenden Transportkosten (zu Pferd, anstatt per Dampf) wenigstens ebenso hoch kommen, als im Fort. Dadurch endlich, dass er in einem Fort unter diesen Verhältnissen wohnt, geniesst er die gleichen Vorrechte der Compagnie auf indianischem Boden zu jagen; wird ihm etwas von Bedeutung gestohlen, kann ihm der Bourgeois das Verlorene durch seinen Einfluss wieder verschaffen. Doch muss er bedenken, dass ein Bourgeois als Befehlshaber, als verantwortlicher Aufseher nicht gerne sieht, wenn man seinen Einrichtungen zuwider handelt, seine Autorität nicht anerkennt; solches Betragen würde sogleich einen Bruch herbeiziehen. Da er von einem Fort zum andern wandern und jagen kann unter dem Schutze der Compagnie, so kann es ihm an Jagd nicht fehlen. Denn auch angenommen, er jage unabhängig, so müsste er auch immer dem Wilde nachziehen. Bloss in einer Robinsonade kommen alle verschiedenen Tiergattungen wie gezaubert daher; aber in Wirklichkeit hat ein Trupp Jäger bald die wildreichste Gegend ausgebeutet.

(Fig. 20).
Tätowierung: Sioux.
(Skizzenbuch S. 83.)

15. Januar. Herr Dennik flüchtete sich in mein Zimmer, in der Hoffnung den Betteleien zu entgehen. Le Gras hatte ihn aber bald aufgestöbert. «Nun sage gleich, welche Artikel Du willst,» fiel ihm Herr Dennik in die Rede, «erstens?» «Einen Kalikoüberzug für mein Pfeifenrohr,» begann Le Gras, «lang genug, um an beiden Enden herunterzuhängen.» — «Zweitens?» am Finger nachzählend. «Augenwasser.» — «Drittens?» — «Tabak.» — «Viertens?» Da musste Le Gras selbst lachen und seine Bettelei aufgeben.

16. Januar. Meine erste Elkstudie gemacht. Elk nicht so elegant, so stolz, wie unser Edelhirsch; mehr Kuh im geraden Rücken und den starken Beinen. Es ist mir sehr daran gelegen, die lebende, wie die vegetierende Natur gründlich zu studieren, denn meine Bilder sollen auch dem Naturforscher genügen; bin deswegen nicht so weit gewandert, habe so viel gelitten, um — zu malen. Formen,

Farben und Bewegungen müssen streng nach der Natur studiert sein; blosse Phantasiestücke. — nein!

17. Januar. Trotz der fürchterlichen Kälte kam doch Rottentail mit einigen seiner Anhänger hieher, um sein Geschäft durch Vorschüsse wieder zu heben und zugleich sein Unglück zu erzählen. Der Yellowstone überfiel die Apsahrokas im Schlafe; sie hatten zwar das donnerähnliche Geräusch des sich Bahn brechenden Wassers gehört, dasselbe aber dem Sturmwinde im Walde zugeschrieben. Je nach den tiefern oder höhern Lagen der Zelte verloren die Bewohner mehr oder weniger; einige konnten kaum ihre Kinder retten, andere auch etwas Bettzeug. Zum Glück für Rottentail befanden sich seine Pferde und seine sechs vortrefflichen Maulesel auf der Uferbank. Die Berdache verlor alles ausser ihrer Robe, in welcher sie geschlafen. Zwei Pferde, ihr Vorrat von grünen und fertigen Büffelhäuten, Waren, Lebensmittel, Messer, alles wurde vom reissenden Strom weggeschwemmt; sie musste mit dem rauschenden Strom um ihr Leben kämpfen, er reichte ihr bis zur Brust. Die Kälte des Eiswassers schwellte ihre Glieder. Kein Wunder! Einige wackere Jünglinge suchten mit grosser Lebensgefahr einige wertvolle Gegenstände dem Strom zu entreissen; wiederholt sprangen sie wieder in die Flut, um zu retten. Aber Rottentails Zelt konnten sie nicht herausfischen, es war zu schwer, sie hatten keinen sichern Stand, es wurde weggeschwemmt. Doch nach sechs Tagen fanden sie dasselbe in einem Gebüsch verwickelt. Welch malerische Scene! Väter und Mütter ihre Kinder rettend, Jünglinge ihre Geliebten, alte Junggesellen und Witwen ihre Habseligkeiten, einige selbst froh mit heiler Haut, entblösst davon zu kommen. Mutige Männer auf starken Rossen gegen die Strömung kämpfend, Schwachen zu helfen, sie zu ermutigen, sie zu unterstützen!

18. Januar. Rottentail schenkte Herrn Dennik wieder eine Kriegshaube von 36 Adlerfedern, also drei vollen Adlerschwänzen, von den Indianern auf drei gute Packpferde geschätzt. Für ein solches Geschenk erwartet er natürlich ein Gegengeschenk. Gegen Weisse ist ein Indianer nie freigebig, er erwartet von ihm stets ein Gegengeschenk früher oder später. Selbst unter sich ist der Indianer bloss deswegen mit Geschenken (Fleisch ausgenommen) freigebig, um sich Freunde zu erwerben, einen Anhang zu verschaffen. — Ich werde diesen interessanten Kopfschmuck abmalen, da ich keine 36 Dollars dafür bezahlen kann.

Rottentail brachte neun Roben zum Verkauf; sobald er den Wert empfangen, sprach die Berdache eine derselben als ihr Eigentum an. Rottentail ist ein Yankee, er ist smart! Er gab seiner Frau schuld, die Frau gab zu, eine Robe gehöre der Berdache, will aber ohne dieselbe doch neun Roben Jim Hawthorn übergeben haben. Jetzt erst sieht Herr Dennik, dass Jim die Crowsprache gar nicht versteht; nur eh = ja. Herr Dennik muss die Robe zweimal bezahlen, des Schmeichlers Aktien fallen. — Rottentail hat bis zum Frühling Abschied genommen, will erst zurückkommen, wenn er wieder reich ist. Das ist gescheit von dir; geh' nur! je weniger Indianer in der Nähe, desto mehr Tiere gibt es zu sehen. Zu meinen Studien sind mir jetzt Jagdtiere willkommener.

19. Januar. Auf einmal grosse Stille im Fort, eine wahre Windstille. Herr Dennik bot mir gütigst an, die Kriegshaube in seinem warmen Office (seinem Schreib- und Empfangszimmer) zu kopieren; ich liess daher Packinaud kommen, damit derselbe sie gehörig aufsetze und mir als Modell diene. Die Aehnlichkeit seines Gesichtes unter den Federn hat viel Lachen verursacht, seiner Eitelkeit nicht wenig geschmeichelt. Studien kommen langsam, doch mehren sie sich stets. Ja, sie werden so reichhaltig, dass die Idee einer Galerie unpraktisch (d. h. zu beschränkt) zu werden beginnt. Welche Bilder soll ich malen, welche auslassen? Und das Leben der Trader, Mountaineers, Halbindianer? Ihre Jagden, Abenteuer, Freuden und Leiden, Reisen, Arbeiten, Gefahren zu Wasser und zu Lande, in Hitze und Schnee, von Rothäuten und wilden Tieren umgeben, ihre Liebschaften, ihr Glück und Unglück, sind die nicht auch interessant? Mit dem letzten *Büffel* verschwindet der letzte *Wilde*, mit dem letzten Wilden aber auch der letzte Trapper und der letzte Pelzhändler.

20. Januar. Smith wünschte meinen Feuerstahl, um morgens auf die Jagd zu gehen; kein Feuerstahl im ganzen Fort für kein Gewicht von Gold zu haben! Kein Feuerstahl, keine Kohlen in einem so ausgedehnten Geschäfte, und doch ein so wichtiges Werkzeug! Den Jägern sind sie unentbehrlich. Zündhölzchen werden leicht feucht, unbrauchbar, auch ist kein Vorrat da. Die andern Jäger brauchen ihren Feuerstahl selbst, oder wollen ihn wenigstens wegen seines momentan hohen Wertes nicht den langen Fingern eines Indianers aussetzen. Smith kann mir aber von grossem Nutzen sein, wenn er die Köpfe der grössern erlegten Tiere am Rumpfe lässt, der kleinern vollständig mitbringt, mir auf die Weise Studien liefert; daher ich ihm meinen Feuerstahl sogleich schenkte, obschon man hier nicht weiss, wo man nächste Nacht schlafen wird, ob man nicht unerwartet ins Freie gesandt wird, wo alsdann ein Feuerstahl so notwendig wie ein Messer oder eine Flinte ist.

Smith sagt, die männlichen Elks leben um diese Zeit abgesondert von den Kühen zu vieren, fünfen bis achten, die Elkkühe zusammen in Banden von 10—20 Stück, nebst den Spiessern. — Ferner erzählte er von einer grossen Höhle in der roten Erde an den Quellen des Missouri. Die Blackfeet gehen in dieselbe nur in grosser Anzahl, befestigen einen langen Strick am Eingange, nehmen das andere Ende mit, um sich nicht in den vielen Nebenhöhlen zu verirren. Die Jndianer finden häufig Skelette von Menschen und Tieren, von welchen sie glauben, sie hätten sich in dem Labyrinthe verirrt, seien verhungert.

Herr Dennik spricht davon, einen Teil seiner Leute und Gäule aufs Land zu schicken, wo beide Teile sich selbst ernähren können, um sein dürres Fleisch zu sparen. Obschon er noch bei 15,000 Pfund desselben besitzt, so geht es doch rasch weg bei der grossen Anzahl von Leuten, wenigstens 60 Pfund täglich. Nun wird aber dieses Fleisch im Fort Pierre sehr gut bezahlt; denn dort sind Büffel schon sehr selten. Sobald unsere Vorposten zurück sind, wird für viele von uns wenig Beschäftigung zu finden sein, sie sollen sich daher selbst ernähren. Wie würde ich mich freuen, dabei zu sein! Da gäbe es Gelegenheit genug, die Jagdtiere, ihre Manieren, ihre Lebensart, ihre Aufspürung, Verfolgung und Erlegung zu studieren. Für mich genügt bloss eine treue Abbildung eines Tieres nicht, wenn ich die interessantesten Scenen aus dessen Leben malen will; ich muss auch dieses Leben kennen, wie ihre Gruppierungen, Gelüste, Tugenden, schwachen Seiten, und ob sie die Prairie oder den Wald, Schluchten oder Hügel, Sümpfe oder Flüsse vorziehen, und zu welchen Jahreszeiten die Männchen bei den Weibchen leben, die Weibchen ihre Jungen werfen u. s. w.

25. Januar. Das Wasser des Yellowstoneflusses soll Kröpfe verursachen, was dem gelben Tuffstein zugeschrieben wird; weder Missouri noch Mississippi enthalten kropfverursachende Bestandteile.

Gestern abend langten Bruyère von seinem Winterposten auf Besuch, und La Bombarde endlich mit 17 Pferden von den Blackfeet an, wohin er Herrn Culbertson begleitet hat, um Pferde zurückzubringen. Herr Culbertson gelangte glücklich in 24 Tagen nach Fort Benton, sandte sogleich einen Boten (Express) direkt nach St. Louis. In jedem Posten der Compagnie wird der Express mit frischen Lebensmitteln und im Notfall mit frischen Pferden ausgerüstet.

29. Januar. Letzten Dienstag abend ist Morgan wieder von der untern Bourbeuse zurückgekehrt. Der erste und zweite Tisch (Bourgeois, Clerks und Dolmetscher — Jäger, Handwerker und Rosshüter) wurden dadurch so angefüllt, dass Herr Dennik sich genötigt sah, die vielbesprochene «Hungerschar» mit den halberfrorenen,

abgemergelten Kleppern abzusenden. Dazu wurde die Nachbarschaft der Heustöcke (hay stocks) als guter Wiesengrund und bevölkertes Hirschrevier ausersehen. Das gesammelte Heu ist durch das unzeitige Aufbrechen des Yellowstone überschwemmt, verdorben worden; es liegt von einem grossen, wenig tiefen See umringt, der seither nur leicht eingefroren. Da unsere vier besten Hirschjäger sich bei der Schar befinden, so wird es einen lustigen Wetteifer verursachen. Cadotte, Smith, La Bombarde, La Pierre mit ihren Familien ziehen ab, und so wird die Gegend bald veröden. Wäre gern dabei gewesen, doch bin ich froh, einstweilen noch im Fort nützlich sein zu können; meine Brauchbarkeit würde sonst ein gar zu schnelles Ende genommen haben. Heute ist der Express zu Fuss nach St. Louis mit einem Gefährten nebst Packgaul abmarschiert. Ein hartes Unternehmen, in dieser Jahreszeit 2500 Meilen zu Fuss bis nach St. Joe, von wo er das Dampfboot nehmen darf.

Nachher erzählte mir Packinaud eine Tradition der Herantsa über ihren Ursprung.[1] Vorerst, sagt er, wird diese Tradition von den alten Herantsa nie begonnen, oder ein hinlängliches Quantum mêlée sei für die ganze Dauer der Erzählung, nämlich zwei Tage und zwei Nächte, gerüstet. Die jährliche Wiederholung dieser Tradition ist eine feierliche Handlung.

Die Herantsa glauben, sie seien unter einem grossen Wasser (See) hervorgekommen, aber nur die Hälfte

(Fig. 21).
Herantsa, an die Wand zeichnend.
(Skizzenbuch S. 135.)

ihres Volkes, die andere sei noch zurück geblieben. Man habe nämlich aus einer Höhle hervorkriechen, sich an einem Baumaste auf die Oberfläche der Erde emporschwingen müssen; wie aber eine hochschwangere Frau den Rettungszweig ergriffen, sei derselbe heruntergerissen, durch die Frau der Ausgang verstopft worden. Damals sahen die Herantsa

---

[1] Ein ähnlicher Mythus findet sich bei den Kayowé-Indianern. Vgl. darüber A. Gatschet in «Ausland», 1890, Nr. 16. S. ferner p. 137.

Sonne und Mond zum erstenmal. Im Monde lebte damals ein Frosch und eine Herantsafrau. Die Sonne nahm nun eine Kohle oder verbrannte Erde und sprach zu den beiden im Monde: Dasjenige von euch, welches beim Kauen dieser Kohle mit den Zähnen den angenehmsten Lärm hervorbringt, das heirate ich. Der Frosch nahm ein Stück Kohle und begann zu kauen; das Weib aber nahm geröstetes Korn dazu und machte den grössten Lärm mit den Zähnen. Die Sonne heiratete das Weib. Sie erzeugten einen Buben. Der Vater ging täglich auf die Jagd, verschaffte Fleisch in Fülle. Die Mutter arbeitete fleissig im Kornfeld und brachte Mais im Ueberfluss nach Hause. — Wie der Bube grösser ward, anfing herumzuspringen, verbot ihm der Vater die pomme blanche auszugraben oder er werde sterben. Wie nun einst der Vater jagte, ging die Mutter mit dem Sohne in die Prairie und fing an die pomme blanche auszugraben. Der Knabe erinnerte sie an des Vaters Verbot. Die Mutter antwortete, es werde ihnen keinen Schaden bringen. Durch das Loch einer ausgegrabenen pomme blanche sah nun die Mutter das Dorf ihrer Verwandten, der Herantsa, auf der Erde, sah ihren Spielen, Tänzen, Herden von Pferden (?), ihren Arbeiten in den Kornfeldern zu. Das Heimweh ergriff sie, sie sehnte sich nach ihren Leuten. Ihrem Sohne gab sie an, seinen Vater um alle Sehnen einer Büffelkuh zu bitten, wenn er das nächste Mal auf die Jagd gehe. Der Bube that, wie er geheissen war. Der Vater frug, was er damit wolle? Einen langen Strick verfertigen zum Spielen. Sein Vater, die Sonne, brachte auch wirklich alle Sehnen einer Kuh bis an eine, eine dicke kurze im Hinterschenkel. Diese vergass er. Die Mutter arbeitete aus den andern einen langen Strick. Wie dieser fertig war, und die Sonne auf die Jagd ausgegangen, nahm die Mutter ihren Sohn nebst dem Stricke hinaus zur Höhle der ausgegrabenen pomme blanche, legte einen tüchtigen Stock darüber, befestigte den Strick daran und liess sich an demselben zur Erde hinunter. Der Strich war aber zu kurz, sie gelangte bloss bis zu den Zweigen eines hohen Baumes. Unterdessen war der Vater von der Jagd zurückgekehrt, hatte niemanden zu Hause gefunden, weit umher gesucht, endlich Weib und Kind am langen Stricke sich festhaltend gefunden. Die Sonne ergreift einen schweren Stein, befiehlt ihm, die Frau zu töten, aber seinen Sohn nicht zu beschädigen, wirft den Stein nach seiner Frau und tötet sie. Der Stein soll noch an der Mündung des kleinen Missouri liegen.

Der Sohn gelangte an dem Baum hinunter auf die Erde. Er war ohne Furcht, denn er war Medizin, ein übernatürlicher Sohn. Er lief umher, etwas Essbares aufzufinden; kam endlich zu einem Zelte, in welchem ein altes Zauberpaar wohnte. Des Mannes obere Hälfte war so hässlich, wie möglich, seine untere Hälfte eine Schlange. Als der Knabe in das Zelt trat, fand er niemanden darin, sah aber ein irdenes Geschirr mit gekochtem Mais, welchen er ass. Mehrere Tage hintereinander besuchte er dieses Zelt, fand immer gekochten Mais, aber keinen Zauberer. Das alte Weib fand abends immer ihren Mais aufgegessen, suchte den Dieb aufzuspüren, bemerkte des Buben Fusstapfen, deren Kleinheit sie aber noch im Zweifel liess, ob es ein Bub oder ein Mädchen sei. Um darüber Gewissheit zu erlangen, legte sie neben den gekochten Mais einen Spielball, wie die Mädchen solche einander mit den Füssen zuwerfen, nebst einem Bogen mit Pfeilen. — Darauf sagte die Alte zu ihrem Mann: Ist das Kind ein Bube, ergreift es Bogen und Pfeil, ist es ein Mädchen, den Spielball. Sie fand noch denselben Abend des Diebes Geschlecht heraus.

Nachher passte sie dem Knaben im Zelte auf, lud ihn ein, bei ihnen zu bleiben. Der alte Zauberer war sehr böse und mürrisch, gönnte dem Jungen das Essen nicht, verbot ihm gar in einem Anfall schlechter Laune zu essen, oder er müsse sterben. Der Bube fürchtete sich aber nicht, sagte ihm, er sterbe nicht und wenn er ihn nicht wolle essen lassen, so werde er ihn töten. Du kannst nicht, ich bin grosse Medizin, niemand kann mich töten, antwortete der Alte. — Du glaubst, ich könne Dich nicht töten? Ich will Dir dies gleich beweisen. — Nimmt einen seiner Pfeile, legt ihn auf und jagt ihn dem Alten durch den Kopf, dass er sogleich auf der Stelle liegen bleibt. — Als die alte Frau zurückkehrte, erzählte der Bub, was begegnet. Sie war darüber nicht sehr betrübt, beschenkte den Jungen mit einem neuen Bogen und Pfeilen, welche den Zauber besassen, alles zu treffen, was der Besitzer wünschte, selbst wenn dieser den Gegenstand nicht sehen würde. Gut, sagte der Knabe, nun will ich Dir Fleisch ins Haus liefern. So that er auch, verschaffte Fleisch im Ueberfluss. Auf einer seiner Wanderungen traf der Junge einst zwei Männer, grosse Zauberer, die sprachen zum jungen Jäger, sie seien sehr hungrig, könnten aber keine Büffel finden. — Gut, ich will für Euch eine Kuh schiessen. — Wir sehen keine. — Was ich verspreche, thue ich, sagte er, legte einen Zauberpfeil auf, sagte ihm: schina etarka (töte Kuh); traf eine solche. Sie finden dieselbe auch bald in der Richtung des abgeschossenen Pfeils, zerschneiden sie, nehmen ein ungebornes Kalb heraus. Dies war des jungen Jägers Medizin (ein ihm im Traum erschienener Talisman), er läuft davon, seinen Zauberbogen nebst den Pfeilen zurücklassend. Die beiden Zauberer erkannten sogleich des Jungen Medizin, fassten das ungeborne Kalb, nebst dem Bogen und den

Pfeilen und verfolgten ihn. Sobald er fühlt, dass seine Kräfte nachlassen, klettert er auf einen Baum, die beiden Zauberer hängen das Kälblein an den Fuss des Baumes, der Junge ist gebannt.

Die Zauberer verliessen den Knaben, kamen erst nach einem Jahre wieder zurück, fanden ihren Gefangenen sehr ausgehungert, abgemagert, sprachen zu ihm: wenn er befreit sein wolle, müsse er versprechen, ihnen seine Stiefmutter zu verschaffen, jedem von ihnen für eine Nacht. Er versprach es. Jene nahmen das Kälbchen weg, liessen ihn nach Hause zurückkehren. Die Stiefmutter war sehr erfreut, ihren jungen Jäger wieder zu sehen. Er musste ihr seine Abenteuer erzählen; vergass auch nicht seines Versprechens zu erwähnen, wodurch er frei geworden. Da sagt die Alte: ich kenne diese zwei Zauberer wohl; seit dem Tode meines Mannes haben sie mir immer nachgestellt; ich wollte nichts von ihnen, ich hasse sie. Aber Dir zulieb, sagt sie, weil sie Dich zurückkehren liessen, will ich Dein Versprechen erfüllen. Die zwei Männer kamen, errichteten eine Zauberhütte, die Alte schlief bei ihnen, bei jedem eine Nacht; dann gingen sie weg.

Der Knabe jagte wieder. Eines Tages sah er eine Klapperschlange; zu jener Zeit hatten diese Schlangen noch keine Klapper; aber einen langen Schnabel, mit welchem sie durch die Erde graben konnten, so schnell als sie jetzt laufen. Der kühne Bube schoss die Schlange tot, kam nach Hause, erzählte seiner Mutter, was er gethan. Nun, mein Knabe, sagte sie, morgen wenn Du auf die Jagd gehst, wirst Du ein Nest dieser Schlangen antreffen, sie werden Dich gewiss umbringen, wenn Du zu ihnen hingehst. Aber der Junge, im Bewusstsein seiner Unsterblichkeit, trat sogleich in das Nest der Schlangen, sobald er dasselbe gefunden; schoss eine Menge derselben tot, aber es wurde Nacht, bevor er alle vernichtet hatte. Er wollte nach Hause zurück, die Nacht war zu finster, er legte sich auf die Erde nieder, steckte einen Pfeil zu seinen Häupten, einen zu beiden Seiten in den Boden. Diese Pfeile hatten die Eigenschaft, beim Herannahen von Gefahr auf den Schläfer zu fallen, ihn zu wecken. Jene Nacht war der junge Schütze sehr schläfrig, und als eine Schlange sich ihm näherte, ein Pfeil nach dem andern auf ihn fiel, traf er keine Anstalten zur Verteidigung, kümmerte sich nicht um die Gefahr. Die Schlange rannte dann durch seinen ganzen Körper bis in seinen Kopf, wo sie ihm grosse Schmerzen verursachte, ohne ihn töten zu können. Um die Schlange los zu werden, fragte er sie, ob sie ihn verlassen wolle, wenn er alle gestern getöteten Schlangen wieder zum Leben brächte. — Ja, ich will, sagt sie. —

Er schüttelt seinen Bogen, spricht einige Worte zu ihm; die toten Schlangen werden wieder belebt.

Wie der Junge nach Hause zurückkehrt, sagt ihm die Stiefmutter: das nächste Mal wirst Du auf Deiner Jagd eine Quelle sehen, neben dieser Quelle ein Zelt; gehe nicht hinein, Du könntest ums

(Fig. 22). Herantsa mit geschwärzten Gesichtern.
(Siehe Jahresbericht 1894, S. 62.)
(Skizzenbuch S. 80.)

Leben kommen. Aber der kühne Junge suchte Gefahr, er liebte sie. Er suchte die Quelle auf und das gefährliche Zelt, trat sogleich hinein; es war sehr finster. Doch vernahm er die Stimme eines Mannes; sie sprachen miteinander. Endlich fragte der Sonne Sohn den Mann im dunkeln Zelte, ob er nicht zum Zeitvertreib ein Spiel herschaffen könnte. Derselbe holte zwei Billardstäbe hervor. Sie spielten zusammen, konnten aber in der Dunkelheit nicht entscheiden, wer gewonnen, die Stäbe lagen zu dicht nebeneinander. Der Mann der Dunkelheit riet nun dem jungen Jäger, einen andern Mann aus einem nahestehenden Zelte zu holen, welcher von den früher erwähnten zwei Zauberern dahinein gebannt worden. Ruf' ihn zu entscheiden. — Wie heisst er? — Uteh! Der Knabe ruft den andern Mann bei seinem Namen, welcher *derjenige in der Ecke* bedeutet. Uteh entschied für den Jungen, der dunkle Mann ward zornig; der Bube erschlug ihn.

Nun sagte Uteh (hat wohl dieser Name Uteh [englisch: Utah] mit dem Mormonenlande Utah einige Beziehung?) zu dem Sohn der Sonne: Du hast einen verwegenen Streich begangen, die zwei Zauberer werden diese Nacht hier sein und Dich töten. — Sie können nicht, ich bin grössere Medizin. Und er erzählte Uteh seine Abenteuer. Gut, sagte dieser, wenn Du die beiden Zauberer töten willst, will ich Dir sagen, wie es anstellen. Bewache sie, wenn sie diese Nacht zum Schlafen kommen; sobald sie eingeschlafen sind, lege quer über jeden einen dieser Billardstäbe; sie können sich nicht mehr bewegen, sind kraftlos. Da nun auch sein eigener Bann gelöst war, lief er schnell davon. Die zwei Zauberer kamen; der Junge legte die Zauberstäbe über sie; sie waren gebannt, konnten sich nicht mehr von der Erde erheben. Hierauf sprachen sie zum Jungen, sie befänden sich jetzt in seiner Gewalt, er solle jetzt auch sagen, was sie zu ihrer Erlösung leisten sollten. — Gut, ich habe gehört, Ihr hättet eine wunderschöne Schwester, die noch keinen Mann gehabt; lasst mich eine Nacht bei ihr schlafen, und Ihr sollt frei sein. Sie versprachen ihm seinen Wunsch zu erfüllen; er hob die zwei Stäbe weg, — schlief zwei Nächte bei dem schönen Mädchen u. s. w.

Da hielten wir an, ich hatte die Geschichte satt. Dafür fragte ich Packinaud über die Herantsa aus. Vor 20 Jahren sollen sie sehr mächtig gewesen sein, weder Sioux noch Assiniboins gefürchtet haben. Zur selben Zeit lebten sie in fünf verschiedenen Dörfern.

1. Dorf, wo jetzt die Mandans wohnen, 250 Zelte.
2. Dorf, eine Meile höher am Missouri, 80 Zelte.
3. Dorf, am Kniferiver, 130 Zelte.
4. Dorf, 1 ½ Meilen höher als Kniferiver, 60 Zelte.
5. Dorf, 6 Meilen vom letztern, 30 Zelte.

Zusammen 550 Zelte mit 1650 Kriegern.

Die Blattern und Röteln brachten sie auf 80 Krieger herunter; nachdem sie seither sich wieder auf 150 Krieger vermehrt hatten, raffte letztes Jahr die Cholera 20 weg. Die Teton-Sioux sollen von St. Louis stammen, die Ricaras von den Council Bluffs herauf gedrängt worden sein. Die Rihs bewohnen jetzt das gleiche Dorf, welches früher die Mandans besassen: d. h. die gleiche Lage haben sie ausgewählt, indem die Erdhütten höchstens sieben Jahre dauern. Mandans und Herantsa haben immer als gute Freunde zusammengewohnt.

3. Februar. Kapitän Marryatt, die Mormonen und andere (Lord Kingsborough) wollen die Indianer von dem verloren gegangenen Stamme der Juden herleiten. Weder in den Gesichtszügen, noch im Charakter eine Spur von Aehnlichkeit! Der Indianer ist von Natur freigebig, der Jude eher das Gegenteil. Jener sammelt keine Reichtümer, er lebt mehr oder weniger von der Hand ins Maul; was er besitzt, gibt er weg, um Freunde zu gewinnen, sich einen Anhang zu verschaffen. Largesse, largesse erwirbt Auszeichnung, Geschenke werden auf der Staatsrobe gezeichnet, wie die «coups». — Die Tradition der Sündflut findet sich sozusagen auf der ganzen Erde verbreitet, — soweit sich Spuren derselben vorfinden. Die Zugabe von der Arche mit Noah, wie sie bei den Azteken, den Mandans vorkommt, ist zu vereinzelt, kann ebensogut zufällig mit der biblischen Tradition übereinstimmen, als durch fremde Lehre eingeführt sein, daher auch nicht als Beweis einer Abstammung des Indianers von Asien her gelten.

4. Februar. Wetter ungewöhnlich schön und warm, so dass ich das Innere des Forts von der südwestlichen Bastion zeichnen konnte. Sollte die freundliche Witterung einige Zeit dauern, so ist zu erwarten, dass der Frühling desto länger kalt oder nass sein werde; denn Schnee ist noch sehr wenig gefallen. — Smith mit Hirschfleisch herein; die Jäger im Heulager haben bereits 24 Hirsche und Elks geschossen. Da die Jäger mit ihren Squaws in zwei Zelten leben, fühlen sie sich sehr behaglich, essen die besten Stücke und sind froh, den Bourgeois nicht immer hinter sich zu haben.

8. Februar. Bereits 4 Zelte mit Assiniboinschmarotzern bei unsern Jägern im Rosslager, der Geruch des Fleisches hat sie schon angezogen und sie fühlen sich sehr behaglich, die Weissen für sie jagen und unsre entkräfteten Klepper das Fleisch herbeischleppen zu sehen. Smith hat daher Weisung erhalten, kein Fleisch in Vorräten bei sich zu behalten, sondern dasselbe sogleich hieher zu senden und die faulen Indianer nicht zu füttern.

10. Februar. Nachmittags von le Gras die baldige Ankunft von des Ours fou Lager der Gens des filles vernommen, mit dem Bescheide, wir sollten viel Fleisch, Mush (Maiswasserbrei), süssen Kaffee bereit halten. Nur befohlen! Wie die dunkeln Indianer zu Ross und zu Fuss, mit Squaws und den vielen Kindern, Packgäulen und beladenen Hunden über den glattgefrornen, in der Sonne hellglänzenden

Fluss kamen, bildeten sie einen sehr malerischen Zug. Aus dem Schmause wurde aber nichts, da sie keine Büffelhäute zum Tauschen mitbrachten.

11. Februar. Das Lager des *tollen Bären* ist nur 11 Zelte stark. Der *Bär* wünscht sein Portrait zu besitzen; es ist aber zu gewagt dasselbe auszuführen; denn Matoh, den ich gemalt, ist tot, Hrn. Denniks Finger zwar geheilt. Es war aber doch ein sonderbares Zusammentreffen der Umstände und wurde bereits von den Weibern des Forts missdeutet. Der *tolle Bär* sagt zwar, er sei nicht so dumm, an eine Gefahr bei meinen Bildern zu glauben, muss aber doch gestehen, dass es seine Leute thun. Dafür zeichnete ich ihm eine kleine Schildkröte auf Holz; Mac schnitt das Bild aus, um es mit Blei auszugiessen. Der Chef trägt nun seine bleierne Schildkröte um den Hals als seine Medizin. Er hat von einer Schildkröte geträumt; da die frühere Medizin ihm so viele Verwandte hat sterben lassen, hat er sie aufgegeben; wenn diese besser ist, so kann er von Glück reden. — Im Fort Berthold schlug ich in Gegenwart mehrerer Herantsa eine junge Chickensnake tot, die unter mein Bettzeug am Boden kriechen wollte.[1] Kaum hatte ich sie getroffen, als einer der Indianer mir in die Arme fiel und bedeutete, es sei seine Medizin, die Schlange langsam mit 2 Stäbchen aufhob und sie feierlichst zur Thüre hinaustrug. Hatte der Indianer sie hereingebracht? Jedenfalls war sein Aberglaube empfindlich beleidigt.

Ein Iowá kam einmal mit der getrockneten Haut einer Schlange von dieser Art, deren Kopf und Schwanz verziert war, zu mir; sie war um seinen Hals gewickelt. Als eine Kuriosität erhandelte ich sie.

Assiniboins haben auf den Gräbern viel geheult und gegessen, den abgeschiedenen Freunden Speise hingelegt.

12. Februar. In dem indianischen Lager draussen zankten sich heute 2 Squaws eines Mannes, welche von ihnen die Eigentümerin eines Pferdes sei. Sobald der Mann sieht, dass seine Weiber sich in die Haare geraten, nimmt er Bogen und Pfeil und schiesst den unschuldigen Gaul durchs Herz, dann gab er demjenigen seiner Weiber eine tüchtige Tracht Prügel, welches Unrecht hatte. Er hätte gescheiter gehandelt sie zu prügeln, ohne den Gaul zu opfern, um so mehr, als es ihr einziger war. — L'ours fou ist sehr betrübt, dass die obere Bande der Assiniboins mit den Blackfeet nicht Frieden schliessen will. Als oberster Chef von den Vereinigten Staaten ein-

---

[1] Chickensnakes (Hühnerschlangen) sind nicht giftig, auch nicht sehr häufig. In St. Joe sah ich die grösste, sie mass wenigstens 6 Fuss, mit etwa 2 Fuss 12 Zoll Durchmesser am Leibe.

gesetzt, glaubt er, die Assiniboins sollten jetzt auf sein Wort gehorchen; aber diese wilden Banden haben keinen Begriff von der Stärke und Ausdehnung der Vereinigten Staaten, fühlen noch kein Bedürfnis ihren Zustand zu verändern; auch ist diese Ernennung eines obersten Chefs gegen ihren Willen, gegen ihre freie Wahl, ein Verstoss gegen ihre Freiheit, gegen ihre Gewohnheit. Und diese Wahl des Ours fou wirft umsomehr Staub auf, als er die kleinste Assiniboinbande um sich zu vereinigen vermag. Des Bären Plan ist sein Volk zu bewegen, vorerst ein Dorf zu errichten, wie die Herantsa, viel Mais anzupflanzen. Die Assiniboins sind aber träge, in ihrer Kleidung gleichgültig, daher leicht von den geschmücktern, stolzern Apsahrokas und Sioux zu unterscheiden. Dem Assiniboin ist ein alter schmieriger Rock ebensolieb als eine wollene Decke; bloss Pferde wünscht er sich; aber für deren Ankauf ist er zu arm, muss sie zu stehlen suchen, muss daher einen Feind haben. Die Crows würden im Falle, dass die Assiniboins die Blackfeet nicht mehr bekriegen wollten, auch gezwungen sein, mit diesen Frieden zu schliessen, da sie allein nicht stark genug wären, die zahlreichen Blackfeet in Schach zu halten.

(Fig. 23). Herantsa in der Staatsrobe.
(Skizzenbuch S. 98.)

Ein Indianer ohne Krieg ist kein Indianer mehr. Der Krieg ist seine Erziehung, sein Lebenszweck. Von Natur stolz und voller Thatkraft, findet er im Kriege allein das Mittel sich auszuzeichnen. Soll er den Krieg aufgeben, so gibt er sein höchstes Ziel auf; er muss sein ganzes Leben umändern. Ohne Lebenszweck kann niemand leben, sei er gut oder böse, dumm oder gescheit, praktisch oder unpraktisch, noch weniger ganze Nationen. Gibt man ein Ziel auf, muss ein anderes dessen Stelle einnehmen. Nun sieht ein Indianer wenig von den Weissen, den sogenannten Christen, den Hochgebildeten, das ihn reizt, sein Los zu vertauschen. Der Weisse besitzt wohl viele erstaunliche Erfindungen, viel nützliches, brauchbares Werkzeug; dafür ist sein ganzes Leben eine Plage, harte Arbeit: die Menge seiner Bedürfnisse lässt ihm keine Ruhe, weder bei Tag, noch bei Nacht; er arbeitet sein ganzes Leben fast für sein täglich Brot, und ist doch nie vor Hunger und Elend sicher. Die Improvements halten nur kümmerlich Schritt mit den immer steigenden Bedürfnissen einer sich stets mehrenden Bevölkerung, so dass das irdische Los der civilisierten Nationen trotz ihrer vermehrten Kenntnisse nicht besser ist, als das des genügsamen Indianers.

Man hört häufig den Indianern vorwerfen, sie seien nicht bildungsfähig, eigensinnig versessen auf ihre herkömmlichen Gebräuche, abergläubisch u. s. w. Warum? Weil sie das schlechte Beispiel der Weissen nicht schnell genug nachahmen, sich nicht einer Mode sklavisch unterwerfen, die sich wenigstens zweimal jedes Jahr ändert, höchst selten von gutem Geschmack zeugt, dafür öfter von grosser Albernheit, Unbequemlichkeit ist; weil sie einen Glauben nicht annehmen, welchen die Weissen weder in Worten noch in Thaten halten: diese heucheln, lügen, stehlen, morden trotz ihrer Moral, ihrer gedruckten, oft verdrehten Bibelsprüche. Wer behaupten darf, die Indianer seien bildungsunfähig, soll sich selbst erst fragen, ob er denselben ein gutes Beispiel eines echten Christen, edeln Freundes, thätigen, liebenden, treuen Vaters seiner Familie liefert; ob ein praktischer Wilder schöne Theorien anerkennen könne, wenn seine neuen Lehrer selbst ein so schlechtes Beispiel treuer Befolgung geben; wenn beim Weissen selbst trotz seiner immerwährenden harten Arbeit beständig Mangel, oft genug Hungersnot herrscht.

Ich habe keine Ursache gegen die Pelzhändler aufzutreten, sie sind nicht schlimmer als andere amerikanische Handelsleute; nur trifft es sich, dass ihr Interesse der Civilisierung der Indianer zuwiderläuft, dass ihr Handel mit derselben aufhören muss. Auch sehe ich an den Missionaren nicht viel zu loben, wenigstens nicht an denen, die nur predigen, die nur umstossen, aber nichts Besseres aufrichten.

Ein kleines Beispiel von einer der zahlreichen Schwierigkeiten, auf welche Missionare in ihrem edeln Bestreben stossen, gab mir der protestantische Missionar der Omahaws, Otoes, Pawnees in Bellevue. Herr Kimsees erzählte mir nämlich, dass die Omahaws den Anbau ihres Bodens aufgeben wollten, weil die Ernte zwei Jahre hintereinander gefehlt habe; „der gute Geist sei ihnen nicht günstig, er halte sein Versprechen nicht."

Die Jesuiten verbieten ihren christlichen Indianern bloss den Angriff, aber nicht die Verteidigung; auch sind sie klug genug, mit äusserem Schein dem sinnlichen Wilden zu imponieren, ihn zu gewinnen.

13. Febr. Heute ist so warm, dass wir das Kaminfeuer entbehren konnten, so recht in der warmen Sonne schwelgten. Damit schwindet aber meine Hoffnung, in der Nähe Büffel, Antilopen und Hirsche mit Schneeschuhen zu jagen. Diese Tiere mit ihren dünnen Beinen,

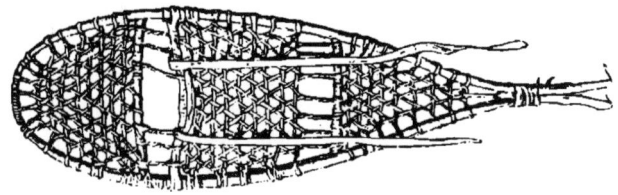

(Fig. 24). Schneeschuh.
(Skizzenbuch S. 154.)

scharfen Hufen, gewaltigen Sätzen, graben sich beim Springen so tief ein, dass sie auf den Schneeschuhen und von den leichtern Hunden ohne Mühe eingeholt werden können. Den Wölfen ist es daher auch ein Leichtes, die schwächern Hirsche und Antilopen im tiefen Schnee einzufangen. Der Wolf ist kein schneller Läufer, aber sehr ausdauernd; im ganzen ist er klüger, als der Fuchs, obschon dieser das Sinnbild der List sein soll. Hierherum sind die Wölfe nicht so gefährlich, wie in Europa, aus dem einfachen Grunde, da sie hier nie so ausgehungert werden; im übrigen sind sie ebenso wild, ebenso stark. Ueberall auf der Prairie und im Urwald sieht man einzelne Wölfe, aber nur in Scharen, wenn sie Blut riechen, sich zusammenrotten zur Verfolgung eines verwundeten Tieres oder zum Auffressen eines erlegten, abgelebten. Ihr Geheul ist ihre Sprache; es ändert sich mit der Ursache, ist gedehnt, traurig, wenn der Wolf hungrig ist und etwas wittert, das er nicht anzugreifen wagt; wird rascher, zorniger, ohne jedoch in Bellen auszuarten, bei der Verfolgung von Gewild. Ich möchte fast den Ausdruck brauchen, die Wölfe hätten bloss Kopfstimme, aber nicht Bruststimme. Durch dieses zornige Geheul werden immer frische Wölfe bei Verfolgungen herbeigezogen, neue Kräfte herbeigerufen. Die ersten Verfolger ermüden, keuchen, legen sich nieder, um auszuruhen, denn bald wird das gejagte Wild von den herbeigerufenen Wölfen zurückgetrieben, ermüdet, abgejagt.

Denn wo es sich hinwendet, lockt das Geheul seiner Verfolger immer neue Feinde herbei, bis es wieder auf seine Weide zurück, den ausgeruhten Bestien in den Rachen läuft.

Der Prairiewolf ist kleiner, schwächer, mit flacher Stirn, gewöhnlich gelb, auf dem Rücken mit einzelnen schwarzen Streifen, am Bauche mit weissen Haaren untermischt.

22. Februar. Seit einer Woche wenig Neues; das Wetter noch immer schön; die Zeit geht rasch vorüber; meine Skizzen vermehren sich, indem ich jede Kleinigkeit abzeichne, die ich später in Gemälden des hiesigen Lebens anzuwenden habe. Heute z. B. das ausgestopfte Bighornschaf kopiert. Das Weibchen hat Hörner wie die Steingeiss, der Bock aber wie ein Widder; sie tragen keine Wolle, sondern rauhes, falbes Haar; Bauch und innere Teile der Extremitäten weiss.

Zwei Crihs brachten über hundert Roben; erhielten dafür einen bessern Preis als gewöhnlich, weil sie sonst Dobies, Oppositionskunden waren. — Die Sioux sind willens, den Vertrag am Horseshoecreek zu halten, wenigstens ein Jahr lang zu versuchen, ob er ihnen Vorteil bringe, oder bloss ein leeres Versprechen, eine Lüge der Weissen sei. Ungefähr 80 ihrer Zelte stehen diesseits Fort Clarke, sie wurden von Assiniboins besucht, mit 12 Pferden beschenkt, die alte Verwandtschaft, die gleiche Sprache hervorgehoben. Hundertundzwanzig Assiniboinzelte sind bei den Herantsa auf Besuch, wahrscheinlich um Korn zu betteln. L'Ours fou hat bereits die Lage seines zukünftigen Dorfes ausgewählt, natürlich in der Nähe dieses Postens, in Geruchsweite von süssem Kaffee, warmem Brot. Er sieht ganz gut ein, dass das Jagen früher oder später aufhören muss; er glaubt aber, er selbst als Chef sollte von Uncle Sam das ganze Jahr durch mit Kaffee, Zucker und Mehl hinlänglich versehen werden, da das Arbeiten unter seiner Würde sei! O gewiss, die Melasse darf nicht fehlen, er träumt beständig davon. Ich denke, die geliebte Melasse wird noch die Schildkröte vom Halsband verdrängen. L'Ours fou ist sehr freundlich gegen mich; schläft jedesmal bei mir, wenn er im Fort ist; spricht von seinem Plan, mit Hrn. Culbertson im Frühjahr den Fluss hinunter zu fahren, um mit dem Dampfboote zurückzukehren, seinem Volke die versprochenen Herrlichkeiten von Uncle Sam auszuteilen. Wehe den Weissen, wenn das Versprechen nicht gehalten wird, wenn sie wieder lügen! Dann wird des Amerikaners Doppelzüngigkeit auch bei den hiesigen Nationen zum Sprüchworte.

Unlängst schlief L'Ours fou bei mir, wachte aber öfter auf, schürte das Feuer, neckte den Fuchs, rauchte, weckte mich, mit seinem Pfeifenrohr mich in die Seite stechend, auf, damit ich mit ihm schwatze. Zur Unterhaltung lehrte er mich Wörter, z. B. nuspeh,

Axt; kukusch, Schwein. Das Lehren des letzten Wortes machte ihm besonders viel Vergnügen; um mir das Tier kenntlich zu machen, grunzte er so trefflich, dass ich mir die Thränen vor Lachen abwischen musste. Nun sagt er immer: kukusch, ch, ch!

29. Februar. Nach einigen kalten, einsamen Tagen gibt es wieder eine Veränderung in meinem Zimmer; L'Ours fou, seine Tochter und zwei Grosskinder werden mit mir im gleichen Zimmer wohnen, bis er mit Hrn. Culbertson nach St. Louis abreist. Ihre Gesellschaft ist mir einstweilen willkommen, da es in diesem Augenblick äusserst still zugeht, nichts zu zeichnen, zu notieren gibt. Die letzten Tage waren überhaupt wieder beissend kalt; von einer Möglichkeit zu malen daher keine Rede, beim besten Eifer nicht. Unser eigenes Geschäft ist augenblicklich das Ausfüllen des Eiskellers. Ein Teil der Mannschaft sägt das dicke Eis aus dem Flusse heraus, der andere ladet, der dritte fährt, und ich muss beim Eiskeller die Anzahl Ladungen zählen, das Hinunterleeren beaufsichtigen. Das Eis ist im Sommer sehr notwendig, um das frische Fleisch aufzubewahren, das laue Flusswasser zu erfrischen.

Heute sind endlich die ausgehungerten Assiniboins von des *Bären* Verwandtschaft nach der untern Bourbeuse gezogen. Sie hätten sich gerne füttern lassen, sich dabei sehr behaglich gefühlt. Keinem Menschen im Lager kam es in den Sinn zu jagen; sie hofften immer, unsere Fleischvorräte würden ihnen geöffnet, nachdem man ihnen dieselben letzten Sommer abgekauft. *Bär* selbst kümmert sich mehr um seine Därme, als darum, seine Leute mit einem guten Beispiel zur Thätigkeit anzuspornen. Vor ihren abgemergelten Hunden war man keinen Augenblick mehr sicher; mit gebogenem, scharfem Rücken, eingezogenem Schwanze lauerten sie auf jede Bewegung der Menschen, der Thüren, um etwas stehlen zu können; jedes Stück Leder, das sie erhaschen konnten, war ihnen willkommen. Als Fleischverteiler hatte ich mit den wilden Bestien beständig mich herum zu balgen; wie ich gegen die Thüre der Fleischkammer ging, war ich gleich umringt, ich durfte die Thüre keinen Augenblick offen stehen lassen. Die alten Squaws waren nicht besser; sie hätten sich selbst für jedes Pfund Fleisch prügeln lassen. Schweine und Kälber mussten eingesperrt werden. Für ein gutes Stück Fleisch hätte man manchen guten „Schick" machen können. Die Assiniboins beklagten sich über unsre Hartherzigkeit, besonders über mich; das Fleisch gehörte aber nicht mir und ihre Not kam von ihrer Faulheit sie hatten hier nichts zu thun; man musste sie zur Arbeit zwingen. Der Faule verdient weder Mitleid, noch Unterstützung; aber wer arbeiten will, sollte immer Arbeit, immer seine Nahrung finden.

Von „Sioux" heute zwei interessante Zeichnungen erhalten. Er besuchte mich nämlich diesen Nachmittag, während ich zeichnete. Meine Arbeiten befriedigten ihn nicht, er könne es besser. Ich gab ihm sogleich Papier. Zuerst zeichnete er seinen Coup; dann mit Tinte einen Büffel, wahrlich recht brav für einen „Wilden". Bei ihren Zeichnungen suchen die Indianer das äusserlich Auszeichnende besonders hervorzuheben, z. B. beim Menschen nicht seinen Körper, sondern seine Auszeichnung durch die Kleider, wodurch er seinen Rang erhält. Daher die menschliche Figur weit weniger gut gezeichnet wird, als die tierische. Die Zeichnung der menschlichen Figur ist aber bei den Indianern seit Jahrtausenden so gleich geblieben, dass sie wie die heraldische Zeichnung als historisch heilig betrachtet wird. Uebrigens muss noch bemerkt werden, dass die Darstellung der menschlichen Figur nicht gleich ist bei allen Nationen, sondern dass jede Nation eine konventionelle Form hat. Man sehe nur die verschiedene Zeichnung der Reiter. Bei den einen sieht man keine Beine, bei den andern beide diesseits oder beide auf der andern Seite des Gaules. So wollte heute dem Sioux meine Manier, die Reiter darzustellen, gar nicht einleuchten. „Er hat ja *zwei* Beine". Ob das andere Bein durch den Pferdeleib verdeckt werde, war ihm gleichgültig. Zuletzt ärgerte ich ihn nicht wenig mit der Bemerkung, dass bei uns die Weiber so reiten, wie er seine Reiter zeichne.

1. März. Die Blackfeet nennen sich Siksigisque. — Die Königin von Saba, wie Morgan und ich des Bären Tochter nennen, verliert nach und nach ihre Scheu, ihre vornehme Zurückgezogenheit vor mir. Sie hat von Hrn. Dennik einen Kalikorock erhalten, legte deshalb ihr schwarzes, schmieriges Trauerkleid von Leder ab, vertauschte ihre Robe mit einem indigoblauen Blankett, verkriecht sich nicht mehr beständig hinter ihre Bettvorhänge. Der tolle Bär hat sich erst bei Hrn. Dennik erkundigt, ob seine Tochter vor mir Gefahr laufe. Er sagte: nein! ich denke an andere Sachen. Uebrigens sei die Tochter gross genug, um sich schicklich zu benehmen, im Notfall sich zu verteidigen. Der Alte wünschte aber doch seine hübsche Tochter an einen Weissen verheiraten, der vermöchte, ihn beständig mit Kaffee, Mehl und Melasse zu versorgen; das gäbe aber einen kostspieligen Spass. Um sich eine vornehme Bettlerfamilie aufzubürden, müsste die Tochter innerlich und äusserlich doch noch besser ausgestattet sein. Anfangs sass die dunkle Prinzessin hinter den Moskitovorhängen versteckt, als ob sie zu schön wäre, von profanen Augen erblickt zu werden. Sie zeichnet sich aber nicht besonders durch Schönheit aus; zwar ist sie gut gewachsen, hat schöne, sinnige Augen, prächtige Zähne, kleine Hände. Zwischen ihren braunen Augen hat sie einen

tättowierten Halbmond. Sie ist schon mit einem jungen Krieger verheiratet gewesen, der im Gefechte umgekommen. Seit die junge Witwe sieht, dass ich ihr keine besondere Aufmerksamkeit schenke, ihr nicht nachstelle, hat sie geruht, von ihrem Throne aus Büffelhäuten herunterzusteigen und die häuslichen Geschäfte am warmen Kaminfeuer zu übernehmen. Für mich ist es sehr gut, dass meine Gedanken diesen Augenblick so sehr von meinen Malerstudien eingenommen sind; denn das Zusammenwohnen mit einer hübschen, unbewachten, jungen Witwe könnte sonst nicht so ruhig ablaufen. Uebrigens ist *Schitschaka* noch lange nicht mein Ideal, darf sich selbst mit Witthae nicht messen. Unsre Haupttrader sind jetzt alle mit Weibern versorgt. Morgan und ich wollen im Frühjahr fort, die junge Witwe hat daher wenig Aussichten hier zu heiraten, um so weniger, da Hr. Dennik und Mac sie früher als Mädchen gewollt, sie ihnen aber vom Vater abgeschlagen worden. Von jenem erwartete er viel zu viel Geschenke, dieser war ihm damals nicht hoch genug. Aber die Zeiten ändern sich.

(Fig. 25). „The Queen of Sheba". (Skizzenbuch S. 178.)

Matoh miko (der tolle Bär) und Schitschaka werden sich aber bald langweilen, sie haben keine Unterhaltung, unsre Kost ist weder fett noch im Ueberfluss vorhanden und der Kaffee ohne Zucker, das Kornbrot ohne Schmalz!

4. März. Le Gras brachte die Nachricht von Fort Berthold, dass dort ein Bote von Fort Pierre angelangt sei. Da dies eine ungewöhnliche Erscheinung ist um diese Jahreszeit, so ist Hr. Dennik voller Hoffnung, die Opposition sei gebrochen. Welcher Sieg, welcher Triumph! Ist es aber möglich? Diese Company hat schon manchen Konkurrenten erdrückt oder ausgekauft, doch steigen immer neue auf, selbst aus ihrer eigenen Mitte; die jetzigen Dobies sind frühere Angestellte dieser Company, haben sich wegen einiger Misshelligkeiten getrennt, sich mit einander verbunden und sind gerade wegen ihrer frühern Freundschaft, ja selbst Verwandtschaft der beiden Picottes desto erbitterter, eifersüchtiger gegen einander. Die Indianer wissen gar wohl, dass sie ohne Konkurrenz die Waren bedeutend teurer bezahlen müssen; sie suchen daher mit Recht eine Konkurrenz zu erhalten. Uebrigens scheint mir eine Fallite der Company Primar,

Harvey & Comp. bloss eine Aenderung der Firma herbeizuführen; denn Campbell in St. Louis, der ihnen die Waren vorschiesst und Hauptgläubiger ist, würde das Geschäft nicht fahren lassen.

6. März. Soeben wird mir die unerwartete, aber sehr angenehme Nachricht zu teil, ich könne morgen mit Robert Morgan ins Rosslager! Welch freudige Kunde! Dort kann ich zeichnen, jagen, soviel ich will; bloss muss ich das Lager hüten in der Abwesenheit Morgans, der den Befehl übernimmt, weil Smith zu viel Indianer füttert. Einige Zelte leben immer von seiner Nachsicht. In der ersten Zeit wird mein Freund nicht viel jagen, da er unpässlich ist; dafür kann ich um so freier herumschlendern, den Jägern folgen. Wie schlägt mein Herz! Welch unerwartet Glück! Gerade das, was ich am meisten wünschte, zur Erfüllung meines Zweckes hauptsächlich noch bedarf, steht mir bevor! Adieu, Fort Union!

8. März. Rosslager, 12 Meilen östlich von Fort Union. Vorgestern verliessen Morgan und ich mit einem Ochsenschlitten, von Tétreaux geführt und unser Bettzeug enthaltend, das Fort. Reiner Himmel, wenig Schnee, scharfer, kalter Wind, aber warmes Blut. Da wir den Schlitten mehr oder weniger zu begleiten hatten, durften wir nicht schneller gehen, als der Ochse. Fünf Hunde umsprangen uns fröhlich. Da das Lager erst wegen Wasser, dann wegen der eingetretenen Kälte von den alten Heustöcken in den Wald verlegt worden, so mussten wir einen kleinen Umweg machen, um für den Ochsen im Vorbeigehen Heu über Nacht zu nehmen. Wie wir über das Moos schritten, sah Morgan in der Ferne einen Wolf herumlaufen, gab seinen Hunden sofort das Zeichen; fort rannte die Meute mit lautem Gebell, machte den Schnee von sich stäuben wie ein Wirbelwind. Wir beide nach in gestrecktem Lauf, um den Spass zu sehen. Voran der junge Windhund, der seine Sporen verdienen wollte, dann Badger, Castor, Bull; Kadosh blieb zurück, sobald er die Spur des Wolfes witterte. Das Windspiel holte den Wolf bald ein, wurde aber sogleich in die Nase gebissen; unterdessen fasste Badger den Wolf an einem Schenkel, Bull und Castor dann am Halse und bissen ihn tot. Trotz der grimmigen Kälte zog Morgan doch noch die Haut ab; er wärmte seine Hände im warmen Kadaver. Während er damit beschäftigt war, entdeckten die Hunde einen zweiten Wolf und verfolgten ihn sogleich, verloren aber seine Spur; da wir uns nicht zu weit von unserm Wege entfernen durften, so riefen wir sie zurück. Auf unserm Marsch nach den Heustöcken, wo Tétreaux bereits beschäftigt war, fanden wir den überschwemmten Bottom gefroren, das Wasser etwa einen Fuss tief und mit einer Eiskruste bedeckt, die aber nicht stark genug war, uns zu tragen, weshalb sie bei jedem

unserer Tritte brach, und wir eine Meile weit im Eiswasser laufen, bei jedem Schritte durch das Eis sinken mussten, was sehr mühsam war; wir wechselten daher ab, um einander Spuren zu machen (to make tracks). Vier Meilen weiter, diesseits des bois peinturé, fanden wir Smiths Lager am Fusse einer steilen Uferbank am Rande des Waldes unter der hohen Prairie, so dass man zwar vor dem Winde geschützt war, aber keine Aussicht auf die Prairie hatte, wo die Pferde weiden sollten. Morgan beschloss sogleich das Lager zu versetzen, wir schlugen daher unser mitgebrachtes Zelt nicht auf, sondern legten es auf den Boden, unser Bettzeug darauf, holten uns trockenes Holz, bildeten einen tüchtigen Haufen und zündeten ein prasselndes Feuer an. Eine Menge Fleisch lag auf einem Gerüst; aber Smith kümmerte sich wenig darum, solches in das Fort zu senden; in der Nähe auf der Höhe des alten Flussufers fanden wir noch die kreisrunden Spuren mehrerer Zelte, welche hier noch kürzlich gestanden und deren Inhaber ganz von der Beute unserer Jäger gelebt hatten, weil sie zu faul waren, um selbst zu jagen. Beim spanischen Rosshüter verzehrten wir unser Nachtessen, setzten uns dann neben unsre Hunde zum knisternden Feuer, dessen Funken weit im Walde herumflogen. Wie hoch schienen die dunkeln Stämme im finstern Walde! Wie herrlich schmeckte die Pfeife in dieser romantischen Lage! Wie schnell hatte sich die Scene meines Lebens geändert, wie glühte meine Phantasie von Jagden, Studien, Bildern! Wie hätte ich da noch schlafen können! Die

(Fig. 26). Mandanmädchen. (Skizzenbuch S. 120.)

Gesellschaft störte uns nicht viel, denn wir waren gekommen, um Smith den Befehl über das Lager abzunehmen, Cadottes und La Pierres Squaws anzuhalten, Zucker in der Opposition für Hirschhäute zu kaufen, die Indianer zu verhindern, unser Fleisch zu essen, den Platteman anzutreiben, von dem entlehnten Pulver und Blei bessern Gebrauch zu machen u. s. w., was jeder Partei Gelegenheit zum Nachdenken, zu mehr oder weniger Unzufriedenheit gab. Morgan muss nun Ordnung schaffen, und da er nicht französisch, die Jäger und Métifs nicht englisch sprechen, so diene ich ihm als Dolmetscher und Stütze.

Gestern, Sonntags, brachen wir das Lager ab und schlugen es am Ufer des gefrornen Missouri auf, in einer sehr schönen Lage, mit Aussicht auf die Hügel, die Prairie und die 36 weidenden Gäule, Maulesel und Esel, weit den Fluss hinauf und hinunter, mit vielem trockenem Holze und reinem Flusswasser aus einem Loch im Eise. Als wir auf dem ausgewählten Platze eintrafen, wählte jede Partei ihre Stelle aus, wo sie ihr Zelt aufzuschlagen beabsichtigte; reinigte dieselbe von Schnee und Gesträuch. Während die Weiber mit Herbeischleppen ihrer Gerätschaften beschäftigt waren, hieben einige Männer dürre Bäume um, andere rüsteten Zeltstangen.

Sobald der Boden des zukünftigen Zeltes gereinigt war, wurde um die Feuerstelle herum Rinde gelegt, damit die Ayischimos (die ungegerbten Büffelhäute) oder überhaupt das Bettzeug nicht direkt auf dem feuchten Boden liege. — Je nach der Anzahl der Bewohner wurde auch der Umfang des Zeltes bestimmt und musste mehr oder weniger Rinde gelegt werden. Drei oder vier Stangen wurden nun an dem dünnen Ende aufgerichtet, am andern Ende so weit herausgestellt, als das Zelt Umfang haben sollte, als erstes Gerippe des Zeltes. In die Zwischenräume dieser ersten Stangen wurden noch mehr solche gelegt, einen Kreis bildend. Zuletzt ward die Zeltdecke aus mehreren gegerbten, haarlosen Kuhhäuten zusammengenäht, mit ihrer Spitze an eine fernere Zeltstange festgebunden, aufgestellt und in die Gabeln der aufgerichteten Stangen eingefügt; zuletzt wurden die beiden Enden der Zeltdecke über die Stangen weggezogen, aneinander mit kleinen Pflöcken oder Schnüren befestigt, oben eine Oeffnung für den Rauch und unten für den Eingang gelassen. Am untern Rand der Zeltdecke sind Einschnitte angebracht, durch welche dieselbe mit Pflöcken an den Boden befestigt, ausgestreckt wird. Die beiden obersten Lappen der Zeltdecke sind wie eine Tasche genäht, damit man vermittelst langer, aber dünner Stangen die Lappen vor den Wind legen, denselben abhalten kann, den Rauch in das Zelt herunter zu treiben. Diese Taschen nebst den blossstehenden Stangenspitzen des Gerippes werden von den Indianern sehr häufig mit Zieraten behängt. Ueber den niedern Eingang wird ein Stück Fell an zwei Stäben ausgestreckt aufgehängt; dies ist die Thüre — eine sehr unbequeme, weil man sich bücken, unter dem Felle durchkriechen muss. Da der Wind sehr heftig blies, der Boden zu hart gefroren war, um den eingeschlagenen Pflöcken viel zutrauen zu dürfen, legten wir noch schwere Baumäste, ja kurze

Baumstämme auf die Zeltdecke, um sie auf dem Boden festzuhalten; rund herum wurde ferner Schnee aufgehäuft, um den Wind so viel wie möglich abzuhalten. Somit war das äussere Zelt fertig. Inwendig wurden erst in unserm Zelte zwei Stöcke neben unserm Bettzeug als Schranke gegen den Feuerherd liegend befestigt, dann aber etwa in Mannshöhe ein tüchtiger Stock quer über dem Feuer an zwei Zeltstangen angebunden, ein dünnerer mit einem Haken in der Mitte angehängt, um den Kessel zu tragen. Gegenüber unserm Eingange legten wir unser vorrätiges Fleisch hin. Von nun an mussten die Jäger die Beute uns abliefern; wir teilten wiederum die Rationen aus. Jeder Jäger hat noch gewisse Stücke der Tiere, die ihm nach Jagdgebrauch gehören, wie der Kopf, das Herz, ungeborne Kälber, Magen, Steine u. s. w.

Morgan und ich mit fünf Hunden bewohnen ein Zelt allein; im nächsten leben Smith, der Spanier Joe Dolores mit seiner Mandansquaw und Belhumeur; im dritten Cadotte mit seiner Assiniboinsquaw und zwei Assiniboinfamilien; im vierten der Métif Antoine La Pierre mit Familie; unsere Gesellschaft ist also sehr verschiedener Abkunft.

*

Die fernere Schilderung dieses Aufenthaltes im « Rosslager », der sich unter furchtbaren Strapazen bei fortwährendem Wechsel von Jagdabenteuern, Ueberschwemmung, beissender Kälte, zunehmendem Mangel an Lebensmitteln, sehr romantisch gestaltete, ist nun zwar recht spannend geschrieben, bietet aber doch im allgemeinen vielleicht zu wenig bleibendes Interesse, so dass ich mich, zumal bei der notwendig gewordenen Rücksicht auf Raumersparnis, darauf beschränke, die drastischeren und sonstwie interessanten Stellen herauszuheben.

So schreibt der Maler unter dem 9. März:

9. März. Des Morgens nach der Coulée des « Bois peinturé » gegangen, um nach einer Falle zu sehen, die Joe gelegt; fand bloss eine Elster darin gefangen. Das « bemalte Holz » abgezeichnet. Es bestand aus einem grossen Cottonbaum, von welchem ein Indianer einen Teil der Rinde am Fusse abgeschlagen, und auf den nackten Teil allerlei Figuren mit Zinnober und Chromgelb gezeichnet hatte. Der Baum steht dicht am Trail. Seither sind von Vorübergehenden noch allerlei mit Kohlen gezeichnete Figuren hinzugekommen, nach dem Sprichworte: Esel beschmieren die Wände.[1] Die ursprüngliche

---

[1] Es lässt sich aber doch die Frage aufwerfen, ob dies nicht vielleicht Zeichen waren, mit denen sich die Vorübergehenden verständigten. (Anmerkung des Herausgebers.)

Zeichnung einer Sonne, Hand, Umzäunung und verschiedener Tiere scheint einem anzudeuten, dass der Zeichner seine Jagdabenteuer während einer Sonne (Tag) in diesem Walde darstellen wollte.

24. März. Das warme Wetter hat uns gezwungen, die Lagerstelle zu wechseln. Jeden Augenblick mussten wir gewärtig sein, dass der Yellowstone wegen seiner südlichen Herkunft baldigst aufbrechen und den Missouri unterhalb seiner Mündung überschwemmen werde mit all dem umliegenden flachen Lande. Obschon unser letztes Lager acht Fuss über der Eisfläche stand, so hielten wir uns doch nicht mehr für sicher. Morgan wählte den alten Lagerplatz bei den Heustöcken aus; wir packten unsere Zelte zusammen, beluden die Maultiere mit unserem Gepäck, stiegen zu Pferde und ritten mit der übrigen Herde nach dieser Stelle. Wir hatten einen weiten Bogen des Missouri zu umgehen; eine Strecke von 4 Meilen. Ueberall mussten wir durch Wasser vom geschmolzenen Schnee waten, das keinen Ablauf hatte, von der tieferliegenden, noch gefrornen Erde nicht aufgesogen werden konnte.

Die neue Lagerstelle gefiel mir gar nicht, obschon wir die alten Zeltstangen des früheren Lagers nebst einer Menge guten Brennholzes fanden. (Diese Vorteile nebst der Nähe des Heus bewogen Morgan zu dieser Wahl.) Aber wir waren ganz von Wasser umgeben. Auch haben wir eine schauerliche Nacht zugebracht. Ich hatte mich früh unter meine Büffelhäute gelegt, der indianische Gesang der drei Métifs im Nebenzelte schläferte mich ein, ich schlief wirklich schon einige Zeit, als Morgan mich aufweckte, mit dem Rufe: „Wasser, Wasser!" Er hatte sich noch ein Stück Fleisch braten wollen, das Feuer wollte aber trotz der Menge dürren Holzes nicht brennen, die feurigen Kohlen löschten langsam aus. Erst gibt er dem feuchten Boden des vertieften Feuerherdes schuld und verlegt ihn an eine höhere Stelle im Zelte; aber auch da löscht die Glut aus. Endlich geht ihm ein Licht auf, er schlüpft zum Zelt hinaus und steht im Wasser! Es war hohe Zeit, uns zu retten; der Fluss war übergelaufen, das Wasser hatte uns nach und nach ohne alles Geräusch umschlichen. Wir riefen sogleich den singenden Métifs zu, sich aufzumachen, wir eilten, um unser Bettzeug, Bücher, vorrätiges Pulver, Flinten u. s. w. auf die hohe Prairie zu retten. Das Wasser ging uns an einer Stelle über die Hüfte; das schwere Zelt mit dem Fleisch liessen wir stehen, das steigende Wasser kam nur langsam, nicht reissend, denn wir waren ziemlich weit vom Flusse entfernt, wenigstens eine englische Meile — und in dem Gebüsche musste es jedenfalls stecken bleiben. Der sichelförmige Mond beleuchtete nur schwach diese trostlose Scene: unsere dunkeln Gestalten, mit den Büffelhäuten hin und hereilend, durch das Wasser stürzend wie Räuber mit ihrer Beute. Die drei Métifs sangen aber immer ihr langweiliges Chippewälied, kümmerten sich um unsere Warnung nicht, und doch waren sie nicht betrunken. Sangen sie aus Trotz gegen das drohende Element?

Auf dem Trockenen angelangt, band ich meine Kostbarkeiten, nämlich Album, Tagebuch und Material in der Tasche in mein liebes Kalbsfell, das mir beständig wegen seiner feinen Haare als Kopfkissen dient; wir legten unsere Ayischimos auf den Prairieboden, Mäntel und Büffelhäute darüber, zogen unsere nassen Kleider aus und schlüpften

(Fig. 27). Quatre Ours (s. Jahresber. 1894, S. 67).
(Skizzenbuch S. 49.)

unter unsere Bettdecke, nahe zusammen, um uns gegenseitig zu erwärmen. (Seit ich von St. Joe weg bin, habe ich mich das erste Mal der Beinkleider zum Schlafen entledigt; und nun bei solcher Kälte!) Dann riefen wir unsere nassen Hunde herbei, damit sie, wie gewöhnlich, auf uns lägen und uns bewachten und wärmten. Unter dieser unruhigen Decke fanden wir aber keinen Schlaf, wir waren selbst zu sehr aufgeregt und die Hunde witterten jeden Augenblick nahe Wölfe, liefen mit lautem Gebell davon, sie zu bekämpfen oder zu vertreiben; legten sich wieder über uns, kratzten sich, disputierten über ihre

Plätze. Wir zwei hingegen trösteten uns mit dem herrlichen Gedanken, dass das Reisen ohne Abenteuer keinen Wert habe, — man müsse doch später etwas zu erzählen haben, wann man sich wieder recht behaglich fühle.

Es war schon spät am Tage; wir hatten schon mehrmals kleinmütig unter unsern Hüllen hinausgeguckt, ehe wir es wagten, aufzustehen, in offener Prairie, dem beissend kalten Winde blossgestellt, unsere gefrorenen Kleider anzuziehen und nach dem verlassenen Zelte zu sehen. Einmal die Kleider um, sprang ich schnell durch das Wasser erst nach unserm Zelte, fand darin weder Fleisch noch Wasser mehr, dann zu den Métifs, um mich an ihrem Feuer zu trocknen, zu wärmen. Es zeigte sich, dass ihr Zelt höher gelegen war. Die Hunde hatten das Fleisch in unbewachter Stunde verzehrt. Morgan kam bald nach. Nie hat mir schwarzer Kaffee ohne Zucker so gut geschmeckt, nie ein Feuer so herrlich geschienen. Auch die Kälte draussen kam uns diesmal zu statten, Eis ist angenehmer als Kot. Nur kein Kot, kein Morast!

27. März. Morgan kam gestern abends spät von einer langen Jagd zurück, mit nur *einer* Ente. Er gab die Schuld dem Mangel an Schrot; wünschte, ich solle zu Joe Picotte gehen und Schrot zu kaufen suchen, da ich gut mit ihm stehe. Morgan hatte diesen Wunsch schon mehrmals geäussert, ohne dass ich Folge geleistet, weil ich Joe Picotte wegen seiner Falschheit verachtete, weil er ferner wusste, dass ich kein Jäger war, das Schrot nicht für mich brauchte, sondern für seinen Konkurrenten, und endlich, weil Herr Dennik sogleich sagen würde, ich sei nach Brot oder Zucker gegangen, oder thue in seiner Abwesenheit freundlich mit der Opposition. Doch da Morgan mir so viele Freundschaft bewiesen, so liess ich mir heute ein Pferd satteln und ritt nach dem Adobafort. Hier fand ich den Missouri 30 Fuss höher als früher, mit tosendem Geräusche herunterfliessend. Der obere Missouri war gestern aufgebrochen, in zwei Stunden stieg er 20 Fuss hoch, überschwemmte alle Niederungen mit mächtigen Klötzen von Eis. Im Gehölze, am Rande der Waldungen schichteten sich Eisblöcke wie Mauern auf. Die ältesten Bewohner haben keine solche rasche und hohe Steigung des Flusses erlebt. Er geht jetzt 20 Fuss entfernt von der südlichen Pforte des Adobaforts vorbei, während dieses sonst bei 100 Schritte vom steilen Ufer entfernt stand. — Von Joe Picotte wurde ich sehr freundlich empfangen und erhielt drei Pfund Zucker zum Geschenk, aber kein Schrot. Ritt trotz der Dunkelheit hieher zurück, weil ich einen interessanten Fund in der Prairie versteckt hatte und denselben nur nachts nach dem Lager tragen wollte. Im Hinreiten fand ich nämlich eine Medizin-

puppe[1] im Trail liegend. Solche Puppen stellen Geister vor, die kranken Kindern helfen sollen. Es ist eine ausgestopfte Lederpuppe, circa 2 Fuss hoch, mit den gewöhnlichen Verzierungen bei Kindern, Arm- und Halsband von „Taubeneiern" aus weissem oder blauem Porzellan. Eine indianische Kinderdoktorin hat diese Geisterpuppe verloren. Ich muss dieselbe vor den Squaws unseres Lagers versteckt halten. Ohne meinen Gaul hätt' ich den Weg über die stockfinstere Prairie schwerlich gefunden; er aber wieherte seinen Kameraden zu, welche auch bald wie dunkle Schatten daher gedonnert kamen, eine wahre Gespenstererscheinung, denn man konnte die Gestalten nicht unterscheiden; bloss das Dröhnen der Hufe, nebst dem heiseren Wiehern der Gäule bewies mir, dass es solche seien. Man konnte ebenso gut glauben, es seien Hirsche, welche oft unter den Pferden weiden. Endlich bemerkte ich auch weit in der Ferne den schwachen Schimmer eines Feuers hinter einer Zeltwand, konnte meinen unwilligen Gaul endlich einem bestimmten Punkte zutreiben: ihm wäre es lieber gewesen, gleich sich den schwärmenden Kameraden beizugesellen. Seine-Zeit der Freiheit kam auch bald, denn schon witterten mich die Hunde und kamen mit lautem Gebell in raschem Laufe auf mich los, veränderten aber bald ihr zorniges Anbellen in freudige Laute, als ich sie bei Namen rief.

2. April. Von Joe Dolores sind schlimme Nachrichten eingegangen. Wie er mit seinen beladenen Hunden zum Yellowstone kam, fand er denselben ausgetreten; er musste zurückkehren, wartet nun mit einem Assiniboin seit mehrern Tagen dem Fort gegenüber, bis er dem Eise trauen dürfe. Dieser Assiniboin soll der einzig Uebriggebliebene sein von 5 Zelten; die Blackfeet sollen 25 Personen umgebracht haben!

In der letzten Nacht hat sich der Missouri wieder in sein altes Bett zurückgezogen, die hohle Eisdecke ist langsam unter Krachen eingestürzt; der dichte Nebel hat sich geteilt, die Sonne blickt um so prächtiger, um so wärmer hervor, wie wir sie lange nicht gesehen; der Schnee schmilzt vor ihren Strahlen, schon ragen Gräser heraus; die sonderbarste Erscheinung sind die Eisblöcke in den Aesten, wo sie bei der Ueberschwemmung hängen geblieben sind, sowie die aufgetürmten Eis- und Schneehügel um Gebüsche herum. Ueberall liegt eine Menge Treibholz aufgeschichtet. Haben wir die Winterszeit überstanden? Schwerlich, denn der Monat April ist ja der unbeständigste des ganzen Jahres. Mageres Hirschfleisch mit Unschlitt

---

[1] Von dieser Medizinpuppe findet sich eine treffliche Abbildung im Skizzenbuch. (Anmerkung des Herausgebers.)

ist unsere einzige Kost; ginge schon, wenn es nicht so durstig, das Kaltwassertrinken nicht so frostig machte. Schwarzer Kaffee ist uns eine grosse Seltenheit, wir geniessen ihn auch wie alte Jungfern, behelfen uns sonst mit magerer Fleischbrühe.

3. April. Joe Dolores wieder einer der Unsrigen; er erzählte uns von seiner misslungenen Biberjagd. Vorerst ist er einen Tag zu spät abmarschiert; kam zum Yellowstone, als dieser schon offen, seine Ufer überschwemmt waren; versuchte in einem Skinkanoe hinüberzukommen; fand das Treibeis zu stark, musste umkehren, sein Boot im Stiche lassen, um seinen Hund mit der Travay und drei Fallen den Fluten zu entreissen; musste dann lange Zeit bis an die Brust im Wasser waten, bis er die hohe Prairie erreichte. Unter einer grossen Ulme, neben einem mächtigen Eisblock, zündete er ein Feuer an, um sich zu trocknen, zu wärmen. Den nächsten Morgen lief er herum, um seine Lage ins Auge zu fassen und zu sehen, was zu machen sei. Traf auf ein verlassenes Feuer. Bei solchen Spuren ist immer die erste Frage: Freund oder Feind? Dass Assiniboins in der Nähe lagerten, wusste er nicht; Joe glaubte daher, es seien Blackfeet, lud zu seiner Kugel noch eine Handvoll Rehposten und schlich weiter vorwärts, bis er einen Indianer sah. Im Augenblick, wie er den Lauf in die Richtung des Fremden erhob, winselte ein Hund. Da sagt er bei sich selbst: Blackfeet haben keine Hunde, muss Dakotah sein; somit steht er aufrecht und wird mit dem bekannten dagoteh kuna (woher? Freund!) begrüsst. Des Assiniboins linker Arm war schlimm zerschossen, hoch aufgeschwollen; von ihm erhielt Joe eine Erzählung des Gefechts.

Sieben Assiniboinzelte des *Main poque* jagten in der Nähe des kleinen Sees diesseits der Buttes des Mammelles, wo sie von einer Schar Blackfeet, die auf Crows lauerten, entdeckt wurden. Am nächsten Morgen griffen die Blackfeet vor Sonnenaufgang die sieben Zelte unerwartet an, zerschnitten drei derselben sogleich, schossen einem Assiniboin eine Kugel ins Gehirn, konnten ihn aber nicht skalpieren. Ueberhaupt scheinen die Blackfeet sich nicht sehr tapfer geschlagen zu haben, trotz ihren Vorteilen, des Ueberfalls, des erhöhten Bodens und der Ueberzahl. Sie sollen 50 Mann stark gewesen sein, was ich aber durchaus nicht glaube, denn sie töteten nur *einen* Krieger und *eine* Squaw, verwundeten 15 gefährlich; verloren selbst drei Mann und erbeuteten *keinen* Skalp. Nachdem der erste Angriff zurückgeschlagen, sollen sie keinen mehr wiederholt, sondern sich bloss auf Flintenschussweite hinter Bäumen und Gesträuch versteckt gehalten haben, während die Assiniboins sich bloss durch Schneehaufen decken konnten. (Vielleicht verloren die Blackfect den Mut, als sie merkten, dass es Assiniboins und nicht Crows waren.) Ueberhaupt hatte La Main poque seinen Lagerplatz sehr schlecht gewählt, in einem Kessel, d. h. in einem Thalgrunde, von nahen Hügeln und Gehölz eingefasst und bestrichen, während der Boden des Lagers ganz eben war. Die Weiber legten sich auf dem Bauch zu Boden und deckten sich und ihre Kinder mit Roben zu. Deshalb wurden viele durch Kugeln an den Fersen, Hinterteilen und Rücken gestreift. *Blaufuss* war der einzige Mann, der nicht kämpfte und sich gleich den Weibern auf dem Boden zudeckte.

Joe sagt, er habe das mit Baumstämmen verschanzte Lager der Blackfeet gesehen und schliesst aus der Menge der Knochen, dass die Feinde lange dort auf der Lauer lagen. Wären wir vor einiger Zeit nach dem Yellowstone hinüber, wie unser Plan gewesen, wir hätten wahrscheinlich durch diese feindliche Bande wenigstens unsere Gäule, wenn nicht unser Leben verloren. Ein Gefecht wäre mir nicht unlieb gewesen, doch der Gedanke, verkrüppelt oder blind zu werden, ist zehnmal ärger, als plötzlich getötet zu werden.

(Fig. 28).
Portrait eines Crih.
(Skizzenbuch S. 83.)

11. April. Fünfter Sonntag im Lager, — ohne Brot.

13. April. Gestern wieder einen höchst elenden Tag zugebracht, aber dieses Mal nicht wegen magerer Kost, denn wir hatten Gänse, sondern wegen eines fürchterlichen Sturmwindes, der unaufhörlich heulte, den Schnee über die Prairie peitschte, oft wie ferner Donner daher brauste, dann wieder die Sonne scheinen liess, sie wieder verdunkelte, mit Regen, Schnee und Schlossen abwechselte. Wir mussten unser Zelt anbinden, mit Baumstämmen beschweren; keinem von uns war es möglich im Sturme aufrecht zu stehen. Im Zelt verstunden wir unser eigenes Wort nicht; es war ein höllischer Lärm, das Geheul des Windes, das Schlagen der Zeltdecke, das Flattern des Rauchfanges, das Krachen und Knattern der Stangen benahmen dem Zelte alle Annehmlichkeit. Man fror, musste jeden Augenblick gewärtig sein, das Zelt über dem Kopfe zu verlieren. Auch begegnete dies wirklich der Familie La Pierre des Nachmittags. Sie kamen zu uns, in unserm Zelte Schutz zu suchen; denn das Aufrichten eines Zeltes bei solchem Winde war unmöglich. Wir schickten sie in Cadottes Zelt, wir hassten die Leute ihrer Diebereien wegen, wollten weder Gans, noch teuer bezahlten Kaffee mit dem gemeinen Weiber-

volke teilen. Antoine war abwesend. Aus Bosheit schob die Alte unsern Baumstamm von der Zeltdecke weg; wir bemerkten es aber sogleich und konnten einstweilen helfen.

Abends gelang ihnen der schlechte Witz besser. Wir sassen gerade gemütlich beisammen, assen von der gekochten Gans, tranken von ihrer stärkenden Brühe, als ein heftiger Windstoss ohne Komplimente unser Zelt aufhob und über unsern Köpfen wegschmiss! Im gleichen Augenblick jagte der Wind das Feuer in unsern Schoss, auf unsere Kleider, wirbelte alles im Chaos durcheinander: Feuer, Pulver, Mantel, Kleider, Roben — welche Zuversicht! Adieu Gans und Fleischbrühe! Wir mussten unsern fliegenden Habseligkeiten nach, sie mit angestrengter Kraft zusammenlegen, die umgefallene Zeltdecke samt Stangen darüberlegen, das Feuer dem Kuckuck zusenden, aus unsern Roben herausschlagen, das Pulver retten.

Auch uns blieb nun nichts übrig, als bei Cadotte in dem einzigen noch aufrechtstehenden Zelte Schutz zu suchen; welch Gedränge in dem kleinen Raum! Wir mussten sitzend die Nacht zubringen, waren herzlich froh, dass der unverschämte Wind nicht auch den letzten Zufluchtsort herunterriss. Diesen Morgen liess der Wind nach; der Himmel war prächtig blau, die Sonne allerliebst. Mit Hülfe von Garouillés Squaw und Mädchen war unser Zelt bald wieder aufgerichtet, wir hatten bereits einige Uebung; doch richteten wir uns bloss provisorisch ein, hoffend bald erlöst zu werden, denn das Leben im «Wigwam», ohne neue Studien zu gewinnen, ohne irgend eine Beschäftigung treiben zu können, als das Feuer zu unterhalten und unverwandt in dasselbe zu gucken, ohne Familie zu besitzen, fängt mir an langweilig zu werden; die Begeisterung hört bei solcher Unthätigkeit, solch abscheulichem Wetter auf.

Fort Union, 15. April. Oh! Da sitze ich wieder in meinem alten Zimmer des Forts, auf einem Stuhle, am Kaminfeuer, an einem Tische! Kaum hatte ich gestern mein Tagebuch in die Ledertasche gesteckt, als ein älterer Assiniboin mit geschwärztem Gesicht, ausser der Nasenspitze (zum Zeichen von Coup), unserm Lager zukam, mir in Abwesenheit Morgans einen Zettel von Herrn Denuik überreichte, den willkommenen Befehl enthaltend, das Lager aufzuheben und heute mit Sack und Pack, Mann, Ross und Hunden nach Fort Union zu kommen. Wir fütterten den sonderbaren Boten, so gut wir konnten, schossen unsere Flinten ab, um Morgan hinter den Heustöcken hervorzurufen, wo er auf Enten lauerte.

Diesen Morgen abscheuliches Wetter zum Abbrechen, Aufpacken und Abreisen; doch gerade deswegen ging ich um so lieber, ohne Reue vom alten Jagdrevier fort. Wäre die Sonne warm, der Boden trocken gewesen, hätte ich noch einige Aussicht auf Jagd oder Skizzen gehabt, so wäre ich doch ungern vom Schlachtfeld geschieden. — Schwacher Westwind blies uns beständig ins Gesicht, jagte bald Regen, bald Schnee entgegen. Jeden Augenblick ein frischer Sturm, so dass wir mit Mühe vorwärts kamen. Smith wurde in der Coulée von seinem Bichon geschmissen: die Reiter eilten mit den Packeseln voran, bald befand ich mich mit der alten Garouillé und ihrem Mädchen zu Fuss in der Nachhut, gegen den Sturm kämpfend; Prairie und Himmel verschwammen im herunterströmenden Regen, wir sahen oft keine 20 Schritte vor uns hin. Die Regentropfen fielen schmerzhaft auf die Gesichtshaut infolge der Heftigkeit des Windes und ihrer eigenen Schwere. Leider hatte ich meinen Mantel mit den Büffelhäuten auf einen Esel gepackt, der mit den Reitern weit voraneilte. Da das Wasser in der flachen, noch halbgefrorenen Erde weder ablaufen noch eindringen konnte, so blieb es, immer sich mehrend, wie eine unübersehbare Lache stehen; durch dieses Wasser und gegen diesen Wind und Regen musste ich fünf lange Meilen laufen.

An der östlichen Seite des Forts, geschützt gegen den tobenden Westwind, fand ich mehrere Assiniboinzelte von La Main poque mit seinen Verwundeten. Im Fort stolzierten mehrere Indianer mit geschwärztem Gesichte bis an die Nasenspitze, zum Zeichen, dass sie mit dem Feinde (den Blackfeet) im Handgemenge gewesen. Hier fand ich beim Umkleiden meine Glieder von ausgestandener Kälte und Nässe steif, meine Füsse arg geschwollen. Zum Glück konnten wir Nachzügler einen Pfad verfolgen in dem undurchdringlichen Regen, sonst hätte ich mich schlechterdings nicht orientieren können. Je näher dem Fort, desto heftiger der Wind, desto stärker der Regen, desto höher das Wasser auf der Prairie; es war, als ob der Himmel seinen letzten Zorn über uns ausgiessen wollte, ärgerlich die gute Gelegenheit zu verlieren, schutzlose Menschen noch ferner zu quälen. Uebrigens hatte ich keine Eile; ich wollte nicht, dass Herr Dennik mich mit einem freundlichen *das Brot macht Ihnen Beine* empfange.

Wie ich im Esszimmer erschien, fand ich, dass meine Kameraden die Reis- und Bohnenschüsseln ziemlich rein ausgeleert. Im Spiegel fand ich mich sehr abgemagert.

16. April. Der brüllende Nordwind rast noch immer, aber umsonst: dieses Haus reisst er wenigstens nicht über unsern Köpfen weg, wie ein Zelt; durch diese dicken Wände stört er meinen Schlaf nicht. — Herr Dennik hat mein Anerbieten angenommen, ohne weitere Bezahlung mich zufrieden zu geben, wenn Herr Culbertson

mich mitnehmen wolle. Er schenkte mir ein Paar Schneeschuhe. Bei solchem Wetter habe ich keine Eile auf dem Fluss zu fahren.

18. April. Leb wohl, Fort Union! Herr Culbertson ist gestern im Boote angelangt, will Morgan und mich mitnehmen, wenn wir rudern wollen. Nächsten Morgen fort, fort!

Adieu, Fort Union, Indianer und Jagdtiere!

* * *

19. April. Um 11 Uhr morgens Fort Union verlassen und meine Rückreise angetreten. Jetzt sind meine Studien von diesem Land beendigt, von jetzt an sollen meine Gedanken auf die ästhetische Ausführung der gesehenen Bilder konzentriert werden. Die eine Hälfte meiner Lebensaufgabe ist erreicht — mit der Hälfte meines Lebens und meiner Gesundheit bezahlt.

25. April. Schönes Wetter; stark gerudert, mit Sonnenuntergang Fort Berthold erreicht, fand meinen grossen Koffer in guter Ordnung, die bestellten indianischen Kleidungen von Bellangé nebst drei schönen Roben und andern Dingen bereit, was mich nicht wenig überraschte; eine vollständige Büffelhaut mit farbigen Zeichnungen freute mich besonders, obschon ich bereits an demselben Tag von Herrn Culbertson eine schöne Robe von einem Waldbüffel erhalten. (Anmerkung: Man unterscheidet Wald- und Prairiebüffel, je nachdem sie ihren Aufenthalt auswählen. Jene sind nie in so ausgedehnten Herden vorhanden, sondern bloss in kleineren Familien; ihr Haar ist krauser, am Leib weniger glatt, was auch wahrscheinlich von ihrer nördlicheren Heimat herkommt.) Ich besass jetzt hier sieben Roben, nebst zwei Kalbsfellen. Bellangé erhielt mein liebes Fernrohr als Andenken für seine Dienste, meine Doppelflinte mit Zubehör als Tausch und noch verschiedene Gegenstände, die ich nicht mehr brauchte. In Fort Berthold verliess uns Joe mit den drei Squaws, was uns grössere Bequemlichkeit verschaffte, obschon die Kanadier behaupteten, je schwerer das Boot, desto schneller gehe es. Viele Zelte von Assiniboins und Apsahrokas um das Fort.

26. April. Mit Sonnenaufgang von Fort Berthold weg. Erster heller, warmer Reisetag; sehr rasch den Fluss hinunter. Bei Fort Clarke angehalten. Während der Bourgeois zu Dorson ging, sah ich dem Ballspiel von Ricaramädchen zu. Noch etwa 25 Meilen weiter gerudert; an vielen brennenden Prairien vorbei. Sie werden um diese Zeit von den Indianern angezündet, damit das alte, strohartige Gras dem jungen, zarten Aufwuchs Raum gestatte. Darin besteht die ganze Bodenkultur der wandernden Indianer. Nachtlager am Cannonballfluss.

27. April. Schon wieder Gegenwind; mussten anlegen; Morgan schoss einen Fuchs; man hielt diesen erst für einen jungen Kuguar; aber der kurze Schwanz und die Ohrpinsel waren Erkennungszeichen genug. Unzählige Flussmöven schwärmten durcheinander über der Wasserfläche, durch den heftigen Wind beunruhigt oder berauscht?
29. April. Wind und Ruhe. Cadotte, Battiste und Comp. hatten in einer kleinen Schlucht, vor dem Winde geschützt, ein grosses Feuer angezündet, waren dabei eingeschlafen. Das Feuer ergriff unterdessen das dürre Gras, brannte erst langsam im Kreise um sich, bis der Wind hinein blies und es ausdehnte, in Wellenlinien vor sich her trieb. Ich folgte dem Feuer lange in ruhigem

(Fig. 29). Ochse mit Ausrüstung.
(Skizzenbuch S. 166.)

Schritt auf dem verkohlten Boden nach, sprang auch mehrmals über dasselbe, um zu sehen, ob ein Prairiebrand wirklich so gefährlich sei, wie Schriftsteller behaupten. Bloss wo sehr hohes Gras wächst und sich oft dürre Sträucher finden, kann ein Brand für Menschen gefährlich werden. Das hiesige Prairiegras ist nicht hoch, wie mehr südlich, ohne grössere Tiefe, als die Höhe des Grases, brennt daher rasch herunter. Grünes, saftiges Gras brennt bekanntlich so wenig, als nasses. Vor dem Rauch und Feuer fliehen aber alle Tiere in grosser Angst, zahme wie wilde.[1] Obschon der Wind ungemein heftig blies, brannte doch das dürre Gras nicht

---

[1] Dieses dankbare Motiv hat Kurz in einem seiner besten Oelgemälde (gegenwärtig in bern. Privatbesitz) verwertet.

so schnell vorwärts, dass ich es nicht in raschem Gehen verfolgen konnte; mehr hat man vom Rauch zu leiden, wenn man gegen das Feuer geht. Der Wind war aber bloss auf dem Wasser so heftig, auf dem Lande spürte man wenig davon. Das Feuer war nie über drei Fuss tief, breitete sich aber nach allen Seiten schnell aus, rascher, wo der Wind heftiger anprallte, z. B. an den Hügeln herauf, dann aber langsamer auf der entgegengesetzten Seite hinunter. In Schluchten verweilte das Feuer länger, es fand mehr Nahrung, aber weniger dürre, und weniger Wind.

1. Mai. Kleiner Cheyenne, noch immer grosse Eisblöcke in den Aesten am Ufer von dem Aufbrechen des Flusses her. Die Flüsse tauen wegen ihrer Grösse langsam auf, obschon man bereits an gedeckten Plätzen grünes, frisches Gras sieht.

2. Mai. Grosser Cheyenne.

3. Mai. Fort Pierre des Abends nach heftiger Anstrengung erreicht. Den Tag über mehrere Kabritrupps am Flusse gesehen.

4. Mai. Durch heftigen Sturmwind den ganzen Tag beim Fort festgehalten; unsere hölzerne Wohnung abgebrochen, mit einer Zeltdecke vertauscht. Da wir beständig südlicher fahren, wird es bald warm werden; hier sieht man noch kaum an einzelnen Stellen grünes Gras; Laub noch gar keines, bloss Kätzchen an Weiden. Der Sturm währte bis auf den Abend mit gleicher Wut. Nach Sonnenuntergang auf einmal Windstille, grosse Wärme, ja Muskiten.

5. Mai. Früh fort. Um 10 Uhr bei Campbell's und Primeau's neuen Winterquartieren vorbei. Viel Sioux daselbst, Hunger leidend, Pferde essend. Die verlassenen Forts Lookout und Medecine schon in Ruinen angetroffen.

6. Mai. Schon vor Tagesanbruch, bei Mondschein unterwegs; jedermann in Eile, die Vereinigten Staaten zu sehen; wir haben zu viel Zeit durch Gegenwind verloren. Herr Culbertson möchte Harvey einholen, der mit seinem Skiff auf dem gleichen Weg voraneilt. Tags über wird nicht mehr angehalten, immer zugerudert, bis wir nachts auffahren, durch die Finsternis gezwungen sind, zu landen. Müsste ich nicht angestrengt rudern und wären meine Füsse nicht durch Unthätigkeit noch mehr geschwollen, würde ich keine Eile wünschen. Laub, Laub, keine Eisklötze mehr auf hohem Ufer an den Bäumen. Erster Whippoorwill (virginischer Ziegenmelker; Audub. Ornith. VII 350: Nuttals Whippoor. Ruf: « Oh will ») und Turkeys (Truthühner).

7. Mai. Descoteaux, P. Sarpys Clerk von l'Eau qui court, in seinem langen Hautboote eingeholt, von ihm Fische erhalten. Während des Nachtessens an l'Eau qui court vorbeigefahren, die malerische Mündung

des Basilflusses noch einmal gesehen; schade, dass die Bäume nicht belaubt waren wie letzten Sommer; trotzdem bleibt dies die schönste Partie am Missouri. Die Ufer dieses Flusses sehr wenig malerisch; doch freute mich stets ihr Anblick bei dem blossen Bewusstsein: es ist Indianerland.

9. Mai. Vormittags bei Vermillion, später bei dem ältern Bruyère vorbei; bei Sergeants Bluffs um 12 Uhr, bei Woodbluffs mit brennender Kohlenschicht um 4, Blackbirds grave um 7 passiert. Wälder gewinnen an Laub.

10. Mai. Big Sioux. Bluffs mit Millionen von kleinen Schwalben (Sandschwalben, Hirundo riparia Linné). Der Missouri an einer Stelle so mit Snags, aufrechten und liegenden, verrammelt, dass wir mit Mühe uns durchwinden konnten. Erstes Blockhaus, Old Council Bluffs. Gegen Abend die ersten Ansiedlungen (Mormonen). Die obere Mormonenfähre gedrängt voll von Zelten, bedeckten Wagen, Leuten, Vieh, auf beiden Seiten des Flusses: bound for New Zion. Von einem unserer Ruderer ein sehr schönes Fell eines weiblichen Grizzlybären für 5 Dollars eingehandelt; von einem andern den Skalp einer Snake rude (rote Schlange?) Zum letztenmale im Kielboot geschlafen, denn den

11. Mai morgens erblickten wir von weitem am Landungsplatz des landeinwärts gelegenen Ranesville das Kamin eines Dampfbootes. Wegen der Lage des Bootes sahen wir nur *einen* Rauchfang, ich glaubte daher, es sei die Utah, Corbys Dampffähre von St. Joseph. Einstimmiges Hurrah dem unerwarteten Dampfboote; niemand hoffte, so früh des Ruderns ledig zu werden. Es war aber die Elvira, mit zwei Rauchfängen; sie hatte eine Menge Mormonen mit Wagen, Vieh und Gepäck mitgebracht. Da der Kapitän zu viel nach St. Louis forderte, warteten wir auf die Ankunft des St. Paul, welcher vor unsern Augen den Fluss herauf puffte. St. Paul billiger; versprach uns abends bei Belle-Vue abzuholen; fuhren dahin ab; unsere Halbwilden machten sich lustig über die «Windspiele», nämlich die enggeschnürten, koketten, blassen Mormoninnen. Von Council Bluff ein bedeutendes Stück abgerissen gefunden; mein altes Wirtshaus hing verlassen über dem Ufer; während ich drin wohnte, war es wenigstens 100 Schritte vom Flusse entfernt! Mittagessen in Belle-Vue bei Freund Decatour, Joe und Mary la Flèche und — *Witthae!* Als ich ins Office ging, folgte sie mir nach, in der Hoffnung, die alte Bekanntschaft wieder anzuknüpfen. Ich las aber den Frontier-Guardian, ohne mich um sie zu kümmern. Witthae erwartete, dass ich sie anreden, grüssen sollte, aber ich war nicht der Mann, einer Entlaufenen die verschmähte Hand noch einmal zu bieten. Sie hüllte sich in ihr

Blankett und ging, um sich nicht wieder zu zeigen, als sie sah, dass ich sie verachtete. Um 4 Uhr nahm uns der St. Paul an Bord; wir liessen unser Mackinawboot zurück. Austausch von Andenken mit Stephen Decatour, dem ersten Ansiedler im zukünftigen Nebraskaterritory. Ich gab ihm eines meiner bear's clow Halsbänder und er mir ein Mackinawblankett. Morgan schenkte ich den vor kurzem eingehandelten Skalp, nach welchem ihn sehr gelüstete, als Andenken für seine gute Kameradschaft.

12. Mai. Nach dem Nachtessen in St. Joe angelangt. Gerade ein Jahr von hier fort. Auch hier hatte der angeschwollene Fluss (Spring overflow) grosse Verheerungen angerichtet; das obere Landing musste einem untern Platz machen. Unlängst sollen Otoes einen Preussen Namens Möllhausen[1] in trostlosem Zustande mit einem Wagen ohne Pferde am Platte gefunden und nach ihrem Lager gebracht haben. Er war Begleiter des Herzogs Paul von Württemberg.

13. Mai. Landry (aus Biel) 14 Meilen weit zu Pferd auf seiner Reise nach Kalifornien begleitet, bis zum ersten Nachtlager seiner Gefährten. Viele malerische Gruppen von Golddiggers und Vieh und Pferden, von Nachtlagern im Urwalde, Zelten in der Prairie, Wagenzügen auf der Strasse, verunglückten Wagen, entlaufenen Gäulen, suchenden Reitern und Herden von Vieh, Rudeln von bepackten Pferden und Mauleseln waren da zu sehen; vereinzelte Indianer mit bettelnden Squaws gaben den Bildern ihre geographische Färbung. Aber durch das Reiben am Sattel wurden meine angeschwollenen Beine entzündet, fieberisch; schon wieder «Wassersucht»? Alte Bekannte besucht; an meinen Lieblingsstellen auf dem Blacksnakehill die weite Fernsicht bewundert; Vergangenheit mit Gegenwart verglichen, sowie meine erste Ankunft hier anno 48 mit meiner jetzigen. Schlimme Aussichten auf die Zukunft, wenn das Wasser in meinen Beinen nicht aufhört zu steigen! Jedenfalls muss ich mich

---

[1] Der bekannte Schriftsteller Balduin Möllhausen. Derselbe war so freundlich, zur Aufklärung des Sachverhalts mir folgendes mitzuteilen: Der Herzog (der auf einer Forschungsreise nach den Rocky Mountains begriffen war) und ich wurden, von unseren einzigen Gefährten verlassen, um die Mitte des Novembers am Sandy Hill Creek, in öder Wildnis, von Indianern überfallen. Während nach vier oder fünf Tagen der Herzog in einem vorüberfahrenden Wagen einen Platz erhalten konnte, blieb ich liegen und wartete auf Hülfe. Sechs Wochen vergingen mir so in grauenhafter Weise inmitten sich täglich wiederholender Schneestürme, bis endlich Otoe-Indianer eintrafen, mit denen ich an den Missouri zog, wo ich beim alten Sarpy in Bellevue ein gutes Unterkommen fand.
Anm. d. Herausg.

in den Gedanken fügen, meine sonst so treffliche Konstitution geschwächt zu haben. Dafür gewinne ich vielleicht an Sitzleder.[1]

Meine ganze Sammlung indianischer Kleider, Waffen und Zierraten geordnet, an der Luft gereinigt, zusammengepackt.

21. Mai. St. Joe verlassen.

25. Mai. St. Louis; grosse Hitze. Wie ich das Virginiahotel aufsuchte, fand ich es ganz neu umgebaut, mit noch einem grossen Neubau in Arbeit, so dass es die ganze Tiefe eines Blocks einnahm. Doch fand ich noch den gleichen gefälligen Wirt, J. Sparr von Basel, was mich sehr freute. Zum erstenmal dieses Jahr geschwitzt; freute mich dessen ausserordentlich, es war ein Zeichen künftiger Gesundheit; denn selbst während des angestrengtesten Ruderns in meinen Winterkleidern brachte ich es nie zum Schwitzen, wurde deshalb oft gemahnt, ich gebe mir keine Mühe, weil die andern ihr Kleid auszogen. Um nun das Schwitzen zu befördern, durch Laufen meine Beine, die bereits bis an die Hüfte angeschwollen sind, neu zu beleben, besuchte ich wieder häufig meinen lieben Cahokiacreek, mit seinen vielen prächtigen Baumpartien, fand ihn aber durch die letzte Ueberschwemmung in eine stille Lache umgewandelt, an vielen Orten ganz versandet; doch standen meine bekannten Bäume.

Den üppigsten, mannigfaltigsten Baumwuchs sah ich bei dem Falling spring, 6 Meilen von St. Louis, hinter dem Dorfe Cahokia. Ueber dieser geheimnisvollen Quelle Falling spring auf dem Felsen geniesst man eine herrliche Fernsicht gegen St. Louis. Auf dem ganzen Wege von Falling spring nach Illinoistown, der Station der Dampffähre, trifft man jeden Augenblick auf die lieblichsten Landschaften. Die alten Blockhäuser der Kreolen sind nicht minder interessant, da Cahokia oder das alte Notre Dame de Cahô (besonders bekannt durch R. Clarkes Ueberfall im Jahre 1778) viel älter ist, als St. Louis, aus der Zeit der ersten französischen Ansiedlungen datiert. Die Baumstämme bei diesen sehr kleinen Hütten stehen aufrecht in dem Boden fest, liegen nicht horizontal, in den Winkeln eingekerbt, wie die amerikanischen; neben den Hüttchen immer freundliche Gärten, was man beim amerikanischen Farmer im Westen nie sieht; denn alles, was nicht Geld bringt, ist für diesen Luxus; bloss in der Sonntagskleidung erlaubt sich der Farmer einige Pracht.

Da ich vernahm, dass im Jesuiten-Kollegium die Stelle eines Zeichnungslehrers zu besetzen sei, so besuchte ich Père de Smet.

---

[1] Ein Brief des Malers an seine Angehörigen, d. d. 2. Juni 1852 aus St. Louis, lässt noch deutlicher erkennen, wie gross die Strapazen dieser 1800 englische Meilen langen Ruderfahrt waren. Anm. d. Herausg.

Wurde von ihm freundlich empfangen, wegen der Stelle aber auf die lange Bank geschoben. Meines Glaubens oder vielleicht Unglaubens wegen? Wenn mir der Himmel solche Beweise seiner Güte und Macht gegeben, wie dem frommen Père, ich zweifelte nicht mehr. Als nämlich der Père auf einer frühern Reise zu den Nez-percés zu Schiff in den Hafen von San Francisco einlaufen wollte, überfiel sie ein solch heftiger und gefährlicher Sturm, dass alle glaubten, es sei fertig mit ihnen. Da wirft sich der gläubige Missionar auf dem Verdeck auf die Knie, betet inbrünstig zu Gott um Hülfe und siehe! der Wind beruhigt sich, die Wellen peitschen die geängstigte Mannschaft nicht mehr tobend umher!

Die Stelle im Collège wurde aber besetzt, ehe ein Monat verfloss, und zwar mit einem deutschen Architekten meiner Bekanntschaft, ohne dass mich der Père seinem Versprechen gemäss benachrichtigt hätte, wann das Examen stattfinde. Die Stelle hätte bei 900 Dollars jährlich eingetragen.

2. August. Durch die täglichen Spaziergänge in der grossen Hitze hat sich das Wasser glücklicherweise aus meinen Beinen nach und nach ohne andere Medizin entfernt. Ich fühle mich bedeutend erleichtert bei dem Gedanken, von der Wassersucht befreit zu sein. Jetzt, wo ich nach Beendigung meiner Studienreise auf dem Punkte angelangt bin, mein Idealgemälde ausführen zu können, wäre es wirklich hart gewesen, aus dem Leben zu scheiden, das mir noch so viele Genüsse in meinem Berufe gewähren soll, um mich für die Mühen zu entschädigen. Da ich jetzt meine Studien für gründlich und vollständig genug halten darf, um Gemälde aus dem Far West (dem ehemaligen, nicht dem heutigen) naturgetreu und ästhetisch auszuführen, und mir St. Louis so wenig wie alle die neueren Staaten aus Mangel an Interesse für die Malerei ein Auskommen als Künstler darbietet, so muss ich mich mit schwerem Herzen entschliessen, eines grossen Teils meiner indianischen Sammlung mich zu entäussern,[1] um die Mittel zu erhalten, nach New York oder Paris zu reisen, wo ich hoffen darf, ein Auskommen als Künstler zu finden.

Nur damit ich in dieser Gegend länger verweilen könnte, die Kunst an den Nagel zu hängen, um mein Leben zu erhalten mit Anstreichen von Häusern, Schiffen und Mauern, oder wieder als Handlungscommis zu dienen, dazu kann ich mich um so weniger verstehen, da ich harte Erfahrungen mit meinen Handelsunterneh-

---

[1] Von dieser ganzen Herrlichkeit sind jetzt nur noch die sorgfältigen Abbildungen im Skizzenbuch übrig, abgesehen von den wenigen Ueberresten, welche jetzt das historische Museum in Bern besitzt. Anm. d. Herausg.

mungen gemacht habe, und keine Lust mehr dazu besitze; andrerseits habe ich bessere Aussichten in Europa, als hier, und endlich halte ich meine Studiensammlung für hinreichend, also einen längern Aufenthalt hier unter gedrückten Verhältnissen für überflüssig. So beschloss ich denn nach harten Kämpfen, mich von einem Teile meiner wertvollen Sammlung zu trennen, um aus dem Erlös nach dem Osten zu reisen. Ehe ich sie aus den Händen gab, kopierte ich sie, um wenigstens soviel für mich zu retten. Die Trennung war äusserst schmerzlich, ich hing so sehr daran, hatte mir so viele Entbehrungen gefallen lassen, um eine möglichst vollständige Sammlung von indianischen Kleidern, Waffen und Zierraten zu erhalten — aber dies ist mein trauriges Schicksal, ich brauche nur mein Herz an etwas zu hängen, so muss ich es verlieren, — so ist's mir mit der Kupferstichsammlung, mit meinen Liebschaften, meinen Pferden ergangen, mir, dem treue, dauernde Anhänglichkeit ein Bedürfnis, Veränderlichkeit und Untreue hingegen zum Ekel ist. Wahrlich, wahrlich, die wenigen Freuden meines Lebens muss ich teuer bezahlen.

Später hinzugefügt: Hätte ich damals eine Ahnung gehabt, dass ich nachher Jahre lang noch nicht im stande wäre, als Künstler unabhängig zu leben, ich wäre in St. Louis geblieben, selbst als Flachmaler oder Clerk und hätte mir die teure Sammlung indianischer Gegenstände erhalten können. Aber ich hegte zu grosse Hoffnungen; unter den Amerikanern konnte ich nicht etwa als Indianerfreund meine Indianer zu Helden machen, daher wenig Hoffnung für mich in den Vereinigten Staaten. In Europa hätte ich nach einer solchen Reise nicht bloss mit Skizzen und Studien auftreten sollen, sondern gleich mit fertigen effektvollen Bildern. Da ich aber bis jetzt mehr studiert hatte, in Bildern, was Effekt und Harmonie betraf, wenig Uebung besass, so musste ich mir diese erst noch erringen. Das war um so schwieriger, da ich lange am kalten Fieber krank darniederlag, dann mit dem Lebensunterhalt zu kämpfen hatte und endlich hier in Bern und in der Schweiz mit meinem Genre wenig Aufmunterung fand. Das Gescheiteste für mich wäre die Ausführung des Planes gewesen, der mir in St. Joe durch Landry vereitelt worden. Mit meiner schönen Sammlung indianischer Gegenstände nebst einer Anzahl von ausgeführten Bildern der hauptsächlichsten Tiere aus dem Westen und der verschiedenen Indianerstämme, ethnographisch behandelt, hätte ich als Showman, besonders in solchen Städten, wo viele Europäer wohnten, gewiss Geld gemacht. In St. Louis war aber meine erste Sorge, das Wasser in meinen Beinen los zu werden. Wie dies erreicht war, hatte ich kein Geld mehr, um einige Monate ruhig der Ausführung der nötigen Bilder mich zu widmen. Ein

Bekannter in einer Kunst- und Buchhandlung, der mir einige Ansichten von St. Louis und Umgebung auftrug, zeigte sich so wenig loyal, dass ich es aufgeben musste, für ihn zu arbeiten.

9. August. Heute von einem Besuch in Highland zurück. Ehe ich diese Gegend wahrscheinlich für immer verlasse, wollte ich doch meine dortigen Bekannten besuchen, vor allem aus aber jene Farm betreten, auf der ich anno 34 mit Herrn Dr. Beck sel. eine ganz andere Laufbahn eröffnen sollte. Ohne die religiösen Skrupel meiner teuren Mutter würde ich jetzt höchst wahrscheinlich Farmer sein; denn damals stritten sich viele Liebhabereien um den Vorrang in meinem Innern. In meinem 16. Jahre war zwar die Liebe zur Malerei schon sehr stark in mir, aber noch nicht zur Leidenschaft geworden. Ackerbau, besonders aber Viehzucht, Pferdezucht hätten mir damals auch genügt. Auf der Farm hätte ich mich jung an das hiesige Klima, an die hiesige Kultur gewöhnt, wäre praktisch geworden. Wahrscheinlich würde ich ein glücklicher Farmer sein, mit vielem Vieh, schönen Pferden — nebst einer mehr oder weniger zahlreichen Familie. Jetzt bin ich zwar Künstler, als solcher oft unbeschreiblich glücklich, — aber nur zu oft arm, einsam, unwirsch. Noch könnte ich tauschen; noch könnte ich Farmer werden — aber jetzt die Kunst aufgeben, jetzt, im Augenblick, wo sie mir mehr verspricht, als je, jetzt, wo ich mein Ideal gefunden, wo ich begeisterter bin als je — unmöglich!

Nach dem Verkauf des grössten Teils seiner Sammlung verliess der Maler St. Louis am 11. August. Seine Rückreise ist schon früher (s. Jahresbericht 1894, Heft I, S. 26 f.) skizziert; ich füge daher nur noch folgendes hinzu: Da in New York auch nichts zu machen war, entschloss sich Kurz zu sofortiger Rückkehr nach Europa, über welche er folgendes berichtet:

Ich entschloss mich daher sogleich, mit dem nächsten Paketboot nach Hâvre zu fahren, um so mehr, da ein beständiges Frieren, trotz der grossen Sommerhitze, mich eine nahende Krankheit ahnen liess.

Den 20. August nahm ich Platz für 20 Dollars im Zwischendeck des Sam. Fox; kaufte den 24. meine Lebensmittel, um denselben Abend abfahren zu können. Im Augenblick des Abstossens vom Lande musste ich mich erbrechen, darauf folgte ein heftiger Fieberanfall, der Schweiss lief in Strömen von mir und ich lag halb bewusstlos auf meinen Büffelhäuten, während ich Amerika verliess.

Die Seeluft brachte nicht die gehoffte Besserung; im Gegenteil, das Fieber nahm an Heftigkeit zu und die Seekrankheit blieb natürlich auch nicht aus.

Täglich zweimal eine Brühe — das war meine einzige Speise während der ganzen Seefahrt. Kann man sich darüber wundern, dass ich in Hâvre ausgehungert, abgemagert und geschwächt ankam?

22. September. Hâvre. Um mich von meinem Fieber zu kurieren und wieder zu Kräften zu kommen, hatte ich bei meinem kleinen Reste von Geld keinen andern Ausweg, als nach Hause zurück, wo ich den 24. September morgens früh unerwartet anlangte.

O weh, Bern und Kunst! welche Aussichten!

Dem steht aber auf der folgenden Seite, pag. 294 des Tagebuchs, gegenüber:

«Nüt nah la gwinnt!» (Nicht nachlassen gewinnt.)

*

Was den eigentümlichen Mythus der Herantsa betrifft (Hidatsa nach Matthews, dem Bearbeiter ihrer Sprache, der diesen Namen übereinstimmend mit dem an der betreffenden Stelle angeführten: Gens des Saules durch: das Volk bei den Weidenbäumen wiedergab), so wird uns wohl Herr Dr. Gatschet in Washington früher oder später mit einer Erörterung dieser Sage und zugleich mit Exkursen über den sprachlichen Anhang im Jahresbericht 1894, Heft I, S. 90 ff. erfreuen. In dieser angenehmen Voraussetzung gestattet sich der Herausgeber vorderhand nur folgendes hervorzuheben: Wie oben bemerkt wurde, findet sich bei den Kayowé-Indianern, deren ursprüngliche Heimat vermutlich das südöstliche Colorado gewesen ist und die seit 25 Jahren auf der Comanche-, Kiowa- und Apache-Reservation am False Washitâ-Flusse im Indianer-Territorium untergebracht sind, ein in wesentlichen Punkten übereinstimmender Mythus, den Herr Dr. Gatschet im «Ausland» 1890, Nr. 16, unter dem Titel: Sinti, der erste Mensch, veröffentlicht und besprochen hat. Der Kayowé-Mythus wird durch den der Herantsa wegen der ausführlicheren Darstellung des letztern in manchen Punkten erklärt. Weil sich die Sage in ihren wesentlichen Bestandteilen auch bei den Herantsa findet, ist Dr. Gatschet geneigt, anzunehmen, dass dieselbe ursprünglich bei allen Stämmen am Mississippi und westlich davon verbreitet war. Was ihre Deutung betrifft, so ist die Erzählung vorwiegend meteorologischen Charakters. «Das Oeffnen des Bodens im Himmelsgewölbe bedeutet das Zerreissen des sommerlichen Wolkenschleiers; denn durch den Riss muss die Erde von oben sichtbar werden, und das Herablassen der Sehne ist wohl durch einen Vorgang wie das Sichtbarwerden von Sonnenstrahlen in den Wolken oder das sogenannte «Wasserziehen» zu erklären. Der Sohn der Sonne, der an dem Sehnenstrange hinabgelassen wird, ist die Abendsonne, welche sich zur Mutter Erde hinabsenkt. Die Zauberin (welche im Kayowé-Mythus die Abendsonne anpackt) ist die Nacht etc.»

Mit dem vorliegenden Abschnitt sind nun die Mitteilungen aus dem Tagebuch von Friedrich Kurz geschlossen, wenn dasselbe auch keineswegs erschöpft ist. Fünfundzwanzig Jahre nach des Malers Tod sind seine Aufzeichnungen weitern Kreisen bekannt geworden. Das Interesse, das dieselben gegenwärtig erwecken, ist vorwiegend ein ethnologisches, wissenschaftliches und erst in zweiter Linie ein künstlerisches. Dass aber auch ein persönliches Interesse für den schlichten Mann, der sich mit seinen so durchaus objektiven Aufzeichnungen, ohne es zu wollen, ein Denkmal gesetzt hat, auch in weitern Kreisen geweckt worden sei, glauben wir, durch die bis jetzt schon laut gewordenen Stimmen der Kritik in dieser Annahme bestärkt, hoffen zu dürfen. Tritt uns ja aus diesen anspruchslosen Memoiren das Bild eines wackern, redlichen, für seine Kunst, für die Natur und das unverfälschte Naturleben begeisterten Mannes, eines tüchtigen Künstlers, eines scharfen Beobachters und eines unermüdlichen Arbeiters entgegen, den trotz seiner trüben Schicksale Schaffensfreudigkeit und Idealismus nicht verliess, so dass er am Ende seines Lebens, bevor ein jäher Tod ihn einer viel schöner gewordenen Stellung und seinem freudigen, unermüdlichen Wirken entriss, mit frohem Selbstbewusstsein sagen konnte: ich habe nicht umsonst gelebt, und: nicht nachlassen gewinnt!

Anhang.

Verzeichnis der Abbildungen.

Fig. 1. S. 16. Haartracht der Omahaws.
Fig. 2. S. 31. Omahaw (Nachidinge).
Fig. 3. S. 37. Hundefuhrwerk (travay).
Fig. 4. S. 39. Herantsa, im Begriff mit Büffelbooten über den Fluss zu setzen.
Fig. 5. S. 47. Indianermädchen (Sauteuse).
Fig. 6. S. 49. Herantsachef.
Fig. 7. S. 51. Longhair (Longue Chevelure), II. Chef der Herantsa.
Fig. 8. S. 55. Le Corbeau rouge, Herantsa (Skizzenbuch S. 50 nicht 90).
Fig. 9. S. 105. Kopfschmuck.
Fig. 10. S. 115. Billardspieler.

Fig. 11. S. 139. Crih.
Fig. 12. S. 144. Assiniboin.
Fig. 13. S. 147. Bearshead.
Fig. 14. S. 157. Assiniboin im Winterkostüm.
Fig. 15. S. 166. Four Rivers (Apsahroka).
Fig. 16. S. 173. Crow-Häuptling.
Fig. 17. S. 179. Ours fou.
Fig. 18. S. 183. Tätowierung: Sioux.
Fig. 19. S. 185. Tätowierung: Herantsa.
Fig. 20. S. 187. Tätowierung: Sioux.
Fig. 21. S. 191. Herantsa, an die Wand zeichnend.
Fig. 22. S. 195. Herantsa mit geschwärzten Gesichtern.
Fig. 23. S. 199. Herantsa in der Staatsrobe.
Fig. 24. S. 201. Schneeschuh.
Fig. 25. S. 205. „The Queen of Sheba" (die Tochter des Ours fou).
Fig. 26. S. 207. Mandanmädchen.
Fig. 27. S. 211. Quatre Ours.
Fig. 28. S. 215. Portrait eines Crih.
Fig. 29. S. 219. Ochse mit Ausrüstung.

Fig. 18 bis 29 haben keine besondere Beziehung auf den vorliegenden Text, dienen aber zur hoffentlich nicht unwillkommenen Illustration teils des früher Gesagten, z. B. die Tätowierungsbilder Fig. 18 bis 20, das Portrait des Herantsachefs Quatre Ours Fig. 27, das Bild der Herantsa mit geschwärzten Gesichtern (nur die Nasenspitze ist weiss), zum Zeichen, dass sie „Coup" errungen haben, Fig. 22; der Herantsa in der Staatsrobe, Fig. 23; teils zur Illustration des Indianerlebens und des Lebens im Far West überhaupt, wie Fig. 21, 24 und 26 bis 29.